综合实践活动课程的新时代建构

总主编　成尚荣　张　华　柳夕浪

考察探究与设计制作

高振宇　包新中　著

河北出版传媒集团
河北教育出版社

图书在版编目（CIP）数据

考察探究与设计制作 / 高振宇，包新中著. -- 石家庄：河北教育出版社，2020.12
（综合实践活动课程的新时代建构）
ISBN 978-7-5545-5553-8

Ⅰ. ①考… Ⅱ. ①高… ②包… Ⅲ. ①活动课程－教学研究－中小学 Ⅳ. ①G632.0

中国版本图书馆CIP数据核字(2019)第267907号

考察探究与设计制作

KAOCHA TANJIU YU SHEJI ZHIZUO

作　　者　高振宇　包新中
出 版 人　董素山
策　　划　张　辉　何春雅
特约编辑　高力夫
责任编辑　武丹丹
装帧设计　于　越
出版发行　河北出版传媒集团
　　　　　河北教育出版社　http://www.hbep.com
　　　　　（石家庄市联盟路705号，050061）
排　　版　河北九易数字技术有限公司
印　　刷　石家庄联创博美印刷有限公司
开　　本　787 mm × 1092 mm　1/16
印　　张　16.5
字　　数　200千字
版　　次　2020年12月第1版
印　　次　2020年12月第1次印刷
书　　号　ISBN 978-7-5545-5553-8
定　　价　35.00元

综合实践活动课程的新时代建构

编 委 会

提升综合课程品质，增强学生综合素质

习近平总书记在全国教育大会上，非常鲜明地指出，“培养什么人，是教育的首要问题”。立德树人是教育的根本任务，也是教育现代化的方向目标，同时要求在“增强综合素质”等六个方面下功夫，培养学生的综合能力和创新思维。

立德树人的根本任务一定要落实在课程建设中，增强综合素质的要求一定要落实在教学活动中。2017年，教育部颁布了《中小学综合实践活动课程指导纲要》（以下简称《指导纲要》），其目的就是要引导学生从个体生活、社会生活及其与大自然的接触中获得丰富的实践经验，形成并逐步提升对自然、社会和自我之内在联系的整体认知，具有价值体认、责任担当、问题解决、创意物化等方面的意识和能力，着力培养学生的跨学科综合素质。全国教育大会上习总书记的重要讲话，让我们更深入地思考学生综合素质的培养问题；再次审视《指导纲要》，我们应当将《指导纲要》置于教育改革发展的宏大背景下，置于落实立德树人的根本任务之中。通过认真学习和深入讨论，我们以习总书记在全国教育大会上的重要讲话为纲，对《指导纲要》

进行了深入具体的解读，在解读中进一步提升了对综合实践活动课程的价值愿景和目标的认识。我们认为应当从理论和实践相结合的角度，帮助教师提高对综合实践活动课程的理性认识，提高综合实践活动课程设计和组织实施的能力，从而全面提升综合实践活动课程的品质，增强学生的综合素质。为此，我们决定组织编写一套关于中小学综合实践活动课程的指导丛书。

值得重视的是，习总书记在讲话中，进一步明确了党和国家的教育方针，提出要努力培养德智体美劳全面发展的社会主义建设者和接班人，并强调“要在学生中弘扬劳动精神，教育引导学生崇尚劳动、尊重劳动，懂得劳动最光荣、劳动最崇高、劳动最伟大、劳动最美丽的道理，长大后能够辛勤劳动、诚实劳动、创造性劳动”。2020 年 3 月 20 日，中共中央、国务院发布《关于全面加强新时代大中小学劳动教育的意见》(以下简称《意见》)，对新时代劳动教育做了顶层设计和全面部署，明确提出要充分发挥劳动的综合育人价值。劳动教育已是教育方针的重要组成部分，已纳入德智体美劳全面发展的教育体系和更高水平的人才培养体系中。2020 年 7 月 7 日，教育部印发了《大中小学劳动教育指导纲要（试行）》，明确规定将劳动教育纳入大中小学必修课程，以全面提高学生劳动素养，使学生树立正确的劳动观念，具有必备的劳动能力，培育积极的劳动精神，养成良好的劳动习惯和品质。无疑，劳动教育必须落实在课程中。

当然，《指导纲要》对劳动教育的目标、要求和内容等有明确具体的要求，《意见》发布后，我们还必须从教育方针的高度，对劳动教育进一步增强、充实，提升其意义。为此，丛书还要通过对《指导纲要》的解读，进一步将综合实践活动与劳动教育结合起来，以劳动教育为重点，凸显劳动教育的统领性。这样，指导用书的方向更鲜明，关系更明晰，更具时代感。

加强劳动教育与综合实践活动，培养学生的综合素质，是国际基础教育课程改革的共同走向。我们必须有更开放的胸怀，更宽阔的视野，尊重和吸纳国际课程改革的理论与经验，丰富自己。与此同时，我们又必须将劳动教育与综合实践活动课程的设计、实施、资源开发等，深植于中华传统文化中，扎根中国大地，体现新时代中国特色和中国经验，丛书名称中的“新时代建构”体现的正是这一价值定位和追求。

综合实践活动是落实立德树人根本任务的课程形态、具体途径和实现方式，丛书的根本目的是探索综合育人、实践育人、活动育人的规律和特点，其目标是指导教师创造性地落实《指导纲要》，以学生为主体，以变革学习方式为重点，培养学生的创新精神，增强想象力、实践力、创造力，让学生在综合实践活动中站立起来，为培养时代新人夯实基础。

从育人这一根本目的和任务出发，我们又确定了丛书编写的原则：既要提升认识，又要指导实践，两者要结合好、融通好，而且要解读准，说得明，指导得具体、切实；既要整体设计，又要突出重点，整体设计在于有框架意识、宏观思维，突出重点在于让教师把握要点，以求突破，形成特色；既要指导中小学教师设计、开展综合实践活动，又要有利于教研、科研等方面的专家拓展理论视野。根据编写宗旨与原则，丛书基本形成了科学、有用、亲切、有趣等特色。

为了达到预期的效果，编委会邀请张华、柳夕浪等知名专家、学者担纲，以提升丛书的权威性、科学性，搭建一个更高的平台，在更高层次、更大范围内进行对话。丛书共有十册，分别为:《〈中小学综合实践活动课程指导纲要〉解读——44个问答》，柳夕浪主编;《综合实践活动课程的国际视野》，张华著;《综合实践活动课程的理论视野》，张紫屏著;《考察探究与设计制作》，高振宇、包新中著;《社会服务与职业体验》，杨燕燕、仲建维著;《数字时代的创造性学习——创客教育理论》，钱旭鸯著;《数字时代的创造性学习——创客教育实践》，谢作如、刘正云、张敬云著;《综合实践活动课程的评价与管理》，戎庭伟、张馨月编著;《原来就在你身边——综合实践活动课程的资源开发》，张晓东、杨健主编;《创造一个分享的世界——综合实践活动课程案例集锦》，夏心军、成尚荣主编。

非常感谢河北教育出版社领导和编辑的重视、支持和辛勤工作，他们的视野、创意、品质、作风值得我们学习。尤其要感谢张辉副总编辑、特约编辑高力夫、地方教材编辑室主任何春雅以及各册责任编辑，他们为本套丛书的出版付出了诸多辛劳。

综合实践活动课程是国家课程，对培养有理想、有本领、有担当的时代新人，让他们成为社会主义的建设者和接班人，有着重要的价值、意义，相信这套丛书对推进综合实践活动课程的实施，推动劳动教育，会发挥积极的作用。

2020年7月

目　录

上编　考察探究

第一章　考察探究概述……………………………………1

第一节　考察探究的思想基础………………………………2

第二节　考察探究的历史来源与发展　……………………10

第三节　考察探究的内涵与特征…………………………28

第四节　考察探究的教育价值与目标　……………………34

第二章　考察探究的课题选择与确立……………………41

第一节　问题的发现与提出………………………………42

第二节　问题转化为课题的策略…………………………57

第三章　考察探究的准备工作……………………………75

第一节　探究小组的组建与分工…………………………76

第二节　探究假设的提出…………………………………82

第三节　探究过程的设计…………………………………86

第四节　探究方法的选择…………………………………90

第五节　探究工具的开发与准备…………………… 107

第四章　考察探究的实施与行动……………………111

第一节　现场工作的开展 ……………………………… 112
第二节　探究资料的搜集与记录…………………… 119
第三节　探究资料的整理与分析…………………… 124

第五章　考察探究的评价与反思……………………133

第一节　评价的具体方式 ……………………………… 134
第二节　评价的多元主体 ……………………………… 147
第三节　评价的内容维度 ……………………………… 153
第四节　反思与改进 ……………………………………… 159

下编　设计制作

第六章　设计制作概述……………………………………165

第一节　设计制作的内涵与特征…………………… 166
第二节　设计制作的教育价值 ……………………… 171
第三节　设计制作的目标设定 ……………………… 177

第七章　创意设计…………………………………………181

第一节　主题的提出与精致化 ……………………… 182
第二节　设计理念的表达与呈现…………………… 188
第三节　设计方案的形成与确立…………………… 193

第八章 选择活动材料与工具……………………………199

第一节 小组的创建与分工 ……………………………200

第二节 常用活动材料与工具……………………………207

第三节 选择材料与工具的依据…………………………213

第九章 动手制作………………………………………217

第一节 动手制作的模拟示范……………………………218

第二节 作品的制作 ……………………………………222

第十章 展示与反思……………………………………227

第一节 设计制作的展示与交流…………………………228

第二节 设计制作的评价 ………………………………231

第三节 设计制作的反思与改进…………………………238

参考文献 ……………………………………………244

后记 …………………………………………………250

上编　考察探究

第一章
考察探究概述

考察探究是我国综合实践活动课程的四大活动方式之一，也是最为人熟知且在实践中得到广泛应的一种方式。从历史上来看，考察探究最初是以设计教学法的形式存在；在综合实践活动课程于全国普遍推广的当代，考察探究则主要以研究性学习的面貌出现；而在校外的教育实践中，考察探究经常是以项目式学习的方式为人所知。本章首先追溯了考察探究背后深厚的理论与思想基础，如中华优秀传统文化中的学习思想、杜威的实用主义教育思想、建构主义学习理论和情境学习理论；回顾了考察探究在东西方教育史上的历史源头，介绍了考察探究在国内和国外的发展历程，尤其探索了民国时期中国教育界所推行的设计教学法；讨论了考察探究的深刻内涵和基本特征，揭示了考察探究在教育上的价值与意义，并简要阐述了考察探究的总体目标。

第一节　考察探究的思想基础

从最宏观的社会思潮来说，考察探究的思想渊源或基础可以被归结为三个方面：其一是启蒙运动以来对人的发现（尤其是对儿童的发现），开始将儿童视为灵动的、有内在需求和学习动力、有能力乃至有权利的个体，重视儿童自身的价值、独特性及主观能动性，鼓励儿童在自主的探索中实现自身的发展；其二是教育的民主精神，不仅在学校与社会之间架起沟通的桥梁，使学生能主动探究并服务社会，而且主张师生之间、生生之间构筑相互协作并基于友爱、欣赏、平等的团体；其三是教育的理性精神，人与动物的区别在于前者拥有理性，因此作为启蒙运动的口号之一“勇敢地运用理性”应成为教育的宗旨，教育应鼓励学生自主思考与主动建构，学习并掌握探究世界的方法。[1] 若以微观的角度而言，考察探究则与东西方的智慧传统及理论发生紧密的联系，包括中华优秀传统文化中的学习思想，西方实用主义教育理论、建构主义学习理论、情境学习理论、合作学习理论、意义学习理论、新哲学认识论、信息处理理论、元认知理论等。这些智慧和理论尽管在概念表达上各不相同，但就其基本点而言，均极为相似，可共同构成考察探究的理论基础。今限于篇幅，只就前面最相关的四个方面进行简述，并阐明其与考察探究之间的密切关系。

一、中华优秀传统文化中的学习思想

在中华优秀传统文化中，有关何谓学习及如何学习的思想占据着重要地位。正是这方面的思想，构成了我国当代推行考察探究类综合实践活动的首要基础。这个基础可从根本点上说明，考察探究并非单纯是西

[1] 张华：《综合实践活动课程研究》，上海科技教育出版社，2007，第 100–101 页。

方教育思想的产物或者说是西方的舶来品，而是天然蕴含在中华优秀传统文化的精髓之中的。然而，中华优秀传统文化中的学习思想博大精深，因篇幅所限，此处仅举两点与考察探究最相关者稍加论述。

（一）博文广知

从先秦的孔子开始，历代思想家就特别提倡博学或博文，要求学生尽可能多地阅读各类书籍以扩充知识，同时也通过多接触不同的人与事来积累直接经验，由此才更有助于学习的精进与发展。在《论语·雍也》中孔子即明确提出“君子博学于文”，这里的“文”主要是六经等古籍。除此之外，他还主张亲自接触不同的人与事，多倾听与观察世界，“多闻，择其善者而从之，多见而识之，知之次也”（《论语·述而》）。此后的宋明理学中也一再强调博文广知的重要性，如张载即提到“孟子亦只言存养而已。此非可以聪明思虑，力所能致也。然而得博学于文，以求义理”（《经学理窟·气质》），可见个人思想的获得与发展首先得依赖于博学。朱熹也曾言：“博学，谓天地万物之理，修己治人之方，皆所当学。”（《朱子语类》卷六十四）考察探究即强调学生不局限于单一的某个学科，而能充分整合与应用各个学科的知识，同时通过访谈、调查、参观等各种基于现场的探究方法获得第一手的见闻资料，由此展开学习的历程，可见与此精神的相似性。

（二）身体力行

我国自古以来就重视“行”的教育意义与价值，反对完全从书本出发的学习方式。荀子提出：“不闻不若闻之，闻之不若见之，见之不若知之，知之不若行之。学至于行而止矣。行之，明也。”（《荀子·儒效》）但是，在“行”所发挥的具体作用及与知的关系问题上，不同学者及流派存在分歧，如宋代二程强调知先行后；朱熹则对之进行了修正，认为“论先后，当以致知为先；论轻重，当以力行为重”（《朱子语类》卷九）。明代王阳明则提出“知行合一”学说，“知是行之始，行是知之成”（《传习录》上），“知行功夫，本不可离”（《传习录》中）。清代王夫之则指出

"知行终始不相离"(《船山全书》第6册)，强调"知虽可以为行之资，行乃以为知之实"(《船山全书》第7册)，认为行与知相互依存而不可分离，但毕竟两者有所区别，难以完全合一。考察探究虽强调学生通过广泛涉猎各类文献资料来加强学习，但同时也注重学生通过实际行动来应用、检验并发展知识，并最终要落实对日常生活的指导与服务之中。所以考察探究的这种身体力行的精神可以在中华优秀传统文化中找到最初的根源。

二、杜威的实用主义教育理论

考察探究最主要的思想基础来源于杜威的实用主义教育理论。在杜威看来，学习=问题解决=探究，人在工作与生活中遇到困难时，需要将此困难明晰化为一个需要解决的具体问题，从而提出问题解决的方案及假设，并进行理智的推理或论证，在行动中予以检验，最终解决问题、化解实际的困难，这便是一个学习活动的基本过程。杜威认为，作为间接经验的书本知识尽管是必不可少的，但它们只有在学习者基于问题解决的态度进行探究时，才会产生真实的意义。因此，对知识的学习必须通过探究的方式来进行，包括对知识本身的探究，以及运用知识对社会生活的探究。杜威眼中的探究具有两种重要属性，其一是"存在性"(existential)，即探究必须关乎现实情境，不能仅是玄思冥想而与实际毫无关联，探究必须适于实际生活情境中的疑惑，脱离了经验范畴的探究就会陷入文字游戏，就会失去意义；[1] 其二是具有"试验性"(experimental)，即探究必须是开放的、探索性的、试错性的，它允许个体提出多种假设、可能性并以实际行动进行排除或确认，最终寻找出具有相对确定性的解决方案。对于考察探究而言，其核心正在于发现儿童生活中存在的具体问题，并通过儿童的探究行动予以解决。这种探究是与儿童实际生活紧密相连的，是在生活中、由于生活并为了生活的，每

[1] 王清思：《论杜威学说与儿童哲学的关系》，《哲学与文化》2018年第45卷，第6期。

一个人既是有潜在创造性和独特性的人，又是处于关系中的人、是社会的一员，因此每一个人经验的生长又总是在社会生活中实现的，所以考察探究不仅植根于儿童的个体生活，也同时指向于社会生活的完善。[1] 考察探究也同样是试验性的，从选题到实施的整个过程中，它允许学生提出多种可能性、多个可能探索的主题及多种假设，根据实际开展的行动及遭遇的困难来修正主题和假设，因此它处于不断流变与完善的过程之中。

杜威认为一切真正的教育都是从经验中产生的，他提出教育即生活、教育即生长、教育即经验的改造等观点。教育应当与儿童的生活经验相结合，从儿童的现时需求出发，对新旧经验不断重组和改造，从而促进儿童的成长。所谓的“做中学”就是要儿童从直接经验中学习，而不是通过教师的间接灌输。要达到这一点，就必须使儿童置身于真实的经验情境之中，促进儿童透过自己的体验去思考真实的问题，提出种种设想，并通过实际行动进行检验。考察探究即主张与儿童的生活经验相结合，从他们的生活需要出发，来确定探究的课题，并通过各种现场活动来实现对新旧经验的重组与改造，最终促成自我的生长。考察探究要求儿童能够走出书本、走向田野与社会，从与生活接触的直接经验中获取智慧并应用已经习得的知识，而不是通过教师的事先设计与间接灌输来解决实际的问题。因此在考察探究中，没有真实的经验情境或没有身处自然或社会现场的活动，儿童没有通过自己的体验去思考真实的问题，提出并验证假设及自己的想法，就不能算是真正的考察探究。

“做中学”的直接体现便是投入到“作业”（occupations）、“主动作业”（active occupations）、“建构性作业”（constructive occupations）或“社会性作业”（social occupations）之中。所谓作业，乃是指复演社会生活中进行的某种工作或与之平行的活动方式。[2] 这些作业适合儿童经验生

[1] 张华：《杜威研究性学习的思想与实践（上）》，《当代教育科学》2005 年第 22 期。
[2] John Dewey, “The School and Society,” in John Dewey: The Middle Works,1899–1924, Vol.1,ed. Jo Ann Boydston (Carbondale:Southern Illinios University Press, 1976), p.72.

长的要求，它不单使儿童获得手工操作的技能与技艺，而且帮助儿童提升智力、道德与审美的品质，使儿童的经验、兴趣、冲动得到持续生长与完善。这些作业又具有鲜明的社会性，学校是社会的雏形，所以在学校的学习须根据社会的要求而组织，而商业、烹饪、缝纫、纺织、木工等典型职业便是社会生活的主要表现形式，因此儿童的工作事实上便是对这些典型职业进行分析、归纳及提炼而成的。因各门学科都是从有用的社会作业逐步发展而来，所以作业是使儿童的心理经验不断向科学的逻辑经验提升的中介。作业还体现了游戏与工作的统一，儿童在工作中渗透并伴随游戏的精神与态度，使得工作本身变成一种娱乐和艺术，而在游戏中又能渗透工作的因素，使游戏本身不单纯为了娱乐，而更有学习的意义与价值。考察探究也希望儿童通过参与到各种现场工作及职业体验之中来实现其经验与兴趣的持续生长，而不是停留于书本的学习上；考察探究既是一个遵循特定方法与规范的工作过程，也是一个符合儿童兴趣、伴随童真童乐的游戏化过程，儿童能真正感受到考察探究是属于自己的学习，并且能从问题的解决、知识的丰富与发展中获得身体与精神上的愉悦。

三、建构主义学习理论

建构主义（Constructivism）是学习理论由行为主义向认知主义迈进的重要一环，传统的学习理论将知识看作教师由外部直接输入学生头脑中的过程，而建构主义学习理论则认为知识是认知个体主动建构，而非被动接受或吸收的结果。建构主义的核心在解释“人类是如何获得知识的”，它主张并弘扬人在知识习得过程中的主动性。建构主义可简要分为两种类型：其一是将重心放在个体的内在层面，思考如何进行内部运作而获得知识，可归为个人建构主义；其二是从外在的社会、历史与文化等角度着眼，阐明人类是如何借助外力来进一步获取和发展知识的，可称为社会建构主义。个人建构主义强调的是个人有主观建构的能动性，任何外在的知识都只有通过个人自主的建构才能产生真实的意义。皮亚杰是个人建构主义的先驱，而哥拉斯费尔德（Ernst Von Glasersfeld）则借助语言概念分析将其发扬光大并引入教育领域。个人建构主义认为学习是一个意义建构的过程，学习者通过新、旧知识经验的相互作用，来形成、丰富和调整自己的认知结构。学习是一个双向的过程，一方面，新知识或经验纳入已有的认知结构中，获得新的意义；另一方面，原有的知识经验因为新知识或经验的纳入，而得到了一定调整或改组。

社会建构主义则强调个人建构知识是在一定的社会文化环境中实现的，苏联心理学家维果茨基是社会建构主义的奠基者，伯杰（Peter L. Berger）和拉克曼（Thomas Luckmann）1966 年出版的《实在的社会建构》则在该理论的形成过程中发挥了重要作用。社会建构主义认为人类所有的知识（即便是那些习以为常的基础知识或常识性的知识）都源自社会互动并由互动所维持。个体的学习之所以发生，也正是因为个体在一定的文化、社会、历史或团体中与他人进行互动。考察探究则既吸收了个人建构主义的观点，也受到社会建构主义的影响。考察探究强调儿童的自主性，即鼓励儿童通过自己的努力去建构知识，尤其是通过实际的行动来获取直接经验，以此来理解、解构并创造知识。考察探究也主张儿童以团体的方式进行共同研究，因此是以小组合作的形式出场，儿童在与同伴的互动中，在与社会、自然的交往过程中，形成并发展自己的知识。考察探究所主张的学习即作为知识建构活动的学习，在这个过程中，一方面学生不断质疑、不断探索、不断表达自己的见解与想法以及不断创造自己的知识，另一方面则超越原有的个人化行为，在群体合作中发展自己对世界与自我的认知。[1] 这种学习是学习者与自我对话、与他人对话、与客观世界对话，从而形成认知性实践、社会性实践和伦理性实践“三位一体”的过程。[2]

---

[1] 钟启泉：《研究性学习：“课程文化”的革命》，《教育研究》2003 年第 5 期。
[2] 曹长德：《对研究性学习的再认识》，《课程·教材·教法》2007 年第 12 期。

四、情境学习理论

情境学习理论是由赖夫（Jean Lave）和温泽（Etienne Wenger）于1991年所提出的理论，认为学习不仅是个体意义建构的心理过程，更是一个社会性的、实践性的、以差异资源为中介的参与过程。[1]情境学习理论强调学习者、知识或经验、情境脉络三者之间的关系，重视学习的社会化，即知识是在与周遭环境互动中各方共同建构的过程，这里的周遭环境包括学习环境、学习活动以及学习伙伴等。由于知识本身的抽象性，即便通过语言文字来进行表述，可理解性也依然有限，而透过社会参与或互动的过程，知识内部的许多概念以及逻辑规则，即可借由环境中成员之间的互动、分享、相互激发等，而得以精准理解。温泽将这样的互动团体视为“实践共同体”[2]。情境学习理论强调学习的主动性，突出学习者是主动的“实践者”，认为作为认知主体的人，具有主动探索和建构知识的能力，学习者只有在一定的学习情境中，通过主动探索才能了解知识的意义与内涵。情境学习理论也重视从“合法的边缘性参与”逐渐至核心参与的过程，赖夫认为犯错也是学习过程的重要组成部分，由于共同体的压力可能会导致没有学习活动的发生，故教育者需要通过多种方式来帮助新手进入到实践共同体中学习。由此他们提出了“合法的边缘性参与”概念。他们认为学习者若要获得实用的知识就必须主动进入到实践共同体之中，也就是学习必须从边缘开始不断进入核心，先有初步的概念，再熟悉具体的方法，最后进入到核心的工作圈内。也就是说，在学习过程中，学习者作为新手不可能做到完全的参与，只能通过积累经验、观察专家、模仿、对话等等，才能从实践共同体的边缘走入核心，最终成为实践领域的专家。

---

[1] Jean Lave and Etienne Wenger,*Situated Learning:Legitimate peripheral participation* (Cambridge: Cambridge University Press, 1991), PP.28–29.

[2] Etienne Wenger. *Communities of Practice: Learning, Meaning, and Identity* (Cambridge: Cambridge University Press, 1998).

情境学习理论还提倡“多元的全面智慧”或“分配智慧”和“知识即工具”。就前者而言，该理论认为知识的意义不存在某个固定的人或文本中，而遍布于学习者本身、同学之间、教师、教材、媒体等，是学习者与这些不同意义载体之间交互作用的产物，它无法从某个情境脉络中抽离出来，而只能通过不同脉络之间的比较、讨论、澄清、归纳等才能获得并了解。概念或知识根植于不同的情境之中，是情境赋予概念或知识以意义。就后者而言，知识与工具有共通的特性，如透过使用知识，才能真正理解知识；借助使用工具，才能真正了解并操作工具。若仅有知识而不知如何应用，那么所学的知识将会是一种僵化的知识。总的来说，依据兰钦（William Rankin）的界定，情境学习包含四个基本要素，即内容（事实或任务，但情境学习更强调运用反省思维或高阶思维去解决实际问题）、情境、共同体（可帮助学习者创造、解释、反思并形成意义）和参与（个体与他人合作共同解决问题，从边缘逐步进入核心）[1]。考察探究同样注重学习者与自我、自然和社会之间的互动，将学习活动置于特定的情境之中，强调儿童通过三大维度的交往而实现知识的建构，并将学习者组合为“实践共同体”，使他们相互激发与分享，而加深对知识的理解并学会知识的整合与应用；儿童开始时可能无法明晰探究的程序，不同儿童在思维能力上也有差异，所以考察探究在低年级时即需要由教师和能力较强者进行引导，逐步使儿童由边缘参与而进入到核心，最终熟练掌握考察探究的要点。

---

[1] William F. Hanks, Foreword to *Situated Learning: legitimate peripheral participation*, by Jean Lave and Etienne Wenger (Cambridge: Cambridge University Press.1991), p.14.

第二节　考察探究的历史来源与发展

一、考察探究的历史来源

考察探究作为新的名词虽然是当代的事情，但是作为理念以及作为方法却在东西方教育传统中早已分别存在。就东方而言，孔子所主张的启发式教学在很多方面即具有考察探究的特征。比如作为教师的孔子秉持“无知”的精神，“吾有知乎哉？无知也。有鄙夫问于我，空空如也；我叩其两端而竭焉。”（《论语・子罕》）而能使学生没有“权威”的负担，尽自己的努力去建构和探究。“为仁由己，而由人乎哉？”（《论语・颜渊》）“古之学者为己，今之学者为人。”（《论语・宪问》）“君子求诸己，小人求诸人。”（《论语・卫灵公》）学习是学习者自己的事情，也最终是为了自己的发展，因而对知识的探索必须由自己来发起和进行。“不愤不启，不悱不发。举一隅不以三隅反，则不复也。”（《论语・述而》）如果学习者自己没有思考，不会从生活情境中去发现和体悟问题，没有表达自己想法的欲望，抑或不能进行举一反三的推论或联想，则学习无从发生，教学也将无法进行。因此学习者必须自己养成独立思考的习惯，而不是由教师来代替他们思考，同时也要学习文本并深入生活实践进行学习，来激起和促进思考，是故“学而不思则罔，思而不学则殆”（《论语・为政》）。考察探究的中心是项目或课题，而这里的项目或课题是由学生主动发现并提出的，在孔子与弟子的对话过程中，大多数问题都是由学生主动提出来的，如“季康子问政”“子贡问友”“叶公问政”“宪问耻”“樊迟问仁”“子路问成人”“子路问君子”等等，孔子对于学生的提问（尤其是优质提问）总是大加赞扬，且对这些问题有时并不直接作答，而是反问学生如何思考，或从学生的问题中牵引出更多的问题。孔子也主张学生之间应相互学习，在人与人、人与社会的交往中来提升自己的理解。孔子曾提出“三人行，必有我师焉，择其善者而从之，其不善者而改之”(《论语·述而》)，即表明人人皆可为师，因而学习者应深入社会实践、主动与他人交往，“吾尝终日不食，终夜不寝，以思，无益，不如学也。”(《论语·卫灵公》) 如果只是固守于自己的世界，而不向他人学习，必会徒劳无益。[1] 这对于考察探究强调人际交往、同伴合作以及走向社会等都有积极的启发意义。

西方教育传统中的苏格拉底式对话法也同样具有鲜明的考察探究特征。苏格拉底作为教师是一个“精神助产士”而非真理占有者的形象，他从不宣称自己拥有知识，也不把自己定义为答疑解惑传道的角色，而是像“助产士”一样帮助对话者诞生出自己的想法，引导他们去解答本次对话的中心问题，即便最后没有取得令人满意的答案，也不会直接给他们抛出一个自己的答案。在整个探究过程中，苏格拉底特别注重高质量提问的引导，并与对方进行持续的对话：在第一个阶段通过提问和对话使对方意识到自己对某些问题的认知具有局限性，从而陷入认知冲突的状态；在第二个阶段则通过提问和对话使其不断抛出假设、验证并推翻假设，从而实现认知的持续进步，并不断逼近真理本身。这种方法被称为“团体诘问法”。在苏格拉底对话的过程中，师生之间处于相对平等的地位，大家或站立或坐躺，讨论问题既保持生活化的风格，又变成生活的一部分，而没有像“班级授课制”那样学生齐刷刷坐在下面听教师宣讲。[2] 由此可见，孔子和苏格拉底所推崇的启发诱导式方法，在师生关系、教师角色、提问与对话方式、人际交往等诸多方面都体现出当代考察探究的基本特征，可当之无愧地称为考察探究的历史源头。

---

[1] 高振宇：《孔子对话教学视野下儿童哲学探究团体的重构与创新》，《教育发展研究》2018 年 15–16 期。

[2] 张运霞：《孔子与苏格拉底启发式教学方法比较》，《理论月刊》2005 年第 7 期。

二、考察探究在国外的发展历程

作为一种正式的学习形态或活动方式，考察探究的前身可以追溯到16—18世纪欧洲的建筑学校或艺术学院中被广泛运用的一种方法，当时叫“项目法”（project method）。它要求学生必须运用学习过程中所习得的知识与技能，来解决行业领域的实际问题，如设计一座纪念碑、制造一个蒸汽引擎等。随后才移植到美国，并成为手工训练学校及普通公立学校的重要教学法。当时法国的卢梭、德国的福禄培尔、瑞士的裴斯泰洛齐等为考察探究注入了新的思想并使之进一步发扬光大。如卢梭推崇自然主义教育，认为教育应相信并适应孩子的天性及学习本能，不能将其视为邪恶的而进行摧毁式教育，《爱弥儿》开篇就提到“出自造物主之手的东西，都是好的，而一到人的手里，就全变坏了。[1]”而应遵循其自然发展的特点与要求来提供适宜的教育，如创造自由的环境使儿童发挥其学习的自主性和积极性，反对让儿童死记硬背等，教育者则须做一个导师而非教师。福禄培尔也同样提出“教育适应自然发展”的原则，自儿童诞生之日起，教育者就必须按照其本性去理解和对待他们，使他们自由地展现和运用各种能力，而不能违反他们的天性强加成人的知识与使命。福禄培尔还认为人具有与生俱来的创造潜能，教育者应及早给予儿童从事外部工作和生产活动的训练，使儿童有机会通过自我活动、自主参与等方式体验和理解创造的真谛；认为儿童只有通过自己的方式获得对事物的了解才会让真正的学习得以发生。[2] 裴斯泰洛齐亦认为教育的目的在于促进人一切天赋能力的和谐发展，教育只有适应儿童的天性进行设计，才能实现这层目的，他指出“为人在世，可贵者在于发展，在于发展各人天赋的内在力量，使其经过锻炼，使人能尽其才，能在社会上达到他应有的地位。”这三位启蒙思想家均使考察探究更具有儿童本位

[1] 卢梭：《爱弥儿》，李平沤译，人民教育出版社，2001，第1页。
[2] 福禄培尔：《人的教育》，孙祖复译，人民教育出版社，1991，第22页。

的特性，使其成为儿童自发、自然进行且有助于自我发展又具有创造性的活动。

及至20世纪初，受进步主义教育和社会改造主义的影响，考察探究被杜威、克伯屈、康茨、拉格等人重新定义，其目的在于适应当时工业化和社会民主化发展的要求，使儿童能够成为适应时代和社会需要、具有自由个性和独立思考力且有能力改造自然和社会的合格公民。其中，克伯屈是使考察探究成为席卷全美乃至全球的教学法的重要人物（民国时期中国学者称此法为“设计教学法”）。在克伯屈所改造的考察探究活动中，“自愿”是最为关键的语词，早在1918年他发表于哥伦比亚大学《师范学院学报》上的那篇《设计教学法：在教育过程中自愿活动的应用》中，他就指出“我采用设计这个术语，专指自愿的活动，并且特别注重自愿这个词。”后来他继续指出，“任何自愿的经验单元，任何自愿活动的事例，其占支配地位的自愿皆是一种内在的驱策，（包括）①确定行动的目的，②指导行动的过程，以及③提供行动的动力、行动的内在动机”，因此“设计是自愿的活动——从自愿决定目的，指导动作，并供给动机的活动。”[1]克伯屈还提出“内学习”和“外学习”、“内教材”和“外教材”的概念，他认为只有儿童自愿的活动，才是内学习，内学习就是在生活中应对困难时所必需的活动，外学习则是外界权威所规定的活动；内教材是儿童自愿活动过程中所需要的一切东西，而外教材是教师提供给儿童进行死记硬背的东西。克伯屈并将设计教学法分为四个阶段：自愿—计划—实行—评价，这四个阶段也成为我国《中小学综合实践活动课程指导纲要》在设计考察探究关键要素时的重要参考及依据。克伯屈还将设计教学分为四种类型：①生产者或建造者的设计，以实现某个观念、思想或计划为主要目的；②以欣赏为主要目的的消费者设计，如观看戏剧、听故事或乐曲等；③以解决理智上的困难和障碍为目的的问题设计；④以获得知识和技能为主要目的的练习设计。

[1] 孟宪承：《教育概论》，商务印书馆，1947，第116页。

20世纪五六十年代，为适应当时的学科结构运动，布鲁纳创造性地提出并构建了“发现学习”，从而进一步发展了考察探究。发现学习主要由四个步骤构成，首先是创设问题情境，提出学生感兴趣的问题，使学生在情境中产生认知冲突，从而提出需要解决的问题；其次是儿童利用教师所提供的材料及其他材料，对所提出的问题进行假设、推测，并寻找已有知识与未知知识之间的联系；再次是从理论或实践来检验、审查或补充修改自己的假设，并对不同意见进行讨论和对话；最后则是引导学生对探究进行总结，得出共识性的结论，使问题得到解决。这四个步骤已经与当前考察探究的关键要素非常接近。在这个过程中，教师所扮演的角色主要是提供任务指导、激励并提升儿童进行发现学习的信心、激发并保护儿童的好奇心以使之保持旺盛的求知欲、协助儿童寻找新问题与已有经验知识之间的联系、训练学生运用已有知识与技能解决问题的能力、提供学生学习过程中的观点评估和反馈、帮助学生进行自我评价。[1]

与此同时，约瑟夫·施瓦布通过阐述其关于科学探究的思想也进一步丰富并发展了考察探究的内涵。施瓦布认为“科学即探究”（science as enquiry），其意在两个方面：一方面是指科学具有多样性，包括其本质学说、科学家、基于不同主题和问题的探究模式等等；另一方面则是指科学知识具有可修正性，强调科学探究是在概念框架中引领探究实践发展的。由此出发，他提倡在科学课堂中进行探究性教学，这种教学也需要包括两个方面，“一方面，它的材料要展现作为探究的科学。另一方面，教师须引导学生对这些材料进行探究。学生需要学会辨认材料的组成部分，检查这些部分之间的关系，注意每个部分各自所扮演的角色，通过研究发现探究的优缺点。”[2] 在施瓦布的科学探究教学中，被动、听话式学

[1] J. S. Bruner, “The act of discovery,” *Harvard Educational Review*, No.31, (1961): 21–32.
[2] Joseph J. Schwab, *The teaching as enquiry: The teaching of science* (Cambridge:Harvard University Press, 1962), p.65.

习和依赖教师、教科书的习惯被摒弃，学生成为主动积极的探究者，其注意力不在于成人们已经说过的东西上，而是在自己做的事情上。他们的思想是活跃的，其任务是对成人或文本所给定的知识做出分析并进行挑战。教师则转变为具有优秀的探究和反思能力的指导者，其任务更多在于鼓励学生进行自主探究并提供适时反馈，并教给学生特定的艺术与技能，以使其学会自己教自己，这种艺术包括对所探究的内容要提什么问题、何时提问题、从何处可以找到答案等。施瓦布虽然只是在科学学科的意义上来陈述探究，但就其知识观、教师观和学生观的根本点而言，足以为当前的考察探究奠定坚实的基础。

现如今，考察探究在欧美日各国都得到广泛应用，并成为学校教育体系的重要组成部分。法国于 1995—1996 学年在初中二年级开始实施考察探究，名为"多样化途径"（Parcours diversifies），由学校领导和教师自主决定是否参加。该课程要求各学科教师由 2—3 人自由组合成领导小组，提出涉及指导教师所属学科知识的课题，而后根据目标按每周 2 学时的进度设计一整套活动方案；学时则根据自己兴趣，选择指导教师提供的不同课题方案，跨班或在本班内组成课题小组，在教师指导下开展相关活动。从 1999 年 9 月开始则从初二推向初三，规定初中三年级新增加综合实践课（Travaux croise），作为所有学生的必修课，每所学校至少要安排两个学科开展这项活动，并强化学科综合和学生自主学习。1999 年起，法国教育部自高中二年级开始推动"有指导的学生个人实践活动"（Travausx personnellle encadres，简称 TPE），以 2 个学时为标准，且一个课题持续研究两年。[1] 因此事实上考察探究已经成为法国从初中到高中课程的重要组成部分。日本则从 1996 年开始提出在中小学设置综合学习时间，规定从小学三年级开始就持续实施该课程，考察探究则是其重要方面。根据其《学习指导纲要》要求，小学三、四年级为每学年 105 学时，五、六年级为每学年 110 学时，初中则不少于 70 学时，具体活动类型则

[1] 霍益萍：《"研究性学习"在法国》，《教育发展研究》2000 年第 10 期。

包括调查研究型（通过文献调查、访谈、问卷等就环境、福利、和平等问题进行研究并发表成果）、综合表达型（通过戏剧、音乐及多媒体作品等展示研究成果）、社会参与型（参加志愿服务、岗位体验及社区实践活动）、策划实践型（开展从策划到运作的种种活动，如环境博览会、儿童商店街、乡土艺能会等）、合作交流型（借助互联网、录像或电视会议系统进行信息交流，借助校际的合作学习、合办运动会等开展活动）等。[1]

考察探究在美国也有广泛应用，其模式大概可分为问题解决模式、项目研究模式、角色换位模式、独立研习模式和案例研究模式。其中问题解决模式是一种以问题为驱动力的学习活动；项目研究模式则集中关注于某学科的中心概念或原理，旨在让学习者积极探究与发现，自主进行知识建构与整合；角色换位模式则是将学习者置于具体的认知情境之中，并让他们扮演某个角色，从而更真实地融入情境任务之中，亲身体验任务完成和目标实现的全过程，构建个性化知识与能力的学习活动；独立研习模式则是学习者在自己家里按照自己的学习进度、自己规定的时间和阶段进行研习活动，此活动最早于 1972 年在麻省的部分中学开始实施，目前在美国高中仍广泛流行。

三、考察探究在国内的发展历程

（一）民国时期的设计教学法

考察探究在我国民国时期即已盛行，当时的主要表现形式即设计教学法。其中，郭秉文、陈容和俞子夷等人最早在 1912—1913 年便已开始介绍设计教学法的思想与实践。1916—1918 年，江苏一师附小、上海万竹小学和南京高师附小等更率先开始试行设计教学法。但是设计教学法的迅速传播以及在美国乃至全世界的流行，却主要应归功于克伯屈，因此 20 世纪 20 年代中国出版的相关著作和论文中，都纷纷将克伯屈视为此种方法的奠基人物甚至是开创者。而克伯屈本人在 1927 年和 1929 年

[1] 钟启泉：《研究性学习：“课程文化”的革命》，《教育研究》2003 年第 5 期。

两度访华，更直接奠定了他在中国“设计教学法”话语中的主导地位。

1. 设计教学法的内涵与意义

民国时期的学者基本赞同克伯屈、施耐登（Snedden)、麦克马瑞（C.A. McMurry) 等代表人物对设计教学法的界定，认为设计教学就是“使儿童自动自发自由自活的教育，就是大单元的学习法，即集合许多有关系的材料，供儿童研究学习一种中心事实的搜求，使自成完好发明一种学理与方法，而自动的努力的进行”，它是融合“文学技术各学科学习的大单位，依据一中心目的，为无形之联络而得一结果”。[1] 更具体来说，它包含以下六个基本特征：①设计是重要的单元；②设计是思想的活动；③根据主要的目的组织或应用知识；④儿童肯继续努力解决一大串的问题；⑤实现人生实际生活；⑥发展儿童的身心。[2] 在他们看来，设计教学法从根本意义上来说是一种“儿童本位”或“以儿童为中心”的教学法，它特别突出儿童的主体地位，主张发挥他们的自主性，尊重他们的真实兴趣、意愿和需求。设计教学时“一定要顾及儿童所需要学的”，只有先了解儿童所需要的，然后才进行设计教学，“儿童所不需要的，不必去做无价值的设计”，“否则仅为教师的设计，不是儿童的设计，（必定是）徒劳而无功的。”[3] 设计教学建立在儿童自然天性的基础上，有“自然唤起的努力，自然倾向的动作”[4]，利用的是“儿童活泼的天性”[5]，其问题一定“发生于儿童的（生活）环境”，教学的展开是儿童自己的要求，整个过程的展开也是儿童自动自发的结果，因此其“兴趣一定是浓厚的”[6]。所以判断一个设计教学是否有价值，第一重要就是要看其是否符合儿童自身的需要，是否属于儿童有目的的活动，在其实施的过程中儿童是否全心

[1] 芮佳瑞：《实验设计教学法》，商务印书馆，1923，第 2 页。
[2] 赵宗预：《设计教学法》，商务印书馆，1931，第 6–8 页。
[3] 沈百英（演讲）、盛朗西（笔述）：《设计教学法》，《青浦县教育月刊》1922 年第 1 期。
[4] 赵宗预：《设计教学法》，商务印书馆，1931，第 17 页。
[5] 凌冰：《克伯屈与设计教学法》，《新教育评论》1926 年第 2 卷第 22 期。
[6] 顾养元、范树珊：《单级小学实行设计教学的实际》，《江苏教育》1932 年第 2 卷，第 7、8 期。

全意地进行活动，以及是否怀有热忱的态度。[1]

正是这种儿童本位的姿态，使儿童能自主地深入到整个学习过程之中，不仅充分借助和利用自身的经验，且不断改造、发展及扩充自己的经验。由于在设计教学中，儿童整个地参与到“组织、思考、研究或试验、判断”等过程之中，因而可以养成儿童的“组织力、支配力、抉择力、创造力”[2] 等我们现在所称的“跨学科核心素养”。设计教学作为一种“思想的活动”，尤其注重培养儿童的思维能力，儿童凭借着自觉自动的习惯及方式，经历从遇到困难、提出问题、建立假设到验证假设的整个过程，其解决问题所需的各种思维能力（批评的、创造的等等）皆能得到深度锻炼。[3] 设计教学可以使儿童增长缜密思考、科学讨论、社交、调查研究和鉴别等能力，尤其是在“精巧力”和“实验本能”方面，具有特别重要的价值，其中的精巧力对小孩子将来从事雕刻、发明、出版、工程、戏曲、政治、学校和家庭教育等都是不可或缺的关键技能。[4]

由于学校原本是养成儿童生活能力的机关，教育也原是养成儿童生活能力的工具，因此合乎生活的教学法必定是设计教学法。[5] 同时，若要使儿童真正拥有自发且持续的兴趣，并能自觉投入到设计的各项历程之中而发展自身的经验，其前提必须是使设计教学“与生活打成一片”，成为一种“生活教育”或“生活活动”，使儿童能真切地感受到自己不仅仅在学习，更是在“实际生活”[6]。这就要求设计教学必以真正的生活问题作为整个探究的出发点，“因为真正的生活问题材料丰富，有前进期望，有浓厚兴趣，儿童一定能充分欣赏，一定可以推知各方面的关系”[7]。其在教学中所使用的材料或工具，应是有助于解决这个生活问题的。整个环

[1] 李平秋：《怎样实施设计教学》，《江苏教育》1940 年第 2 期。
[2] 赵宗预：《设计教学法》，商务印书馆，1931，第 17 页。
[3] 黄增祥：《设计教学与河南之实验教育》，《河南大学周刊》1932 年第 8 期。
[4] 芮佳瑞：《实验设计教学法》，商务印书馆，1923，第 67-68 页。
[5] 赵宗预：《设计教学法》，商务印书馆，1931，第 1 页。
[6] 李平秋：《怎样实施设计教学》，《江苏教育》1940 年第 2 期。
[7] 赵宗预：《设计教学法》，商务印书馆，1931，第 24 页。

境的创设也应以生活为依归，使一切设计活动的发生，都由生活环境所得来，包括动的、静的生活环境。特别是儿童所在的乡土环境及一切事实，由于对儿童来说尤其切近，其问题又是急需了解并解决的，因此非常适合于作为设计教学的出发点。[1] 再加上儿童的生活原本就是整块的、系统的，所以设计教学所呈现的学习大单元，应是“许多事实组织成有关系的集合体”，在这个集合体内，各种事实来自有价值的科目中精挑细选的知识，它们“彼此连贯，彼此有关系，依着思想发达的顺序，使儿童渐渐地前进”，且必须“有一种中心观念可以控制全体”[2]。因此通过这种生活化的设计教学，必可引起“儿童学习各科的真兴味，有了真兴味，才能得到真知识”，而这种知识必然“是具体的，不是抽象的；是完全的，不是零星的；是一串的，不是断片的”，最终儿童所获得的观念将会“是明确的，不是暧昧的；是清楚的，不是模糊的；是需要的，不是无用的”[3]。

2. 设计教学的目标与内容

从理论上来说，设计教学法可应用于学制系统中任何年级的任意学科，但在民国时期，这种特殊的教学方法主要应用的学段却是在幼儿园和小学（包括低年级和高年级）阶段。就小学阶段而言，根据俞子夷的实践经验，在低年级试验却比在高年级更加容易。这是因为幼儿园和小学低年级的儿童，在活动、游戏的本能及兴趣上比较强烈，只要稍加引导，就能进入自主探究的角色之中。而小学高年级的儿童则不同，他们已经习惯于分科课程的学习，骤然施行设计，而不设科目性的课程，他们便无法适应；而且他们已经养成了一种依赖教师的惰性，若教师不去发动，他们一般是不会自己发动的，譬如有教师上作文课，让他们自己拟题，他们却一个字也写不出来，甚至教师叫他们自己设法去想，有的

[1] 李平秋：《怎样实施设计教学》，《江苏教育》1940 年第 2 期。
[2] 赵宗预：《设计教学法》，商务印书馆，1931，第 14–15 页，第 25–27 页。
[3] 芮佳瑞：《实验设计教学法》，商务印书馆，1923，第 4 页。

学生还会反问道：“教师拿了薪水做什么？”[1] 因此在小学低年级和高年级推行设计教学，其着重培养的目标、推行设计教学的过程理应有所不同，总的原则是要对高年级儿童进行更多的启发诱导，激发其从生活中学习的兴趣，并使其养成自动自觉的态度与自主设计的能力，而在推行的进程上则应更加稳健和深入一些。

在民国时期，设计教学并非如当代中国的综合实践活动是一门独立的课程，而是融入了既有学制的任意一门学科课程之中，因此主要是作为一种教学方式而存在。尽管设计教学的应用范围非常广泛，但根据其探究主题的类型，其活动仍可大抵分为四种基本类型。起初在 20 世纪 20 年代时，这四种类型被称为：①欣赏的设计，如听一个故事或一段音乐、观赏一幅图画，以享受某种美的体验；②获取技能的设计，如画一张图、写一页字；③解决疑难的设计，如探讨自然界的秘密，寻找人体自身或社会现象的奥秘；④创作的设计，如造一只小船、做一张桌子、写一封信或编一出戏，旨在诱发儿童的创造欲望及能力。[2] 后来分别被概括为：①欣赏式设计活动；②练习式设计活动；③思考式设计活动；④建造式设计活动。[3] 民国时期的学者对这四种类型的设计教学活动基本持肯定态度，并应用到自己的实践之中，唯沈百英又在此基础上增加了一种新的活动类型，即游戏式设计活动。[4] 不过，这四种类型的设计活动虽各有特点，但在实际教学过程中却可根据主题发散的程度，或单独进行或联合成一个整体。一般来说，在地理、工艺、自然研究等科，比较容易融合多种类型的设计活动，而在书法、读法、音乐等科，由于多需要纯属机械的练习，不容易产生要求理智探究的行为，因此很难融合更多的设计活动。[5]

---

[1] 董远骞、毓英：《俞子夷教育论著选》，人民教育出版社，1991，第 38 页。
[2] 熊明安、周洪宇：《中国近现代教育实验史》，山东教育出版社，2001，第 119 页。
[3] 方成章：《研究：怎样应用设计教学的过程》，《金山县教育月刊》1924 年第 5 期。
[4] 沈百英：《设计教学的种类和方法》，《教育杂志》1927 年第 19 卷，第 5 期。
[5] 芮佳瑞：《实验设计教学法》，商务印书馆，1923，第 69 页。

3. 设计教学法的实施

（1）设计教学法的不同模式

克伯屈主张设计教学法应是打破学科界限、联络各科教材的活动，民国时期的中国学者也普遍认同这一点。如黄增祥就认为“设计教学，就本质言，实有综合各科之可能”，“设计教学绝不能单限于一科”，“其设计之范围以儿童之需要为标准”，“单元之拟定，系以题目为标准，非以科目为范围”[1]。李平秋也认为“生活是整个的，不是割裂的”，“学校内的生活课程，当然也是整个的，有联系性的，不能决然分开的”，因此“设计活动是不应该分学科的，应该打破学科界限的”，“分科的设计，是不完全的，不合生活原则的；并且设计活动不应该受学科限制的，或者超出各学科规定的课程范围的，而是生活上所需要的”。[2]

在中国早期引入设计教学法的时间里，试验学校都曾尝试以学科统整的方式对传统教学进行革新，但是后来根据实践的需要，又对这种学科统整在程度和方式上进行了修正，因此形成了四种模式的设计教学法。

第一种是“混合设计法”，这种方法最符合设计教学法的基本精神，不受已有科目、教材和时间的限制，完全根据儿童的生活需求和个人兴趣、能力等进行设计，因此综合程度最高。但是它在教育上的要求也最高，要想推行这种完全的设计教学，必须有足够多的设备与良好的环境，教师的指导能力要足够强（特别是跨学科指导的能力），儿童也要受过相当的训练（特别是自主学习的能力），否则容易以失败告终。沈百英曾经在教室里布置不同的设备，意在引发不同主题的探究活动，开始作业之后，允许儿童在各个教室之间自由出入参与探究。但是为了防止儿童“流于嬉戏，不能养成正当学习的态度”，因此设计了两种限制办法：①预定作业的限制，即提前一天预定今日的探究要求，如确定某项工作必须在某教室里从事多长时间的活动，确定某种游戏必须在某教室里练习

[1] 黄增祥：《设计教学与河南之实验教育》，《河南大学周刊》1932 年第 8 期。
[2] 李平秋：《怎样实施设计教学》，《江苏教育》1940 年第 2 期。

多少时间等；②规定各级各课最低限度的标准，譬如在一学期以内儿童必须做成几件东西，日记每天至少写一段等。[1] 浙江省立杭州师范学校附属小学一年级的“养小鸡”单元设计即是一个典型的混合式设计法案例。在20世纪三四十年代，混合式设计教学（即大单元设计）一直是设计教学法中的主流模式。从1932年颁布的《小学课程标准》到1942年的《修正小学课程标准》都一直强调教材的组织须尽量采用大单元的设计，各科界限不必严格区分，以便相互联络，而减少割裂、重复等弊端。直到1948年还能见到混合教学在学校中实施的案例，可见其影响之久。

第二种是“分科设计法”，保存既有科目的分化和独立，只是对单个学科内各类知识与活动进行整合（在必要的时候也会联合其他学科的知识或放在其他学科中来探究），是综合程度最低的一种设计法，大儒中心小学在常识课所推进的设计教学便属此类。这种方法与设计教学原有的宗旨相去甚远，但是由于各种实际的原因，如低年级教室及担课的关系，高年级里学科分化加深的缘故，或者在生活中找不到主题，找到了又嫌重复等，而不得不采用此法。[2]1921—1922年，江苏省立第二女子师范学校附属小学就曾实行此种设计方法。他们在四年级的社会研究科中，确立了“新村组织”的课题，组织儿童阅读参考书目，进行社会调查，分析城市环境和农村环境的优缺点，认识到“新村即调和城市乡村之一种理想实现”。最后由儿童各自做出“新村组织”的规划，绘制新村的图像或模型。李步青在《小学教材之商榷》一文中也推崇这种设计教学法，认为这种模式既不拘定于分科的形式，又不失掉科目独立的价值，如修身科的做法可附在他科的表演中去做，道德知识可联合社会、公民各科来教等。[3] 不过，由于这种方法在绝大多数时候排斥了各科之间的内在联络，仅仅是初次接触设计教学法时过渡的一种模式，必不能长久实行。

---

[1] 沈百英：《设计教学的种类和方法》，《教育杂志》1927年第19卷，第5期。
[2] 同上。
[3] 盛朗西：《小学教学方法的新趋势》，《教育杂志》1924年第16卷，第7期。

第三种是“联络教材设计法”，名目上保持各科的名称和独立性，但定某科为中心，再联络其他相关科目的教材。这种方法最早于1916—1917年在上海万竹小学实行，该校当时以手工科及其材料（篾丝、棋子、贝壳、纱绳等）为中心，让孩子从事习字、搭画、做算术等多种活动。[1]俞子夷在1918—1919年南京高等师范学校附属小学进行试验时，也曾以乡土科为中心，将文艺、唱歌、游戏、工艺等科教材整合起来。这种设计法在综合程度上与“混合设计”是接近的，只不过所选择的探究主题，基本上来自某学科配套教材之中。譬如以自然科中的米为主题，可以联合公民（研究农人之辛苦）、读文（读《一粒大谷》的故事）、地理（研究产米的地方）、社会（研究农民和米商的生活）、美术（米店写生）、音乐（唱烧饭歌）、体操（做运粮游戏、打米模仿操）、卫生（讲吃饭的心得）、书法（写粮食招牌）、作文（做米说道）、算术（调查米价计算）等科。以公民科中的卖豆童为中心，也可以联合读文（读《黄豆的黑缝》）、书法（写卫生豆腐干）、自然（研究豆的功用）、地理（研究中国产豆地）、美术（画驴子磨豆腐）、工艺（做豆腐）、音乐（唱磨豆腐歌）、卫生（研究豆腐的滋养料）、算术（计算豆腐制成物的价格）等科目。[2]

第四种是“分系设计法”或“合科设计法”，就是将性质相同或相近的几门学科合并，并据此进行教学，这是居于“分科设计法”与“混合设计法”中间的一种设计法。沈百英认为这种合并有两种基本方式：一是根据现有学制的学科分，可分为语文系、算术系、常识系、艺术系、康乐系五类；二是依据儿童学习的性质分，可分为练习活动、游戏活动、讨论活动、实验和参观出游活动、工作活动、欣赏活动等六系。[3]而在学校试验中，这两种方法均有不同程度的应用，因此形成了多种分系设计的形态。如南京高等师范学校附属小学曾在1920年时将原有的学科进行

[1] 万竹小学教员：《实验：手工中心之教授谈》，《中华教育界》1917年第6卷，第3期。
[2] 沈百英：《设计教学的种类和方法》，《教育杂志》1927年第19卷，第5期。
[3] 同上。

改组，形成了观察、故事、游戏、手工、体育等五个系；江苏省立第一女子师范学校附属小学曾将唱歌、游戏、体操合为一系。其他学校则有将语言、文字、故事归为一系，将历史、地理、公民、社会常识合并成一系，将自然、卫生、园艺、算术并成一系等等。

（2）实施步骤与过程

克伯屈提出设计教学应按照“目的—计划—实行—批评”四个步骤推进，而民国时期的中国学者也普遍遵照此顺序来实施设计教学。如李建勋即指出运用设计教学法的程序有目的、计划、实行、判断四阶段。[1]也有把引起动机、问题发现等分离出来，作为确定目的之前的一个阶段，或在最终评价之外再增加一个应用阶段，因而形成“引起动机—决定目的—计划—实行—批评”五个步骤，[2]或者“动机引起—问题发现—目的确定—假设拟制—假设验证—假设评论—结果整理及应用”七个步骤。但是不管原则上设计教学应经历哪些过程，其在学校中的实际进展都不应受限于这种论述，而应根据儿童之工作能力与特殊事故之发生而有所调整；若将这些步骤固定化，奉为规律而不敢稍有违逆，则只能使设计教学流于形式，并最终归于失败。[3]

以下我们将按照克伯屈的四阶段论对每个阶段的具体要求与实施情况做详细说明。

第一，决定目的。设计教学法要求整个设计目的必须是儿童自发产生的，能反映儿童个体或群体内心需求或生活需要。即便儿童一时产生不了有意义的目的，教师也须设法暗示、诱导，而不能直接安排某个目的。

第二，草拟计划。具体、完善的计划是产生良好结果的前提。这个计划的内容，须有具体的活动方法，有明确的分工合作，更要有切合生活的相关活动，因此要形成一个相对全面、前后连贯的系统，并且要

[1] 康绍言、薛鸿志：《设计教学法辑要》，北京高等师范出版社，1922，序二。
[2] 赵宗预：《设计教学法》，商务印书馆，1931，第 33 页。
[3] 黄增祥：《设计教学与河南之实验教育》，《河南大学周刊》1932 年第 8 期。

适当精细、可操作、有预期结果。这个计划的产生必须能反映儿童集体的意愿，是儿童集体协商讨论的结果，如此才能由儿童饶有兴趣地执行下去。

第三，实行计划。计划无论如何完善精致，都不可能完全适应实施时的情况，因此必然要在过程中加以调整、改变。但是李平秋却坚持认为所预定的计划，必须力求完美，而真正良好的计划，是绝不会发生困难的，因此实施过程中必须要尽可能遵守原有的计划。[1]

第四，批评与评论。这是整个设计活动的最后阶段，也就是我们当代课程话语中所说的“评价”。任何设计活动总会产生一定的结果，儿童必须对这种结果进行反省，才能准确揭示这个设计活动的意义，以作为未来生活或事业改进的依据。具体来说，批评阶段须检视整个设计活动：①是否按照预定计划顺利进行？发生改变的地方在哪里？为何发生改变？②成功和失败的地方各在哪里？原因何在？③可以得到怎样的教训，今后可以怎样改进？④存在什么错误或不足的地方？[2] 这种批评所进行的方式无疑是总结性的，而对整个过程中儿童所取得的收获并没有引起足够的关注，这与当时普遍存在的“多急求单元之完成，而以完美之成绩炫示于人，借作夸耀”的现象是密切相关的。少数研究者如黄增祥则对这种现象颇有微词，认为设计教学或更重结果，譬如做纸鹤或做毽子，目的在放纸鹤踢毽子；或侧重历程，如参观菊花会，但若只注重于结果而遗失历程，则是一种“绝对之错误”。最终之成绩，“系供儿童之估价，认识其活动历程之价值，进而获得工作兴趣，为继续动作之用，非供他人之赞美，而作教者夸炫之工具”。即便最终没有实物成绩，而能陶冶优良的品性或建立处理问题的能力与态度，也算是完成了设计教学的使命。[3] 这就将评价的内容从结果扩展到过程这个维度。

[1] 李平秋：《怎样实施设计教学》，《江苏教育》1940 年第 2 期。
[2] 同上。
[3] 黄增祥：《设计教学与河南之实验教育》，《河南大学周刊》1932 年第 8 期。

此外，由于设计教学法在内容上通常分为欣赏式、练习式、思考式和建造式，因此民国时期各类型的设计教学在步骤上有细微的差异。如欣赏式设计教学由“动机（由儿童自发引起或教师激发）—目的（儿童和教师共同决定）—考查内容与形式—体味”[1] 四个步骤或“决定目的—欣赏内容和形式—吟味”[2] 三个步骤所组成。练习式设计教学由“动机—目的（决定要练习些什么，练习到什么程度为止）—计划（怎样练习）—实行—判断（判断实行的结果，是不是和原定目的相符，然后加以改正）”五个步骤构成。建造式设计教学也遵循这五个步骤，只不过在目的阶段是要考虑建造什么、样子如何，在计划阶段是要讨论建造的方法，判断时则要批判建造的结果是否违背原定目的。[3] 而思考式设计教学则可分为“动机—目的（决定要解决哪一个或几个问题）—收集资料（参考书籍、调查事实、回忆既往或搜集证据）—推理（根据收集到的资料，推论出问题的答案）—证据（证明所推论出的答案是否不误）”[4] 五个阶段或“产生疑问—搜集事实—创立假定—验证”[5] 四个阶段。

（二）从研究性学习到考察探究

考察探究在当代中国的历史可追溯至 20 世纪 80 年代初期，当时美国的兰本达在北京举办“探究 – 研讨”教学法讲习班并开展落地实验，且于 1983 年在人民教育出版社出版《小学科学教育的“探究 – 研讨”教学法》中文版。受此影响，全国陆续有学校开始尝试此种教学模式，如陕西持续开展“诱思探究教学”实验，广东顺德实施“以实验为基础的引导探索”研究等。由此可知，考察探究最早是在科学教育领域发端的。此后 1987 年林桐绰在《教育研究》上发表的《论中学物理的“研究式教学方法”》一文则首度提出了“研究式教学”的概念，与后来的“研究性

[1] 方成章：《研究：怎样应用设计教学的过程》，《金山县教育月刊》1924 年第 1 卷，第 5 期。
[2] 赵宗预、周法均：《设计教学法之实际》，商务印书馆，1924，第 10 页。
[3] 方成章：《研究：怎样应用设计教学的过程》，《金山县教育月刊》1924 年第 1 卷，第 5 期。
[4] 同上。
[5] 赵宗预、周法均：《设计教学法之实际》，商务印书馆，1924，第 7–10 页。

学习”在含义上非常接近。1989年发表的《运用启发研究式教学法提高教学质量》一文，也表达了相似的观点。因此，考察探究之概念首先还是在学科教学范围内提出的，是作为一种特殊的教学模式或方法而存在。上海“二期”课改以及国家综合实践活动课程的设立，则标志着研究性学习开始成为地方和国家课程的重要组成部分，此时的研究性学习不仅作为一种方法而存在，更是作为一种课程而存在。自1999年开始发力的上海“二期”课改，明确将基础教育阶段的课程分成三类，其中第三类便被称为“探究型课程”（或研究型课程），旗帜鲜明地提倡以研究性学习的方式来实施，并尝试将其融入基础型和拓展型课程之中。而综合实践活动课程在全国第八次基础教育改革中的出场，则标志着研究性学习开始成为全国性课程的组成部分。2000年年初，教育部颁布《全日制普通高级中学课程计划（试验修订稿）》，明确提出将研究性学习纳入高中课程体系之中，并进而在2001年推出《普通高中“研究性学习”实施指南（试行）》，对研究性学习的目标、特点、内容、实施方法、评价和管理等各个方面做了详细规定，充分推动了研究性学习在高中阶段的普及和推广；2001年教育部印发《基础教育课程改革纲要（试行）》，提到“从小学至高中设置综合实践活动并作为必修课程，其内容主要包括：信息技术教育、研究性学习、社区服务与社会实践以及劳动与技术教育”。至此，从小学三年级开始一直至高中结束，研究性学习正式融入整个学校课程体系之中。

2017年发布的《中小学综合实践活动课程指导纲要》（以下简称《指导纲要》）呈现了四类综合实践活动课程的学习方式，其中第一类便是考察探究。《指导纲要》明确指出“考察探究是学生基于自身兴趣，在教师的指导下，从自然、社会和学生自身生活中选择和确定研究主题，开展研究性学习，在观察、记录和思考中，主动获取知识，分析并解决问题的过程。”也就是说，考察探究的主要实施方式就是研究性学习。教育部在答记者问的过程中，进一步解释道，《指导纲要》的考察探究部分中特别强调的野外考察、社会调查、研学旅行等，都是研究性学习的具体形式，而其他三种活动方式，也都充分体现了研究性学习的基本精神，如设计制作不是机械的动手操作，而是要有创见，提高创意实现的能力及问题解决能力。由此可见，尽管《指导纲要》只是在考察探究部分才唯一提及研究性学习，并且它是最能体现研究性学习的部分，但是在整个综合实践活动课程设计理念以及其他三类学习活动之中，也都明确渗透了研究性学习的思想。以活动方式而不是学习模式进行表述，也正是希望研究性学习的理念与精神能够支撑整个综合实践活动课程，而不只是单独的一部分，这是本轮综合实践活动课程改革所取得的重大进步。

第三节　考察探究的内涵与特征

一、考察探究的内涵

在《指导纲要》中，“考察探究”是一个相对独立的新概念，但它与“研究性学习”“项目式学习（或专题导向学习）”“问题本位学习（或问题导向学习、问题中心学习）”以及“探究学习”等之间有千丝万缕的联系，厘清其与后者这些概念的联系与区别，对于更好地理解考察探究的内涵，具有非常重要的意义。在教育界，研究性学习通常会指向于“项目式学习”（project-based learning）和“问题本位学习”（problem-based learning）两者，统称为 PBL，前者用于综合课程之中，后者则较多应用于各个学科（尤其是科学或 STEM 课程），但也有学者将项目式学习等同于研究性学习的。就这两种类型的 PBL 而言，有不少学者做过比较性分析，张人红即指出“项目式学习”一般是在学生头脑中预先勾画出某个最终结果，即作品或人工制品，而要实现这个作品就必须解决一个或多个相关的问题；项目式学习所采用的是“生产模式”，首先学生要明确创造作品的目的及受众，进而确定项目目标及管理计划，随后开始进行项目研究，解决过程中出现的问题并完成作品，最后则展示或使用其作品，并对整个过程进行反思和评价，因此作品是整个项目式学习的主要驱动力。而“问题本位学习”则是围绕现实生活中一些结构不明确的问题而展开调查及寻找解决方法的学习方式，问题情境是整个学习的核心，它能吸引并维持学生的兴趣，激励他们识别问题所在、努力探究并理解问题的意义，并积极寻找解决问题的方法。“问题本位学习”是以学生确立并了解问题开始，并以解决问题收尾。首先学生会提出问题，而后学生制订开展研究活动以解决问题的计划，最后他们展示解决问题的方案，并进行必要的反思、总结和评价。[1]

戴利斯勒（Robert Delisle）[2]、斯奈德（Rebecca Schneider）[3]、克拉吉克（Joseph Krajcik）[4]、凯恩（Daniel Kain）[5] 等学者也总结了两者之间的细微差异：①学习内涵本质上的差异。问题本位学习希望学生如领域内专家一般去探究问题，其学习的中心是问题，由问题作为学习的出发点，寻找和发展解决问题过程中所需的知识与技能，而项目式学习则希望学校在较长时间内完成一个作品，并在此过程中获得相关的知识与能力。②问题结构上的差异。问题本位学习使用弱结构或结构模糊的问题，由于这些问题包含较多的不确定性，没有统一的解题路径，因此可能形成多样化的解答方案，而项目式学习的驱动问题通常比较明确，从而让学习者的探究过程具有相对清晰的方向。③学习结构上的差异。问题本位

[1] 张人红：《研究性学习在美国》，《教育发展研究》2001 年第 8 期。

[2] Robert Delisle, *How to use problem-based learning in the classroom* (Alexandria: Association Supervision & Curriculum Development, 1997)

[3] Rebecca M. Schneider, Joseph Krajcik, Ronald W. Marx & E. Soloway, “Performance of students in project-based science classrooms on a national measure of achievement,” *Journal of Research in Science Teaching*, no.39(5)(2002): 410–422.

[4] Joseph S. Krajcik, Phyllis C. Blumenfeld, Ronald W. Marx & E. Soloway, “A collaborative model for helping middle grade science teachers learn project–based instruction,” *Elementary School Journal*, no.94(1994): 483–497.

[5] Daniel L.Kain. *Problem-based learning for teachers, grade K-8* (Boston: Allyn and Bacon, 2003).

学习重视寻求问题并予以解决的过程，学习者在选取所要探究的问题方面具有较高的自由度，重心也在资料的搜集与分析过程中，从而更容易产生不同面向的学习产物，即基于不同方案或策略而产生不同的结果，而项目式学习的焦点在某个作品或产品，虽然这些作品或产品会有个体性的差异，但是本质上仍具有相似的特点。④学习形态上的差异。问题本位学习侧重问题解决的过程，在学习形态上属于“发散式”，即借由结构模糊问题来引导产生不同的子问题，学习者运用不同策略或方案，来寻求问题解决的多样化途径，而项目式学习是一种“聚敛式”的学习形态，学习者经由对相似现象的觉察而形成相应的问题，并借助这些问题而制作相似的作品，以加深对现象的理解。

项目式学习和问题本位学习自是存在上述细微差别，但是就其基本理念、来源和核心特点而言，两者又无本质区别，因而在现实生活中常常处于混用等同的状态，并以研究性学习来统一概括。在《指导纲要》中，考察探究的完整定义是“学生在教师指导下选择和确定研究课题，以野外考察、社会调查、研学旅行等多种方式，综合运用各学科领域的知识进行问题解决和意义获取的学习活动”。从其内涵和实施方式来看，考察探究偏向于研究性学习中的“项目式学习”一端，重在探索课题以及由此引发出来的结构性问题，最终要呈现的是学生的作品。就字面而言，“考察探究”包含了“考察”和“探究”这两个相互联系的部分，虽然容纳了项目式学习的基本精神，但相比传统的项目式学习，其内涵有了明显拓展。一方面，考察探究更加突出了学生到校园外的场馆、社区、地域乃至野外考察自然、经济、文化、社会状况的重要地位，如考察社区安全状况、调查当地名人（能人）、了解地方农业机械使用情况、参观文化娱乐设施等。同时也将中小学已有的“研学旅行”项目纳入其中，鼓励学校开展有组织、有目的、有计划、学生亲身体验的校外集体活动。另一方面，考察探究也强调将包括考察、旅行、调查、参观等在内的一切活动都与探究结合起来，也就是以研究性学习的方式加以实施，这便规范了前述活动并使之与过去缺乏教育性的运作区别开来。如在研学旅行方面，《指导纲要》强调学生要收集目的地的资料，从中寻找自己感兴趣的问题作为研究课题，而后带着课题参加旅行，通过实地考察和调查，同时完成课题研究和旅行活动。另外，我们还需要注意，“研究性学习”所使用的“研究”二字会显示出让学生遵循更加严格的学习程序或步骤，运用明确相关的学科知识，甚至要模仿学科专家来进行探索，最终的成品也要具有一定的“学术”价值，它较多是从“学科逻辑”出发，而不是从“儿童的逻辑”出发，因此对仍处于童年阶段的学生而言，未必是最合适的。而《指导纲要》所用“探究”二字，更具有日常表达的性质，形式上既可以有严谨的程序，亦可以有符合儿童实际需要、适于不同年龄段儿童特点的多元路径，从而形成真正具有个性化的作品或解决方案。而且向内向外的探究本身是儿童天性的一部分，是其好奇心使然和求知欲满足的需要，而研究则通常不会被置于这种高度。

二、考察探究的基本特征

长期致力于研究考察探究的美国“布克教育研究所”（Buck Institute of Education）曾对其特征做了多方面的概括，我们将这些概括统整为以下四个方面：①学生在较长的一段时间内对所选课题进行多方面的研究，而课题的内容源自学生所关心的现实世界中的问题；②围绕课题本身学生自己寻找资源、技术并解决相关问题，而这些资源和技术均来自现实世界，因而是真实的；③学生在不同观念思想之间做出选择、发现学科之间的内在联系并获得新的技能，他们自己的观点或假设是否有价值则可以从现实生活或相关专家的反馈中做出判断；④学生在解决问题的过程中与模糊性、不确定性、复杂性和不可预测性等进行“斗争”，最终呈现出课题探究的清晰作品。钟启泉教授则认为考察探究具有三个方面的性质：其一，考察探究是一种问题解决式学习，它是通过问题解决的方法来发展学生问题解决能力的一种学习形态，它要求探究的开始必须有开放式的问题，学习者可以从不同观点出发来解析问题，并发展出多元的理解与解决路径，它要求创设真实的情境，使学习内容、学习方式和学习结构皆具有现实意义，也就是要回归儿童的“生活世界”，它也要求师生以渐进的方式共同介入问题解决的过程，包括问题设定、问题探究、问题的解决与表达三个阶段；其二，考察探究是一种跨学科的综合实践活动，其最大的特质就是“跨学科性”，牵扯自然、社会、文化与人类自身的领域，并发展多方面的能力；其三，考察探究是一种基于学习资源的开放式学习，即为学生开拓具有丰富资源的环境，使具有不同特质的学生可以有较多机会运用各自优势，并获得各具特色的发展。[1]

总结国内外专家关于项目式学习和问题本位学习的描述，我们可以根据《指导纲要》的精神将考察探究的特征归纳为以下五个方面。当然，这五个方面较能显著地反映考察探究的独特特征，且除自主性之外，其他四点在《指导纲要》中并没有详细阐述，至于其他如实践性、开放性、整合性、连续性、生成性、过程性等特征，既是综合实践活动课程更为普遍意义上的特征，也在《指导纲要》中有明确说明，故在此不再赘述。

一是生活性。考察探究倡导学习要面向生活、回归生活，并坚信生活即教育、教育即生活。这里的生活是指儿童当下的生活、充满生命活力和童年价值的生活、各具特色及作为复数的生活（lives），而不是未来的生活、成人的生活、单一的生活。这种植根于儿童生活世界的学习方式，有助于儿童为自己的学习找到意义之源，进而促进儿童自身的不断生长、变化与发展。具体而言，考察探究活动的主题来源于学生的日常交往活动以及校外机构的参观和考察、研学旅行等，是学生对其生活世界所进行的系统反思和研究，其实施过程也是在生活的真实情境中进行，最终目的也是为了更好地服务于当前的生活，并为未来生活做好铺垫和准备。

二是体验性。考察探究表现出鲜明的“体验”本质，它更加强调自然、社会与他人对儿童个体存在的意义，更加关注儿童的精神世界、价

[1] 钟启泉：《研究性学习：“课程文化”的革命》，《教育研究》2003 年第 5 期。

值世界和体验世界；它超越学科逻辑知识体系的传递，注重儿童已有及直接的经验，在帮助儿童“如何知道”的同时更注意引导他们了解自己“想知道什么”“为什么要知道”，它所关心的并不是结论性的知识、解决方案或作品，而是学生在参与整个探究的过程中所获得的生存体验以及所发展的观念。考察探究深深植根于儿童内在的精神世界，通过师生对话、生生对话与合作以及共同参与的课题探究过程，使儿童获得关于他人、社会、自然与自我统一的认识与情感体验，最终实现对以往知识和经验的“超越”。范梅南曾言：“教育需要转向体验世界，体验可以开启我们的理解力，恢复一种具体化的认知感。”[1] 而考察探究所希望的就是带给儿童一种具体化的、直接的“生活体验”。

三是自主性。考察探究活动是学生自己做研究的过程，这个过程既体现出学生个体的独特性，也体现出学生同伴文化的共同特征。考察探究的主题必须建立在尊重学生自身兴趣和需要的基础上，而且是由学生自主选择和确定的，教师只是起到辅助、指导和促进的作用，决不能代替学生确定主题，或直接为学生指定教师自己感兴趣的主题。研究计划的制订、研究方法的实施、研究结果的分析以及成果展示等一系列的活动，都是由学生自主进行与完成的，尽管这些活动的成功离不开教师的有效指导。学生通过考察探究所要获得的也是自己对生活的理解与创造，教师决不能把自己的观念强加给学生。

四是研究性。主题是学生发现日常生活、研学旅行、校外考察和社会调查中所存在的问题，并对这些问题进行理性思考而确立的；对该主题的研究必须预先了解研究对象和目的地的情况，制订基本的研究计划，包括安排好分工、准备相关工具并提出问题的可能解决办法；在活动过程中小组成员须综合运用所学知识及技能，围绕各子问题展开现场考察和深入探究，搜集解决问题所需的资料和数据，并对其进行归类和分析，勇于批判质疑和创造，最后则以适当的方式展示自己的研究成果。因此

[1] 马克思·范梅南：《教学机智——教育智慧的意蕴》，教育科学出版社，2002，第 13 页。

可以说，考察探究活动的整个过程都需要学生多元智力的投入与整个身心的参与，也唯有如此，学生的理智才能获得真正的成长与发展。

五是课程性。考察探究不仅仅是一种学习或活动方式，更是一种课程形态。若要使考察探究发挥教育的真正价值，则必须指导学生设计一定的学习目标，不仅包括学科知识的综合运用，探究能力的习得与发展，也包括特定情感态度价值观的形成与深化，并按照这些预设或生成的目标开展系列研究活动。此外，考察探究不仅体现在过程性的现场活动之中，也包括课堂内的讨论、反思、资料分析和最后的评价、展示工作，因此涉及一系列循序渐进的课内外活动及程序，学生只有经历了所有这些过程，才算是完成了一次考察探究类型的综合实践活动课程。

第四节　考察探究的教育价值与目标

一、考察探究的教育价值与意义

国内外有相当多的学者对项目式学习、研究性学习、问题本位学习等的教育价值与意义做出过详细论述，并且也有学者通过对比研究或实验研究来呈现这类学习方式对学生发展的实际效果，了解这些研究成果对于我们进一步理解和构建考察探究的教育价值具有重要意义。如石中英就认为，研究性学习的提出，“有助于丰富人们关注学习方式的认识，有助于改变长期以来形成的学习文化，有助于学习方式的变革”[1]。周振宇认为项目式学习有三个方面的意义与价值，其一是真实而复杂的学习情境让知识的学习转变为意义化的建构，其二是科学而自由的学习时空让学生经历更优质的学习过程，其三是开放而多样的作品呈现让真正的学习素养自然生长。张肇丰也指出，研究性学习将非学术知识整合到学业

[1] 石中英：《试论研究性学习的性质》，《课程·教材·教法》2002 年第 8 期。

评价标准中来，更有助于学生转变学习方式，从而培养其创新精神和实践能力，并激发学生的自信心和学习积极性；研究性学习使人际交往成为教育的目的和内容，有助于构建更加积极的新型的同伴关系和师生关系，弥补传统知识本位的教育在人格发展方面的缺陷；研究性学习生成性、开放性和跨学科的特点，也为学生潜能的开发提供了最大的可能。[1]

国外对研究性学习实际效果的研究也有助于我们了解考察探究的意义与价值。菲利普·道奇、迈安·希格斯等人对43项问题本位学习的有效性研究进行了元分析。他们发现，问题本位学习对学生技能的掌握有极其显著的正面效果，虽然学生在这个过程中获得的知识有限，但是这些获得的知识却能保持更长的时间；问题本位学习也有利于学生在学习态度、工作习惯和自尊方面获得改善和发展，并能增强自信和持续学习的能力；对于不同学习能力的学生而言，尽管高能力组学生比低能力组学生有更多的社会参与，其批判思考力也更强，但是前测后测的研究显示，问题本位学习对这两类群体的社会参与和批判性思考都有显著提高，尤其是低能力组学生。[2] 布勒的一项针对两所学校的对比追踪研究则显示，采用项目式学习的学校（A 学校）在数学国家统考中取得高分学生的数量是采用教师中心教学法之 B 学校的两倍，尤其是在国家考试难度较大的概念性问题（conceptual questions）中，A 校学生的表现明显优于 B 校，研究发现 A 校学生在知识的掌握方面优于 B 校学生，在知识的理解深度与迁移及应用等方面也比 B 校学生要好，而且 A 校学生对知识和学习有更强的内在学习动机。[3]

国内外研究者皆确认考察探究对学生发展的重要意义，这些意义在国家的政策文件也有不同程度的反映。教育部颁布的《普通高中“研究

[1] 张肇丰：《研究性学习的社会学意义》，《教育研究》2004 年第 2 期。

[2] Filip Dochy, Mien Segers, Piet Van den Bossche & David Gijbels Effects of problem-based learning: a meta-analysis. *Learning and instruction*, no.13(2003): 533-568

[3] Jo Boaler, “Mathematics for the moment, or the millennium? ,” *Education Week*, March 31, 1999, p.30.

性学习”实施指南（试行）》明确提到，设置研究性学习的目的乃在于改变学生以单纯接受教师传授知识为主的学习方式，为学生构建开放的学习环境，提供多渠道获取知识、将学到的知识综合应用于实践的机会，促进他们养成积极的学习态度和良好的学习策略，培养创新精神和实践能力。这虽指向考察探究对高中学生自我发展的价值，却也同样适用于初中和小学阶段的学生。《指导纲要》则没有对考察探究的教育价值做出特别详细的认定，而主要是站在综合实践活动课程的整体来阐述的，《指导纲要》指出，综合实践活动课程以培养学生综合素质为导向，具体而言，就是要发展学生综合运用各学科知识以及认识、分析和解决现实问题的能力，着力发展核心素养，特别是社会责任感、创新精神和实践能力，以帮助学生适应快速变化的社会生活、职业世界和个人自主发展的需要，更好地迎接信息时代和知识社会的挑战。当然，在“考察探究”这一部分中，《指导纲要》简要提到考察探究能帮助学生形成理性思维、批判质疑和勇于探究的精神，可以说是考察探究类活动较为独特的教育价值。

我们认为，考察探究作为综合实践活动课程中最传统、最基本的活动方式，对学生综合素质的发展具有重要价值，集中体现在以下方面：

一是增强学生的社会责任感和国家认同意识。《中国学生发展核心素养》所强调的“责任担当”要求学生在处理与社会、国家等关系时养成正确的情感态度、价值取向和行为方式。考察探究的其中一大维度便是社会维度，此维度不仅要求学生积极开展各类社会主题的探究活动，养成孝亲敬长的感恩之心、奉献社会的服务之心、遵守规则与法治的公民之心、崇尚自由平等的公平正义之心，而且在开展自然探究时也要发展热爱自然、尊重自然的伦理意识，绿色生活及可持续发展的理念。通过对我国当代与历史各类主题的考察探究，还有助于学生增强文化自信，了解、尊重并弘扬中华民族的优秀文明成果；了解中国共产党的历史和光荣传统，发展热爱党和拥护党的意识和行动；理解、接受并自觉践行社会主义核心价值观，坚守中国特色社会主义共同理想，为实现中华民族伟大复兴中国梦而不懈奋斗。

二是呵护和发展学生的好奇心及探究精神。《中国学生发展核心素养》的“人文底蕴”和“科学精神”皆要求学生具有从事人文和科学探究的基本精神及态度，而考察探究活动则鼓励学生遵循并发展自己的好奇心，根据自己对生活世界所存在的疑问构建研究的主题；同时指导学生运用所学知识及观察、访谈、实验、文献查阅等方法进行深入研究，并开展一系列的探究活动，如野外考察、公共设施参观、社会调查、研学旅行等，从而促进学生探究意识和探究能力的维持及发展。

三是提升学生的批判思维和创新思维能力。《中国学生发展核心素养》中的“科学精神”明确强调学生应具备理性思维、批判质疑的能力，在“学会学习”中也指出学生应发展勤于反思的意识，而“实践创新”则更明确地突出了学生所应具备的创新意识和能力，这些核心素养其实都归结在学生思维的层面，其中最重要的部分无疑是批判思维和创新思维能力。而在考察探究活动过程中，学生需要对自然、社会和个体三大维度的生活世界进行批判性思考，才能提出有意义且具有可操作性的问题；在解决问题的过程中，学生也需要对所搜集的资料进行批判性分析，才能不断改进自己的研究方案，从而提出创造性的想法和解决方案；在考察探究的最后环节，学生则会以创造性方式展示自己的研究成果，这些具体的活动内容均使学生的批判和创新思维能力得到实际锻炼与发展。

四是发展学生的团体合作与交流能力。《中国学生发展核心素养》所强调的“责任担当”，还明确要求学生应具备团队意识和互助精神，并能尊重世界多元文化的多样性和差异性，积极参与跨文化交流。考察探究则通常要求学生以小组的形式开展探究活动，因此彼此之间必须形成关爱、尊重、理解和同情的情感关系，发展组建小组、小组活动和交流思想这三种最基本的社交能力，才能真正有效地解决研究问题。同时考察探究活动的场所及主题领域也不仅仅局限在本校本地和本国文化内，也会与不同国家的学生进行交流，考察异域文化场馆并对多元文化进行研究，从而有力促进学生的国际交往与理解能力。

二、考察探究的目标设定

《指导纲要》中关于综合实践活动课程的目标包含四大维度，其总目标是“学生能从个体生活、社会生活及与大自然的接触中获得丰富的实践经验，形成并逐步提升对自然、社会和自我之内在联系的整体认识，具有价值体认、责任担当、问题解决、创意物化等方面的意识和能力”。这个总目标适合于所有四类学习活动，但是考察探究所指向的目标，根据《指导纲要》的表述和基本精神，主要还是指向于问题解决的部分，兼顾其余三个方面。

因此，考察探究主要想达成的教育目标在小学阶段为：指导学生“结合学校、家庭生活中的现象，发现并提出自己感兴趣的问题”，“能将问题转化为研究小课题，体验课题研究的过程与方法，提出自己的想法，形成对问题的初步解释”。在初中阶段为：使学生“能关注自然、社会、生活中的现象，深入思考并提出有价值的问题，将问题转化为有价值的研究课题，学会运用科学方法开展研究”，“能主动运用所学知识理解与解决问题，并做出基于证据的解释，形成基本符合规范的研究报告或其他形式的研究”。在高中阶段为：使学生“能对个人感兴趣的领域开展广泛的实践探索，提出具有一定新意和深度的问题，综合运用知识分析问题，用科学方法开展研究，增强解决实际问题的能力”；“能及时对研究过程及研究结果进行审视、反思并优化调整，建构基于证据的、具有说服力的解释，形成比较规范的研究报告或其他形式的研究成果”。

可以发现，同样属于“问题解决”的目标范畴，三个学段的学生在具体目标的达成方面呈现出细微的差异及逐渐递升的趋势，这主要体现在：①问题的来源。小学阶段的问题主要源自与小学生比较贴近的学校和家庭生活，初中阶段的问题来源则扩展到更广大的自然和社会世界之中，高中阶段则没有限定，而是根据学生自己感兴趣的领域来提出问题，这就达到了一个更自由却也更综合的层次。②问题的深度和创新度。《指导纲要》要求小学生通过考察探究能从生活现象中发现问题，并就此提出自己感兴趣的问题，初中生则须深入思考，并提出有价值的问题，而高中生则不仅要有深度，且要有一定新意。③实施方法的运用程度。小学生只是体验课题研究的过程与方法，并不要求特别熟练地掌握与运用，也没有特别强调知识的整合与运用，初中生则须“学会”运用科学方法开展研究，并能“主动”运用所学知识理解和解决问题，高中生则要求用已经掌握的科学方法开展研究，并综合运用知识分析问题。④结果解释的难度。《指导纲要》要求小学生只要能对起初的问题和结论做出初步解释即可，而初中生则须做出基于证据的解释，高中生则要建立起基于证据且有说服力的解释，同时还要对结果进行审视、反思和优化调整。⑤最终呈现的作品。《指导纲要》要求小学生只是在最终提出自己的想法，并没有特别明确的作品要求，初中生就要求必须形成基本符合规范的研究报告或其他形式的研究成果，高中生的成果则在规范程度上更高更专业。

第二章

考察探究的课题选择与确立

考察探究的首要环节是提出问题并确立课题，这也是整个探究过程的起点。考察探究的问题一般具有真实性、趣味性、自主性和综合性等特点。教师关注问题的发现与提出这个环节，有助于不断发展学生提出问题的能力、改变学生依赖于教师发问的学习习惯及被动的学习方式，并帮助学生实现意义的建构。为此应引导学生从日常生活、自然现象、社会事件或自我意识中发现问题，通过创设生活化、故事化、游戏化或悬念化的情境，积极借助对生活的时间观察和事件观察，挖掘不同学科的课程资源等来帮助学生提出问题。此后还须帮助学生学会对问题的筛选和归类，选择和确立那些有价值、可操作、切口小、有创新的课题，并通过小组讨论和集体交流进行修正和完善。

第一节　问题的发现与提出

一、考察探究的问题

《指导纲要》提出，综合实践活动是从学生的真实生活和发展需要出发，从生活情境中发现问题，并转化为活动主题，通过探究、服务、制作、体验等方式，培养学生综合素质的跨学科实践性课程。而考察探究则是以问题为核心，以课题的形式呈现，引导学生运用多学科知识和生活经验进行探究的学习领域，旨在培养和发展学生的问题解决能力、创新精神及社会责任感。爱因斯坦曾说："提出一个问题比解决一个问题更重要。"思维是从问题开始，有问题才会有思考，但只有优质的问题才会导向优质的思考，而质量不足的问题则会导致浅层思考乃至无思考。可见，发现与提出问题既是考察探究的前提，也是其实施的关键。考察探究中的"发现与提出问题"原则上是指学生在教师的引导和启发下，从自己的学习经验或生活世界中发现感兴趣的话题，经过个人思考和集体讨论，发现并提出问题的过程。考察探究中所提出的问题，一般具有以下四个特点。

（一）真实性

植根于生活的考察探究首先尊重人的自然需要和兴趣，尤其是尊重人有好奇心和探究欲望这"第一本原"[1]。考察探究所指向的问题源于学生完整的生活世界，以学生的经验为基础，反映了综合实践活动课程最本质的特征，即生活探究。因此，学生所提出的问题应具有儿童般纯朴、真实的品格，带着儿童浓郁的生活气息。

[1] 张华：《综合实践活动课程研究》，上海科技教育出版社，2009，第5-6页。

（二）趣味性

兴趣是最好的老师，考察探究只有在充分调动和激发学生兴趣的基础上，才能真正实现学生在理智和情感上的高度参与。然而由于学生之间存在生活背景、经验和认知水平、思维方式的个体差异，因此触发学生兴趣的焦点必会有所不同。所以在发现和提出问题的阶段，教师理应充分了解学生的经验，创造机会让他们自己去发现生活中可探索的议题，鼓励学生提出并构思自己感兴趣的问题，才能为后续研究的展开奠定坚实的基础。

（三）自主性

克伯屈所创造的项目式学习或设计教学法非常强调学生的自主性，这种精神一直延续至今，而在考察探究中更有鲜明的体现。所谓自主性，不仅是指主导考察探究的问题必须是由学生自己提出，而且问题的修改和最终确定也应是借助学生自身的力量来实现，而不是由教师来武断决定。自主性赋予学生决定考察探究内容和方向的权力，但这种权力也很容易发生滥用或无法正常使用的现象，因此教师应随时注意学生使用此项权力的实际情况，如果发生上述现象则须进行及时干预和指导，确保学生能提出高质量的探究问题。

（四）综合性

儿童的生活并非以独立的知识或某个学科的方式呈现，而是以跨学科的整体面貌表现出来的。因此若要确保考察探究的问题来源于学生的生活，则这些问题必具有先天的综合性。《指导纲要》即特别强调教师要基于学生已有经验和兴趣专长，打破学科界限，协助学生选择综合性的活动内容作为探究的方向，鼓励学生开展跨领域、跨学科的学习。但教师要想突破自己所属学科的思维界限并不容易，在考察探究实施过程中，教师很容易为学生指定一个他所关注的学科议题，并让学生以学科思维的方式进行探究，虽然考察探究并不排斥学科思维，但它更主张各类学科思维在同一个大主题统领下的整合。儿童的生活是整体，未来他们进入成人社会之后，仍会发现自己的生活是一个整体，因此从小能够让学生以整体的、综合的思维方式开展跨学科乃至超学科的探究，更有助于他们有效解决生活中的实际问题。

二、“问题发现与提出”的教育价值

建构主义学习理论强调以学生为中心，因此在整个教学过程中，教师扮演组织者、指导者、帮助者和促进者的角色，利用情境、协作、对话等学习环境要素充分发挥学生的主动性、积极性和首创精神，最终达到使学生有效实现对所学知识意义主动建构的目的。[1]可见，结构良好的情境对学生的知识建构意义重大。考察探究就是提倡从真实的生活情境出发，构建有良好结构的问题情境，为学生进行意义建构搭建适宜的支架，最终才能提升其综合素质，尤其是社会责任感、创新精神和实践能力。

（一）提升学生的问题意识与能力

考察探究不仅仅注意发展学生学习和运用探究方法的能力，也同时注重在考察活动中提升学生的问题意识，由问题出发设计并寻找解决问题的途径。教师须指导学生善于细致地观察和体验生活，比较各个事物或事件之间的联系与区别，探索不同事物或事件对自己的影响等，从而提出有意义的问题，达到以问促学、以问促研、以问促创的目的。对儿童来说，提问的意识天生就有，考察探究旨在呵护、增强和发展这种意识，而提问能力则需要后天的培育与发展。考察探究过程中教师会向学生呈现提出优质问题的标准，引导并训练儿童的提问能力，从而使他们的思考能沿着更准确的方向行进。

（二）改变学生的学习方式

“问题的发现与提出”，与学生的生活体验、学习基础及具体的项目内容密切相关。它立足于综合性、整体性的学习任务，以研究主题或

[1] 何克抗：《建构主义——革新传统教学的理论基础》，《学科教育》1998 年第 4 期。

项目为总领，引导儿童自主发现和提出探究的问题。考察探究变革传统的接受性学习方式为自主、合作、探究的学习，变“要我学”为“我要学”，从而可以显著增强学生学习的主动性和积极性。事实证明，经过多次的考察探究活动，尤其是问题发现与提出这个最开端的活动，学生的学习方式逐渐发生了重大改变，并进而将这种学习方式带入一般学科的学习过程之中。

（三）帮助学生实现意义建构

意义建构是学生基于真实的情境、团队协作和相互对话，在知识与技能的学习过程中实现的。学生所发现和提出的问题，是在教师的引导下，从家庭、学校和个人的真实生活中延伸出来的，而不是从传统的教材中直接照搬而来，这就代表着考察探究遵循的是学生的生活逻辑而非学科逻辑。每个学生都会基于情境或体验产生个性化的问题，这些问题只有在经过小组的共同商讨、对话之后，才能逐渐打磨成可以探究的项目或课题，因此团队协作及相互对话是问题转化为课题的关键基础。在此过程中，教师运用倾听、共情、追问等对话技术，了解学生的真实困惑与想法，引导学生丰富或调整自己的提问及解释，可以进一步帮助学生实现意义的建构，从而使整个考察探究活动都建立在对学生有意义的基础之上。

三、“问题发现与提出”的教学策略

苏霍姆林斯基曾说过：“在人的心灵深处，都有一种根深蒂固的需要，这就是希望自己是一个发现者、研究者、探索者，而在儿童的精神世界中，这种需要特别强烈。”[1] 杜威的研究性学习理论与实践则关注“疑难问题”（problem questions）——从产生问题到提出假设再到通过主动实验而验证假设，而对人究竟该如何与世界和谐相处的问题——“意义问题”

[1] 苏霍姆林斯基：《给教师的建议》，杜殿坤译，教育科学出版社，1984，第 59 页。

（meaning questions）关注不够。[1] 今日的考察探究活动应当同时关注这两类问题，并且以有机的、内在联系的方式进行整合，才能使学生既能通过问题解决来发展知识与技能，也能由此获得和增强对生活的意义感，将“为学习而探究”和“为意义而探究”结合起来。教师要引导学生学会通过主动观察与思考自然生活、社会生活和个体生活中各种现象，搜集相关资料，在与同伴进行分析、讨论和交流的过程中，提出自己想要探究的问题并逐渐精致化。

（一）多路径关注问题的来源

《指导纲要》指出，学生从个体生活、社会生活及与大自然的接触中获得丰富的实践经验，形成并逐步提升对自然、社会和自我之内在联系的整体认识，发展价值体认、责任担当、问题解决、创意物化等方面的意识和能力。生活世界是与学科世界相对应的术语，是个人、自然与社会彼此交融的有机整体，这三个维度之间本就存在千丝万缕的联系，学生的经验也是一个整体，因此考察探究的问题从表面上来看可能会来源于某个特定领域，但究其实质必然可以构建成跨越多个领域的课题。教师可以鼓励学生从日常生活、自然现象、社会现象等方面主动选择探究的内容和主题，教师本人也可以通过创设问题情境来引导学生从情境中挖掘出可探究的问题，但无论是哪种方式，教师都应激发学生进行申辩和创造性思考，启发他们在自己熟悉的情境中多角度、多层次地发现感兴趣的现象，并将之转化为可不同深度探究的课题。

1. 日常生活

日常生活，从空间上看范围极为广泛，包括个人所在的学校、家庭、社区生活。校园活动是学生日常生活的主要组成部分，是考察探究主题的关键源泉。学生长时间沉浸其中，若用“发现和再发现”的眼光审视校园生活，定会觉得校园生活既熟悉又陌生，熟悉的是其常规的节奏、程序和种种生活事件；陌生的是它们与各学科知识技能之间的关系以及

[1] 张华：《杜威研究性学习的思想与实践（下）》，《当代教育科学》2005 年第 24 期。

对个人身心发展的影响等。若能做到这一点，则考察探究的问题就有如活泉之水，源源不断。家庭生活中也会遭遇各种各样的问题、现象与事件。只要学生做生活的有心人，就能发现和提出各种有价值的问题。社区生活也可以激发学生在认知和情感上的灵感，从而可以发现和提出众多可探究的问题，如社区中的垃圾分类问题、宠物狗问题、停车难问题、进出口的管理问题、广场舞问题、绿化及其保护问题、儿童安全问题、娱乐设施问题等等，都可以从不同角度进行探究。

日常生活，若从时间维度上看，则包括过去、现在与未来。在每个维度上，个体对事物、事件的认识都是有其独特性和局限性的。过去对某一事实的认知并不能代表现在，更不意味着将来。随着知识的扩展、能力的提升和方法的优化，事物、事件会被重新认识，发现新的问题。学生既可以站在过去的基础上审视现在的现象，也可以对现状进行调查分析，更可以根据有关信息对未来发展趋势进行预测。

2. 自然现象

阳光、水、空气、动植物、土壤等，构成了多姿多彩的大自然世界。“在考察探究活动中学生要充分认识与运用自然规律，在遵循自然规律的前提下实现实践目的。”[1] 从自然现象中发现和提出问题，应注意使学生能够开展“关于自然”（about the nature）、“在自然中”（in the nature）以及“为了自然”（for the nature）的考察探究活动。“关于自然”，就是指学生所提出的问题须紧密围绕种种自然现象来展开，直面这些自然问题；“在自然中”，指的是学生的问题应有助于他们走进自然世界之中开展探究活动，与自然本身进行面对面交往，而不是通过书本、计算机等进行间接而抽象的了解，因为“现场”是考察探究的最基本要素之一，没有现场，就没有探究；“为了自然”，则是指学生所提出的自然问题应指向于保护自然、顺应自然的规律，以及保持人与自然的和谐关系，指的是学生未来

[1] 谭启玲：《自然、社会、自我——论马克思人的解放思想的三重意蕴》，《青年文学家》2019 年第 15 期。

可能的考察探究活动应是以符合伦理道德的形式而非开膛破肚、抽筋剥皮的方式来进行。我们认为，对学生而言，比较适合探究的有动物、植物、天气或气候、其他非生命事物或现象等。如关于动物，可以探究它们的生活习性、生活环境及与人类的关系等，常见的动物如猫、狗、鸡、鸭、兔子、金鱼、乌龟等等。关于植物，可以研究不同类型的植物（常见的植物如含羞草、蒲公英、仙人掌、水仙、菊花等等），研究水培和土培的区别，对比几种植物的繁殖与生长情况，也可以探究植物对人类生活的意义与影响。此外就气候、天气现象（如雾霾、台风、沙尘暴等）而言，可以基于相关的数据来说话，观察并记录其变化情况、分析原因，探索其对人类生活的影响。而其他非生命事物或现象的范围则更广，比如身边的河流、溪水、池塘、山丘等，都可以成为学生提出问题、开展自然探究的重要对象。

3. 社会现象与事件

学生的生活世界不止于日常生活和自然现象，也包含了与这些领域相关但不完全重叠的社会现象与事件。“风声雨声读书声声声入耳，家事国事天下事事事关心”，这是中小学生面对生活世界的重要态度。每个学生都生活在真实复杂的社会环境之中，社会现象、社会事件虽然多数发生在学生最内核的生活世界之外，但也与他们存在千丝万缕的联系，并且也会直接或间接地影响到他们的生活。而且许多社会现象与事件本身就与学生在道德与法治、语文、历史、社会等科目内学到的相关核心知识有着密切关系，学生在探究这些现象与事件时可以充分利用和发展这些知识，也可以为某些社会事件（如抗疫防疫、垃圾分类、五水共治、食品安全、光盘行动、环保酵素、共享单车、“双十一”等）贡献自己的智慧。因此从学生能理解的社会现象和事件中创设问题情境，可以帮助他们提出有意义的社会问题，从而开展不同形式的社会考察与探究。此外，学生可能会接触到的地方特色资源，尤其是其中的人文资源，如历史古迹、乡土特产、民情风俗等，它们的历史演变、文化蕴涵及其特点等，都是蕴藏问题的丰富“宝库”，这也是学生进行社会探究的重要环境。

4. 自我意识

自我意识，也称自我、自我概念。自我意识是对自己身心活动的觉察，即自己对自己的认识，具体包括认识自己的生理状况（如身高、体重、体态等）、心理特征（如兴趣、能力、气质、性格等）以及自己与他人的关系（如自己与周围人们相处的关系，自己在集体中的位置与作用等）等。从意识活动的形式来看，主要包括自我认识、自我体验及自我控制等。自我认识是“知”的一面，是对自己的认识；自我体验是“情”的表现，是对自身的看法与感受；自我控制是指“意”，是对自己行为与心理的调控。[1] 根据不同年龄段学生的心理特点和认知水平，引导学生管理情绪、学会自我调理等，也是考察探究的重要内容之一。

表 2–1–1　自我意识分类表

形式	内容
自我认识	自我感觉、自我观察、自我概念、自我印象、自我分析和自我评价等
自我体验	自我感受、自爱、自尊、自恃、自卑、自傲、责任感、优越感等
自我控制	自立、自主、自制、自强、自卫、自信等

表 2–1–2　问题来源与问题范例

问题来源	细分项目	问题范例
日常生活	校园活动 家庭生活 社区生活	1.“校园足球，快乐出发”的问题：我校足球史，各个年级有哪些足球明星，足球摄影大赛，画足球，话足球等。 2. 怎样能让家里的下水管道不堵塞？我们可以做什么？ 3. 父母在心理上离我们有多远？为什么父母不能理解我们？ 4. 怎样有效处理小区内宠物的粪便问题？ 5. 怎样鼓励小区居民进行合理的垃圾分类？

[1] 娄娜：《团体辅导对小学高年级学生自我意识和心理健康的影响》，硕士学位论文，河北师范大学，2016，第 2–3 页。

续表

问题来源	细分项目	问题范例
自然现象	动物 植物 天气 非生命现象	1. 蚕一定要吃桑叶吗？为什么能结出五颜六色的茧？蚕宝宝的一生是怎样的？ 2. 含羞草为什么会“害羞”？有哪些类型？生长在什么地方？ 3. 霾产生的原因是什么？改善天气，我们能做什么？ 4. 为什么学校旁边的小河这么不干净？怎样才能有效治理？
社会现象与事件	社会事件 时事热点 地方资源	1. 共享单车的利与弊是什么？共享单车与公共自行车的异与同是什么？ 2. 面对新型冠状病毒肺炎疫情，我们作为学生该怎样做？ 3. 西溪花朝节是怎样发展起来的？一般有哪些活动？游人们的收获是什么？
自我意识	自我认识 自我体验 自我控制	1. 同学对自己的印象是什么呢？ 2. 怎样克服自卑情绪？ 3. 怎样做情绪的小主人？

（二）多路径引导提出问题

考察探究鼓励学生从自身成长的需要出发，选择适宜的探究主题，主动参与并亲身经历实践过程，体验并践行价值信念。“问题的提出”贯穿于整个考察探究指导活动的全过程。在引导学生提问时，教师可以采取情境创设法、生活观察法、学科融合法等方法。

1. 创设情境，因势利导

建构主义提倡在教师指导下的、以学习者为中心的学习，学生是信息加工的主体、意义的主动建构者，而不是外部刺激的被动接受者和被灌输的对象。教师要成为学生建构意义的帮助者，就要在教学过程中主动创设符合教学内容要求的情境和提示新旧知识联系的线索，以帮助学生建构当前所学知识的意义。情境、协作、会话和意义建构是建构主义学习理论及其环境的四大基本要素。在考察探究活动中，教师所设计的情境必须有利于学生提出有意义的问题，从而实现其对已学知识及生活的建构或重构。教师可以用图片、视频、对话等多种材料与方法，创设真实、复杂的问题情境，激活学生的思维，促使他们提出值得且可以探究的问题。

（1）情境生活化

情境的生活化再现，是最能启发学生提出问题的重要形式。将来自学生身边的视频、图片、事件、现象，乃至学生的真实经历在课堂上进行展现，可以在较大程度上调动学生的学习兴趣并提出相关的问题。如在“走近西溪湿地花朝节”主题下，教师可以先播放往年的照片，让学生有间接但却相对真实的体验，学生必然会对花朝节提出很多问题，诸如，有多少种花、有多少条路可以进去、花朝节的历史与发展、有哪些活动等等。可见，引入生活中的相关材料来再现适当情境，有助于激发学生探究的热情，并为他们提出问题奠定基础。

（2）情境故事化

喜欢听故事，是所有学生的天性与共性，尤其是处于小学阶段的儿童。教师除了用真实的图片或视频来创设问题情境之外，也可以用真实或模拟的、想象的故事情境，来引导学生提出相应的问题。故事往往具有一定的情节，教师可以在情节中创设矛盾冲突的事件或引发学生产生认知冲突、激发其求知欲的困境，从而引导学生结合生活来提出问题；多数故事的情节还具有鲜明的戏剧效果，可以吸引学生比较专注地注意故事中所发生的事，产生一种比较强的带入感和体验感。故事中的角色身份及经历、语言与情感表现等，都是激发学生思考的重要媒介。教师可以借助一定的材料来展现这个故事，也可以用自己的语言与身体来演绎故事，但故事本身要想具有激发的效果，其前提是要有相对明确的主题、有令人产生疑惑的事件或现象，甚至也可以加上一些初步解决的方法等。

（3）情境游戏化

游戏既是每个孩子的天性，也是联合国儿童基金会所强调的一项基本的儿童权利。许多研究表明，游戏对儿童的动作、认知、语言、社会交往和情感发展都有重要影响，而且这些维度的发展是儿童在游戏过程中不知不觉发生的。游戏也能对儿童产生较大的吸引力，从而调动起学习积极性、主动性，增强学习的效果，如今游戏式教学（play-based teaching）在国际上已经有广泛的应用，相关的游戏教学软件或教育游戏也已多如牛毛。在考察探究中，教师若能以游戏的方式来创设问题情境，必能使学生有更强的身心体验和更积极的情感反应，从而更有助于他们提出有意义的问题。如在"六一游园"这个主题的考察探究活动中，教师采用"巧猜校园节日""大风吹·小风吹"等游戏形式，激发学生独立思考六一游园的问题，特别是激发他们设计游园的方式、步骤等内容。

（4）情境悬念化

此处的悬念并非指那种对人物命运或遭遇、未知情节发展的一种急切期待心情，而是指那种有助于引发学生产生好奇及探究的兴趣、激发学生学习新知的情境。有悬念的情境可以被称为结构化情境，悬念越是明显以及与学生生活、所学知识相关，就越能激发学生产生探究的疑惑及兴趣。悬念既可以来自真实的社会事件或自然现象，也可以由教师人为创设；悬念可以是集中的一个也可以是相互交织的多个，可激发学生产生一个或多个问题。

一堂"走进饮料王国"的考察探究活动选题指导课，教师以三个小实验导入。

实验1：出示三个相同的玻璃杯，分别盛白开水、雪碧、雪梨汁。教师提问：看似完全相同的三杯饮料，不品尝，如何区分？学生用闻的方法，确定有淡淡的雪梨清香的是雪梨汁；通过观察，发现有气泡的是碳酸饮料。从而发现不同的饮料有着不同的特性。

实验2：展示两瓶相同的牛奶，一瓶放在太阳底下，一瓶放在冰箱内。了解环境不同，牛奶变质的速度是不同的。

实验3：出示两瓶牛奶，一瓶变质，一瓶没有变质。提问：不品尝，如何分辨？学生通过闻一闻，发现有刺鼻味道的那瓶是变质的。

在观察完三个实验之后，引导学生提出与饮料相关的问题：为什么雪梨汁会有果香味？为什么碳酸饮料会有气泡？牛奶为何会变质？等等。

通过上述三个实验，教师创设了关于饮料的诸多悬念，成功激发了学生提出不同的可探究的问题。

2. 生活观察，启发于心

生活观察是指学习者根据一定的研究目的和计划，用自己的感官和辅助工具去观察被研究对象或现象，根据观察所得发现并提出问题的一种方法。人的感觉器官本身就能捕捉许多重要信息，比如用耳倾听别人的观点或看法，用眼睛观察实物或实地，用嘴巴品尝食物或饮料或其他可食用之物，用鼻子闻一闻某物的气味等等。但是人的感觉器官也具有一定的局限性，这就要求学生借助各种可能的现代化仪器和手段，如照相机、录音笔、手机、计算机、摄像机等来辅助，从而扩展观察的内容，捕捉更多有价值的信息。

（1）时间观察法

根据某一事物或现象是否出现或发生、出现或发生的频率、出现或发生的时间顺序等，引导学生对其进行深入持续的观察，从而发现并提出有价值的问题。比如通过让学生观察“蚕宝宝”生长发育的历程，记录其每个阶段生长的持续时间，记录其生长的阶段顺序等，都有助于学生提出相关问题：蚕宝宝的生长可以分为哪几个阶段？每个阶段要持续多久？每个阶段吃多少？怎么喂食？每个阶段长成什么样子？为什么会发生变化？等等。学生通过对这些不同时间段蚕宝宝生长发育的观察记录，就能捕捉到那些真正有探究价值的问题。

（2）事件观察法

事件观察法，是指对与探究目的有关的行为或事件，或者学生感兴趣的行为或事件，进行持续一段时间的观察和记录，从而发现并提出有关问题的方法。这种观察法需要对所发生的事件或行为进行深入观察和尽可能全面的记录，因而能够有效激发学生对所观察现象的兴趣，并从中提出感到困惑的问题。如在“走进传统游戏”的考察探究活动中，教师先呈现了各种传统游戏，学生则在对各种游戏的观察中发现了“弹珠容易滚丢”“抽陀螺有安全隐患”等关键问题，从而成为后期各小组分头开展活动的重要课题。

（3）事物结构法

事物结构法，是指按事物本身的结构，由外（左、上、大、近等）到内（右、下、小、远等）、由局部到整体地进行考察，从而发现并提出问题的方法。比如在“校园墙”的选题活动中，教师带领学生到校园墙处，引导学生按照不同的结构观察其他班级布置的校园墙，从而设想出可能的问题。学生随后发现了“校园墙缺主题”“左右布局不合理”“颜色太杂”“缺乏校园先进事迹报道”等问题，最后遴选出部分问题作为考察探究的课题。

（三）巧用多学科课程资源

《指导纲要》规定，教师要基于学生已有经验和兴趣专长，打破学科界限，选择综合性活动内容，鼓励学生跨领域、跨学科学习，为学生自主活动留出余地。但打破学科界限，并不意味着学生不能从学科课程的学习中汲取探究的资源，不意味着不要学科知识的应用和发展。事实上，各个学科课程的教材，都能在一定程度上为学生的考察探究提供重要的问题情境或数据库，只要教师开发妥当，都能使教材发挥综合实践的作用。只不过现实中教师往往把学科探究（各个学科课程）与生活探究（综合实践活动）割裂开来，在学科教学中不联系学生生活，在生活探究中不主动联系学科核心概念与技能，导致学生学习效果不佳。为此，我们主张开展考察探究活动的指导教师能重新研读和开发学科课程的教材及其他资源，截取其中与学生生活密切相关的部分进行补充和调整，来为学生发现和提出问题创造更优质的条件。

1. 从科学课程中发现和提出问题

在早年推行研究性学习的过程中，我们就发现科学探究往往是学生首先想到并喜欢开展的主要活动，因此科学探究通常是考察探究的主体内容。科学探究的问题，如果纯粹从学生依循自己的生活出发，可能提出来的问题是有限的，往往是常见的动植物之类的话题。但是如果能够充分利用和开发科学教材，则必然有助于扩展学生可探究的范围及思路，帮助学生提出更多有关科学探究的问题，同时也能更好地利用已经习得的科学知识与技能。当然，从科学教材出发提出问题，往往会使学生仅从科学的角度关注某个事物或现象，这也是以往综合实践活动课程实施过程中存在的常见误区，为此教师需要为学生创设人文、社会、自我、审美的情境，使他们能够有机会同时开展人文探究、社会探究、自我探究、审美探究、道德探究、历史探究等等。比如五年级科学教材（教科版）中有一个以“时间的测量”为主题的单元，涉及太阳钟、用水测量时间、机械摆钟等内容，可以引导学生提出时间的体验及其诗歌、艺术表现（人文、审美与自我）、时间的不同测量方法及其实验（科学与数学）、认识时钟及对人类生活的意义（科学、数学与社会）、时间的痕迹（科学与自我）等方面的问题。

2. 从道德与法治、历史与社会课程中发现和提出问题

考察探究的重要探究形式之一就是进行道德探究、历史探究与社会探究，而从广义来说，社会探究也可以包括前两者。事实上，道德与法治的多数主题、历史与社会的部分主题可以成为考察探究的重要课题，教师完全可以借助教材中的课文及文字解说，创设可能的理智情境，启发学生提出有意义的社会问题。教材中也有不少页面甚至直接就提出了可能的问题和场景范例，可以为学生开展考察探究活动提供充分的便利。如一年级第一单元《我的好习惯》中提到了整洁、精神、拖拉、马虎等习惯，关于“整洁”的部分教材谈到了“镜子里的我”“这样做好不好”“保持整洁有办法”“这样是爱整洁吗”等主题，有助于学生直接就这些画面中具体的行为与问题，来提出自己感兴趣的问题。道德与法治七年级第二单元《做情绪与情感的主人》，包括“揭开情绪的面纱”“品出情感的韵味”等主题，里面谈到了青春期的情绪特点、情绪的感染与调节、丰富的情感、情感的作用、体味美好情感等等，每个方面都可以成为启发学生提出情绪情感相关问题的重要刺激材料，而其中的行文表述也可以为考察探究活动的开展提供重要启示。历史与社会七年级下册第六单元《一方水土养一方人》分别谈到了北方地区、南方地区、西北地区、青藏地区，并邀请学生以家乡为例进行社会调查，这不仅与考察探究里所要求的社会调查（特别是乡土调查）相契合，而且可以成为学生提出其他社会调查类问题（比如调查班级中的同学分别来自什么地方，有什么不同的生活方式或习俗等）的重要情境。当然，教师在设计考察探究类问题的情境时，尽管可以参考这些教材中所设计的情境，但是也要进行适当的调整与补充，特别是增设能启发学生进行不同类型探究的可能条件，比如可以增加一些科学探究的元素或场景，才可以在最大程度上引发学生进行跨学科的思考与探究。

3. 从其他学科课程中发现和提出问题

语文学科中有“综合性学习”的专项内容，数学学科中也有相应的“综合与实践”。这些板块的教材内容为不同学科与考察探究的整合创造了重要条件。语文学科（人教版）中的“综合性学习”包括轻叩诗歌大门、遨游汉字王国、中华传统节日、倡导低碳生活、我的语文生活、难忘小学生活、岁月如歌——我们的初中生活等主题；数学学科中的“综合与实践”（人教版）则包括绿色出行、邮票中的数学问题、北京五日游、有趣的平衡等等。这些主题在扩展探究内容和方式的情况下都可以成为考察探究活动的重要载体。当然，语文、数学、英语、音乐、美术等的其他主题内容也都可以在进行二次开发和调整（如增强其与生活的联系，创设与其他学科综合学习的可能性等）的情况下，作为刺激学生提出考察探究类问题的重要材料。如一年级音乐教材中围绕“春天”这个主题谈到了杜鹃、《春晓》、布谷鸟、小雨沙沙、三角铁等内容，可以引导学生探索“春天里的声音”，提出春天里有什么声音、为什么不同动物有不同声音、如何用三角铁等乐器进行发声、关于春天的诗歌有哪些、杜鹃等鸟类的生活习性等有趣的问题，从而可以引发艺术探究、科学探究和人文探究。四年级美术教材中的《茶香四溢》《节日的徽标》《安全标识》《家乡的桥》《生长的植物》《爱书藏书》《落日》《夜色》《虫虫大聚会》等等都可以作为启发学生思考对应主题相关问题的重要材料。

第二节　问题转化为课题的策略

从本质上来说“问题即课题”，但在现实中并非所有的问题都能转化为符合考察探究标准的课题。因为学生提出的问题是基于生活情境设想出来的比较粗糙的想法，还没有经过润饰和修改，不一定符合探究的规范，甚至不一定适合学生进行探究，所以都需要采取一定的策略和方法，对这些问题进行筛选、归类、规范和调整，以便最终遴选出适宜小组探究的问题，并转化为实际可操作的课题。这个过程在《指导纲要》中有多次表述，只不过《指导纲要》并没有提课题，而是以“主题”一词来做表述，而在现实中小学教师的实践操作中，却更多使用“课题”这个词。如《指导纲要》规定，“综合实践活动是从学生的真实生活和发展需要出发，从生活情境中发现问题，转化为活动主题”；“考察探究是学生基于自身兴趣，在教师的指导下，从自然、社会和学生自身生活中选择和确定研究主题”。我们在本书中主张用课题一词，以更突显其探究或研究的色彩，但有的时候也会和主题交替使用。

一、问题的筛选与归类

心理学研究指出：思维是人脑对事物的间接反映，它会通过其他媒介作用来认识客观事物，并借助于已有的知识和经验，已知的条件推测未知的事物。[1] 在经历发现和提出问题的阶段之后，学生的思维已经打开了，探究的兴趣也被激发起来了，接下来的重要一环，就是针对学生提出来的众多问题进行筛选和归类，以初步确认大家共同感兴趣和值得研究的问题到底是什么。

（一）问题的筛选

学生发现和提出的问题基本上是从学生的生活世界出发而来的，但一方面学生的生活世界存在个性化的特点，没有两个人的生活世界及体验是一模一样的；另一方面学生的思维风格和感兴趣的点也会很不一样，因此若要每个学生提出自己的问题，就必然会形成极为复杂的问题群。在这个问题群中，并非所有问题都是值得探究、可以探究的，尤其是要使每个小组都能围绕一个共同的课题来进行探究，就必须要从众多的问题中进行筛选。我们认为学生所提的问题可能会存在如下三个方面的局限性，而筛选的过程首要的就是识别和鉴定有这些局限性的问题。

1. 交叉重复——整合式筛选

《礼记 · 曲礼上》：“毋剿说，毋雷同。”李贤注：“雷之发声，众物同应，俗人无是非之心，出言同者谓之雷同。”雷同，指与他人的一模一样；也指事物的某些方面相同。交叉重复是学生发现和提出问题过程中必然发生的现象。一个班级几十个学生，由于大体而言学生的经验具有较大程度的相似性，因此他们难免会有想到一块儿去的情况，并进而提出意思相近、内容交叉重复的问题。这个时候，教师需要指引学生对问题进行整合式筛选。

某教师在组织“杭州评话”主题的考察探究活动时，学生通过查找资料、实地走访等方式，在对这个主题有一定了解的前提下，提出了如下问题：

---

[1] 刘颖、苏巧玲：《医学心理学》，中国华侨出版社，1997，第 27 页。

杭州评话还能传承多久？

为什么杭州评话会消失？

杭州评话学什么？

为什么评话经典无人传承？

评话如何产生？

……

我们不难发现，“为什么杭州评话会消失？”和“为什么评话经典无人传承？”这两个问题在内容上是重复的。因此教师在课堂上可以组织学生进行讨论，是否可以将这两个问题归为一个？当然有些问题的内容虽然从本质上来看是一样的，但表述上未必相似或相近，所以学生也要学会去从细节上去鉴定和辨析，否则就不能有效识别出两个问题的重复性。这个过程本身对学生思维的发展也具有重要的意义。

2. 表述不清——澄清式筛选

每个孩子的思维能力发展各不相同，因而所呈现的问题样态也会相应地有所不同。有些学生的语言发展更快，语言表述更清晰完整明确；有些学生思维比较跳跃，喜欢将一些看起来毫不相干的概念联系起来，但缺乏中间过渡的桥梁，需要补充完整；另一些学生则不善于用精准的语言进行表达，所提出的问题含糊不清，不知道具体想探究什么。其中年龄越小的学生，就越会存在表述不清的问题，加上学生平时在提问上的训练比较少，能提出优质清晰问题的概率并不高，所以让学生学会清楚地表达问题，也是一个重要的思维训练过程。教师需要首先引导学生去发现哪些问题存在明显表述不清楚的情况，指出为什么这些问题存在这种情况，并通过“标准”问题的示范，鼓励学生对这些问题进行修改，澄清它的主干内容。澄清的过程中不可避免地需要去询问那些提出该问题的学生，因为学生的书面和口头表达能力发展是不平衡的，多数情况下学生的口头表达能力会优于书面表达，所以允许他们在口头上做出解释是非常有必要的，这样才能精准地理解这些学生到底想要研究什么问题。通过这种澄清，我们就能更清楚地看到学生提出的问题，对它们进行筛选就能更加简便了。

在上述案例中，“杭州评话学什么？”这个问题可能存在表述不清的现象。教师和伙伴们经过追问发现，提出这个问题的学生其实想表达的是想学习“杭州评话”的意愿，但并不知道自己要怎样学、学哪个方面。所以大家建议该生用更具体清楚的语言来表达这个问题，使问题一目了然。

3. 偏离主题——归正式筛选

张华教授在《综合实践活动课程研究》一书中指出，“现实世界的视野”就是学生自己的心灵在与现实世界的直接际遇中探究、体验世界，理解、融入世界的思维方式，[1] 也就是说鼓励学生尊重自己的心灵，真实看世界。学生提出的问题虽然有明确的生活来源，但是这种生活来源的呈现与加工却不一定是由学生首先来进行的，也就是说教师往往会根据学生的生活经验创设一定的问题情境，来引导学生对自己的生活进行反思。而一旦教师创设了某个问题情境，则此情境之中必然会有大主题的偏向性，即无论学生提出什么细节性问题，可能都是围绕某个大主题来进行的。如果是这样的情况，就会存在有些学生所提出的问题，可能会与教师希望学生探索的大主题有偏离的现象。因此归正式筛选的目的就是要排除那些与大主题关系不大的问题，使学生行将探索的课题能够建立在与大主题相关的基础上，具有更明确的焦点。但是需要注意的是，在某些情况下，有些看似与大主题无关的问题，其实是从另外的角度来探索大主题的，因此不宜草率排除，需要进行细致分析。

在组织“校园节电”主题的考察探究活动课时，学生们提出了下列问题：

---

[1] 张华等：《综合实践活动课程研究》，上海科技教育出版社，2009，第 5–6 页。

1. 马路上的路灯每天大概开多少时间？
2. 教室里没有人了还需要开灯吗？
3. 校园里有多少电器用品？
4. 学校每个月需要交多少电费？
5. 学生来上学可以带手机吗？
……

在这些问题中，我们可以发现与“校园节电”直接相关的问题主要是第二个，第三个和第四个问题看起来与大主题无关，实际上细细分析，学生可能是想知道哪些电器使用是必要的、哪些是不必要的、到底有没有存在浪费的现象、是否需要节约等深层次的内容，所以也是和大主题紧密相连的。唯独第一个和第五个问题，与大主题缺乏直接联系，除非第一个问题中的马路是指校园内的马路，而手机用电并不会涉及校园节电的问题。所以第一个问题需要进行澄清，而第五个问题则可以直接排除。

（二）问题归类的线索与策略

若教师事先规定和暗示了某个大主题，则学生所提的问题主要是与这个大主题相关的，那么对问题的归类就可以基于不同的线索与策略，来对这些问题进行有序归类。当然，教师也可以反过来，让学生根据这些线索来提出问题，这样就能从一开始就明确问题的类别与彼此的关系，就更便于分类整理了。这里我们主要讲三种这类线索或技巧。第一种类型是将问题归类为“是什么”（what）、“为什么”（why）和“怎么办”（how）等多个方面，建立“糖葫芦式”的问题群；第二种类型是根据主题相关的几个相关范畴进行归类，形成“开枝散叶”式的“问题树”；第三种类型是从同理心、下定义、头脑风暴、原型制作、测试等角度生成鱼骨头分解式问题群。

1. “糖葫芦”纵深式

根据 5W1H 分析法，即引导学生从“what”“why”“how”“who”“when”“where”（做什么，为什么，怎么做，谁来做，什么时间，什么地点）六个方面提出问题，也可以根据六个维度对学生的问题进行初步归类。如下图所示，如果教师以“课间餐点心浪费”为大主题来引导学生提问的话，就可以从什么是浪费、为什么会浪费、怎么浪费、谁浪费、不同时期的课间餐浪费情况、浪费后的食品被丢到哪里等提出有意义的问题。

图 2–2–1

2. “开枝散叶”辐射式

针对某一主题，教师可以让学生发挥想象力，从尽可能多的角度去思考相关的问题，也可以根据一定的范畴将学生提出的问题归类为几个类别，从而形成“开枝散叶”的问题格局。这里的角度并不一定具有明确的限定，既可以从过去、现在、未来的时间线索来指引，也可以从内部结构、与他物或人的关系、使用方法等角度来提出问题。如图所示，学生就“环保酵素”提出了不同类型的问题，涉及实验、用途、发展历

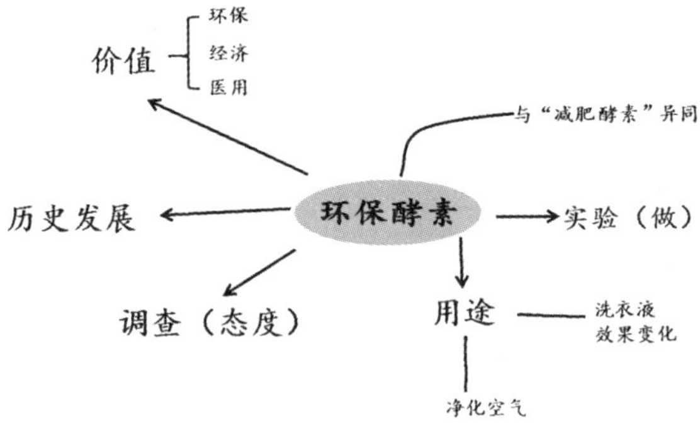

图 2–2–2

史、对环保酵素的基本看法、与减肥酵素的异同、有哪些价值（包括环保价值、经济价值和实用价值）等方面。

3. “鱼骨头”分解式

考察探究课中，教师可引导学生从“同理心——下定义——头脑风暴——原型制作——测试”等角度提出问题，如在选题指导中，可以运用同理心调查了解使用者的真实需求到底为何；可以通过头脑风暴提出到底有哪些可行方案的问题。但也可以通过其他模式来构建“鱼骨头”分解式问题群。如下图，在开展改进传统游戏的活动中，学生在重点体验四种传统游戏的基础上，提出了游戏的历史、游戏的好处、游戏的种类、为什么现在玩的人少了、存在的问题、如何改进传统游戏等问题，整个问题群就形成“鱼骨式”。关于游戏也可以基于设计思维而进行提问，比如新时代的学生群体到底对游戏有什么需求，我们可以设计出怎样的游戏来吸引他们，然后通过改造传统游戏或新创游戏来做测试，看看使用者的体验与效果如何，而后再寻求改进的方法，不过这种思路可能就比较偏向于设计制作类综合实践活动了。

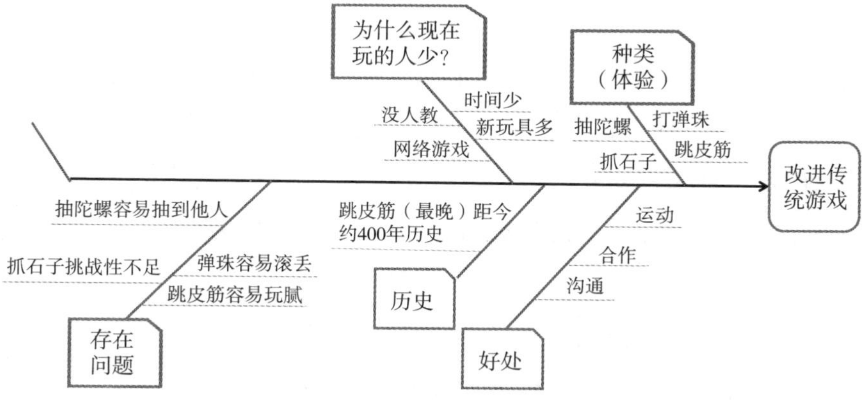

图 2-2-3

二、课题的选择与确立

在主题开发与活动内容选择时，要重视学生自身发展需求，尊重学生的自主选择。教师要善于引导学生围绕活动主题，从特定的角度切入，选择具体的活动内容，才有可能转化为学生的考察探究行动。学生在经历提出问题、筛选和分类问题之后，为了更好地将问题转化为课题，还需要依据适当的标准，对遴选出来的问题做进一步甄别和考察，然后才能比较初步地确立为课题。这样的标准通常包括价值性（问题有研究的意义与价值）、现实性或生活性（直接反映并能指导现实生活的）、适宜性（对学生已有知识和能力而言是可以探究的）、可操作性（在生活中可实际开展的，有可用资源的）等等。此处我们将就其中的四个方面概谈问题选择的标准，只有符合这些标准，才能转化为真正有意义的课题。

（一）选题有价值

《指导纲要》要求在主题开发与活动内容选择时，要重视学生根据自身发展需求，经过集体讨论而提出的问题，但也同时是要对学生生活世界产生实际意义的问题。所谓对学生有意义，也就是对发展学生的综合素质或核心素养有积极帮助，《指导纲要》强调的核心素养主要是社会责任感、创新精神和实践能力。在其他地方，《指导纲要》还提到学生所选择的课题，必须使学生获得关于自我、社会、自然的真实体验，建立学习与生活的有机联系，在具体目标上更是提出了价值体认、责任担当、问题解决、创意物化四个维度的要求。因此教师需要帮助学生从这样的基本要求出发，判断哪些问题最能带给学生全面发展的意义。

五年级学生探究“走进足球世界”时，提出了很多关于足球的问题：

1. 足球是由什么做成的？
2. 足球是怎么来的？为什么会有足球？
3. 足球是怎么踢的？有哪些规则？
4. 足球队伍一般有哪些人？他们的角色分别是什么？
5. 有哪些足球明星？

……

上述关于足球的问题都具有一定的意义，能够增进学生在不同层面（材料、历史、社会价值、规则、人员等）对足球的认知，开展跨领域的探究（除了属于考察探究范围的社会探究、历史探究之外，还涉及设计制作、职业体验等），提升问题解决、创意物化等能力。但是在我们所观察的考察探究案例中，也存在将足球的问题比较多地局限在踢法上，因为这是学生最容易想到也是最感兴趣的部分，所以教师需要在提问过程中发散学生的思维，才有可能提出具有不同价值的问题。

（二）选题可操作

在所筛选出来的问题中，虽然问题表述明确，且有意义和价值，但并非所有问题都适合于学生来研究。所以可操作性的含义之一就是要贴合不同年龄阶段学生的认知水平、能力、经验和知识储备（主观可操作性），要预想解决此类问题需要开展哪些活动、收集什么数据、运用什么方法，如果某些关键性的数据无法通过适应学生能力的方法来获取，即便这类问题有价值，也无法交由小组来考察探究，这一条尤其需要教师基于对学生经验与能力（学情）的了解来做出机智的判断。可操作性的含义之二则是要考虑考察探究在现有条件下实施的可能性（客观可操作性），特别是资源条件，此外还包括设备、距离、经费等等。比如如果一组学生提出想要了解“聋哑儿童的生活到底是怎么过的”这个问题，但是学校周边若没有特殊学校可以参观，那么这样的问题可能就无法成为学生探究的课题；再比如之前有东部地区的某些学校，创设情境想要让学生探索藏羚羊，可是藏羚羊不是东部地区常见的物种，只有在动物园里才能比较稀少地见到，那么这样的问题必定也无法让学生探究，即便地区上已经有所谓配套的教材。也有学生提出想要了解眼睛的构造，但除了查阅网上资料之外，学生可能无法通过任何其他精密的科学仪器来了解眼睛，所以这样的问题也需要转化，否则就不能成为合适的课题。

三年级学生在探究“我为植物代言”这一主题时，提出了以下问题：

1. 植物有哪些品种？植物都可以吃吗？

2. 为什么学校里有些植物会开花，有些植物不会开花？

3. 藏红花一般是什么时候开放的？为什么有人会吃它？

4. 荷花有哪些特性？

5. 怎么判断植物是否有毒？

……

上述关于植物的问题中，第三和第五个问题，缺乏可操作性，因而无法转化为可以研究的课题。因为第三个问题中所提到的藏红花在我国产量很少，不容易在日常生活中见到，因而缺乏客观意义上的可操作性；另外，藏红花对人体的功效这一点，可能也需要学生了解一定的中药原理和生物学知识；而第五个问题则需要专门的检测设备或机构人员来操作，一般学生无法接触到相关的仪器或人员，因而也缺乏客观意义上的可操作性。

（三）选题切口小

学生所提出的问题，还会存在切口太大的难题。所谓切口大，是指学生虽然能对该问题进行探索并收集相关资料，但是其内在的复杂性和难度可能会让学生望而却步。即便有成人的引导，学生能够逐步克服困难，但在过程中却很容易让学生选择放弃，或者容易得出一些过度简化甚至是错误的答案。高校本科生与研究生在开展课题研究时，常存在课题切口过大、内容过于复杂、挑战性过大的问题，而中小学生限于认知与经验的局限，对于问题的思考，可能也不会考虑这么周全。比如曾有一组小学生对中国古代的四大发明感兴趣，他们非常希望探究这四大发明为什么出现在中国，它们到底是怎样操作的，对世界产生了什么影响等，这样的问题虽然有价值，也可以通过网络来获得解决，但是切口太大，其中牵扯到的历史细节太多，考证难度太大，甚至需要专业人员的协助，而且四大发明在某些人眼中还存在争议，所以像这样的问题，并不适合于中小学生来探究。对于切口大的问题，教师需要联合其他学生小组，一起协助将问题的切口缩小，回归到学生能够探究的问题上来。

（四）选题有创新

创新是指选定的问题是其他学生未曾关注并解决或未完全解决的问题，通过自己的研究可以提出新的见解或想法，得出有创造性的结论。通过前面的筛选工作，那些重复的问题大多已经调整合并为同一个，但仍然可能会存在不同小组从不同角度研究同一个现象的情况，而这其中的角度，有些是学生经常探究的，做起来比较容易，有些则无法提出比较有意义的结论，所以如果学生可选择的问题较多，那么教师应引导他们尽可能选择那些有一定创新色彩的问题，这样不仅教师在引导时更有积极性和乐趣，学生也会因选题的创新性所带来的刺激而增强探究的动力。当然，对于中小学生来说，严格意义上的创新要求是不适宜的，教师不能强硬要求学生满足这一点；而且由于考察探究更加强调学生的自我发展，因此所谓的创新主要是对作为探究者的学生而言的，因此只要对学生来说是他们从来没有关注过、探究过的，或者从来没有从某个角度来思考过的，都是具有一定的创新性。

某中学在研究“西溪的水”这一课题时，提出了很多有价值的问题。其中有学生想研究“西溪的水质如何？”教师把这个问题抛给全班同学，同学们纷纷提出，相关部门已经发布了很多权威研究报告。教师打开“百度”，搜索发现，关于“西溪水质”的调查报告确实都有。所以在最终讨论中，确立了“西溪不同区块的水质如何？”这个选题。

此案例中，“西溪的水质如何”这个问题学生已经非常熟悉，他们不希望在已经有权威报告并且有一定了解的情况下再来探究这个问题，于是他们尝试提出了新的一个问题，即西溪湿地各个地方的水质都一样吗？后来他们在对权威报告以及其他资料进行检索之后，发现很少有人关注过“西溪湿地内部不同区块的水质是否一样”“不同区段水质差异”等方面的问题，于是学生最终确立的课题就表现出了比较鲜明的创新性。

三、课题的表述与规范

考察探究的课题一旦初步确立之后，就需要按照一定的要求和规范对课题进行准确表述，才能使组内成员和班内其他小组成员都能一目了然且精准地判断，到底要探究什么、怎么探究等，不至于在探究过程中迷失方向，也不至于在组间评价过程中做出错误的判断。

（一）课题的表述

课题的表述是指课题名称中一般包括的要素，通常包括探究所指向的对象、探究所关注的内容，有的时候也会在标题中直接指明空间范围、人员性质，抑或探究方法。具体包含哪些要素可能需要依据探究的类别而定。常见的有所谓现状探究（就需要在标题中指出现状，有的时候还会加上“调查”二字）、原因探究（需要在标题上有原因及其他类似词语）、关系探究（需要呈现两个或多个事物，并加上关系等字眼）、影响探究（需要指出影响者和被影响者，且需要加上影响二字）等。

1. 探究对象

无论是什么类型的探究，都需要首先指明其探究的对象，这是整个考察探究活动的中心指向。这里所说的对象，不一定是指人及其关系，也可以是动植物、环境、某种自然现象、某种社会现象等等。比如“简体字和繁体字的比较”的探究对象是简体字和繁体字；又如“身边的好人好事”的探究对象就是“好人好事”。

2. 探究内容

探究的内容指的是具体探究什么。课题一方面要表述探究的对象，也要指明究竟要探究关于对象的什么方面，才能使人对课题本身有清楚的认知。这里的内容实际上就直接决定了探究的类别或性质。比如“共享单车，真的带给我们便利吗？”其探究对象是共享单车，但是探究内容则指向其是否给人带来便利，因此该课题的类型属于影响探究。又比如“我们为什么要追星”这个课题的对象是追星现象，而探究的内容则指向原因，因此属于原因类探究。

3. 探究方法

多数课题可以运用不同的方法来搜集资料，并最终解决问题，但是也有的课题需要在标题中指明主要的探究方法，才能使课题有切口比较小的聚焦。比如“关于网络游戏流行年龄的调查研究”和“关于某某小区垃圾分类情况的调查研究”，在标题中都明确提到了“调查”法。也有一些课题会明确指出“参观”“体验”“访谈”“实验”等方法。

（二）课题的规范

1. 明确

明确是指考察探究的课题要清晰表达研究的对象及其内容等要素，所用的词语、句型规范、科学，似是而非、模糊不清的词尽量不用。曾有学生提出想要研究“父母离我们有多远”，初看起来完全不知所云，经过询问才知道学生原来是想讨论父母为什么不能理解自己，主要是在心理层面上的，所以教师建议他们在课题中添加“心理上”这三个关键字。课题要展示重点解决的问题或关注的现象，可揭示出未来行动方向的，是悬而未决的，因此也不能用口号式、结论式的表述，不能在标题中展示探究之前就已经存在的偏向。例如“从基础抓起，加强垃圾分类管理，提高垃圾分类能力”，这样表述的课题就有明显的口号嫌疑，而且给人的感觉不是想做研究，而只是一个政策建议公告。又例如“手机对人的消极影响”，这个课题从标题上就显示出探究者对手机的影响是持消极态度的，那么在正式实施过程中，就会忽略掉手机带给人的便利等积极影响，这样所做的探究是有失偏颇的。

2. 简洁

南朝颜延之《陶征士诔》有言：“廉深简洁，贞夷粹温。”简洁，指简明扼要，清晰明了，没有冗余的内容。课题的名称切忌过长，能不要的啰唆字尽量不要，一般情况下不超过 20 个字。如“共享单车 vs 公共自行车的租用和停放情况调查”“水生根植物实验研究”，就简明扼要地写出了课题所要表达的研究内容、对象或方法，没有冗余的文字。简洁的意涵还体现在能用比较精炼的文字去描述自己想要探究的内容，并不是说字越少越好，而是要用比较适宜、凝练的字去精确地表达意思。中国传统文化中的成语就具有这样的特点，所以教师也不能过分追求字的多少，比如要求必须在多少字以内进行概括式表述，主要的还是要看探究的重点有没有表达出来。

3. 醒目

顾名思义，醒目就是指课题让人一看就知道想研究什么并留下深刻印象，它带有某种直觉判断的性质。比如“影子游戏探秘”“校园里的蒲公英”等课题，初次接触者一看便知道学生想要研究什么内容或在什么空间内开展探究活动，这样的课题就具有比较醒目的效果。

四、课题的修正与完善

《指导纲要》指出：在课程实施过程中，随着活动的不断展开，在教师指导下，学生可根据实际需要，对活动的目标与内容、组织与方法、过程与步骤等做出动态调整，使活动不断深化。也就是说，教师要善于捕捉和利用考察探究实施过程中学生生成的那些有价值的问题，指导学生不断深化和发展问题，从而形成有价值的探究课题。考察探究倡导教师的指导要贯穿于学生探究活动的全过程，即便学生在开始时经过多轮讨论与分析基本确定了探究的课题，也要在实施过程中适时修正与调整，才能对学生成长产生最充分的意义。

（一）研究预设厘清课题

这里的预设指的是言说者在说出某个话语时所暗含的假设，即说话者为保证句子或语段的合适性而必须满足的前提。[1]学生虽然提出了课题，但是对于课题中多做的预设未必有清醒的认识（在一定程度上源于学生对某些用词或某些现象或探究过程缺乏足够的经验，所以做了比较草率的表述），有时候需要在进一步讨论或实施过程中，或者是在教师的特别引导下，才会明晰课题背后的预设。其中有些预设对于课题的探究方向明确化是有帮助的，但也有些预设在明了之后会导致课题本身的泛化或错误导向，因而不得不对原有课题进行修正。例如：

> 四年级开展“西山问茶”探究。经过选题环节之后，学生确定了“关于西山茶农收入情况的调查”“我为西山绿茶来宣传”“关于西山绿茶栽培的研究”“西山绿茶为什么能长得那么好？”“关于西山绿茶制作工艺的研究”等课题。

确立好课题后，孩子们自由讨论，思考接下来打算去研究什么、怎么研究、打算用什么形式呈现。在讨论过程中，以“我为西山绿茶来宣传”为课题的探究小组发现此课题预设了要进行多种形式的宣传，这样势必会导致探究的难度过大，每一个宣传的效果可能会不理想。经过一番讨论后，孩子们最后把题目换成了“我为西山绿茶做名片”。

该案例中的探究小组原先并不明了“宣传”这个词的丰富内涵，也不能够准确判断不同类型的宣传到底各有多大的复杂性，因为宣传在一般学生的印象中是比较简单或单一的。然而事实却不是如此，而当学生通过多种途径开始了解宣传的复杂性之后，他们才意识到原来的课题可能超出了小组的能力，因此他们把范围做了进一步收缩，将宣传方式锁定在名片上。

（二）开题报告校正课题

一般来说，成人的研究课题都需要有一个开题报告的程序。中小学

[1] 戴炜栋：《新编简明英语语言学教程》，上海外语教育出版社，2010，第 71–72 页。

生进行考察探究，是否需要有开题报告呢？在实践中，中小学生版的开题报告已经存在，只不过形式上更加适合这些年龄段的孩子，并没有专门的开题报告那样请专家点评这样的程序，而主要是让小组之间发挥互帮互助的作用，互相点评，从而为课题的完善创造另一种条件。在中小学生的开题报告中，各小组也都需要提交一定的文字性说明材料，教师可以预先设计好这样的表格，以便学生有明确的撰写方向。一般来说，这样的开题报告会包括探究的对象、内容、拟采用的探究方法、拟开展的探究步骤或时间安排、可能会用到的工具或经费、预期结论等。通过开题报告，学生会就课题再进一步提出意见与建议，各小组可以在参考这些建议的基础上，在组内继续讨论课题的可实施性，并进而提出完善后的新课题。例如：针对四年级开展的“饮料王国”主题的考察探究活动，有一个小组确定了“关于碳酸饮料产生历史的研究”的小课题，针对课题，做了如下开题报告：

表 2–2–1　探究小课题开题报告

课题名称	关于碳酸饮料产生历史的研究	小组团队	向日葵小组
探究内容	1. 碳酸饮料产生的时间 2. 碳酸饮料产生的原因		
探究方法	1. 资料检索法 2. 访谈法		
探究步骤	1. 查找相关资料 2. 走访饮料公司		
预期目标	1. 知道碳酸饮料产生的原因 2. 以宣传卡的形式，宣传科学饮用饮料		

就这份开题报告的研究讨论中，其他小组提出了自己的见解：研究历史和预期的目标之间缺乏明确的关联；课题是讲产生历史，但内容上是讲产生的时间及原因，两者不能匹配等。因此这样的课题应该要进行修正。

（三）实践生成修正课题

学生发展核心素养的“自主发展”素养中提出，培养学生勤于反思的能力，即具有对自己学习状态进行审视的意识和习惯，善于总结经验；能够根据不同情境和自身实际，选择或调整学习策略和方法等。[1]引导学生根据实践生成的经验、操作过程中的感悟等，及时修正和调整选题，使选题更切合探究的需要与实际，以期获得更理想的探究成果。

在五年级关于“共享单车”为主题的考察探究活动中，某小组选定了“共享单车和公共自行车的利弊研究”这一课题，经过活动方案设计后开始实施研究。而在研究的过程中发现，共享单车的利弊就有很多值得研究的方面，没有必要和公共自行车进行比较，否则就会使探究变得过于繁杂。于是，该小组随后就直接将选题改成了“关于共享单车利弊的研究”。

该案例中探究小组原先设想探究的对象既可以包含共享单车，也可以包括公共自行车，但在实际操作中他们发现光是研究共享单车就足够了，没有必要再与公共自行车进行比较，他们想把着力点放在共享单车上，于是就将课题做了大胆调整。类似这样的情况应该得到鼓励，这不仅是因为探究的后续进行需要做出这样的改变，而且这种行为本身就是批判性思维的一个重要表征，即“自我纠正”，也与其上所说自我发展素养密切相关，因此能对学生成长带来比较积极的意义。

好课题的 19 条标准[2]

加拿大阿尔伯塔大学初等教育系教授查德（Sylvia C.Chard）提出了判断一项“好课题”的 19 条标准：

[1] 核心素养研究课题组：《中国学生发展核心素养》，《中国教育学刊》2016 年第 10 期。
[2] 张华：《论“设计本位学习”》，《教育发展研究》2006 年第 23 期。

（1）儿童是否对课题感兴趣；

（2）课题是否源自现实世界；

（3）儿童对课题是否已经具有一定的个人经验；

（4）课题是否便于儿童进行动手操作（探究）、取得第一手经验；

（5）为获得研究课题必要的信息，儿童对成人或书本的依赖程度有多大（要适度依赖）；

（6）是否有人能来到儿童身边向他们谈论关于本课题的第一手经验；

（7）儿童对课题是否会产生许多不同的问题；

（8）儿童是否有机会主动探究他们自己的问题；

（9）课题是否有助于儿童以不同的方式表现其研究发现；

（10）儿童在关于研究成果的戏剧表演中是否有机会承担不同角色；

（11）是否有供儿童计算、测量和比较的东西；

（12）课题研究中事物的形状、颜色、质地、大小等重要变量怎样；

（13）能从儿童的家长那里获得怎样的专业支持；

（14）倘若儿童对本课题的兴趣是短暂的，能否从中自然生成新的探究课题；

（15）课题是否能够帮助儿童更好地理解他们生活的世界；

（16）课题是否有助于儿童彼此间更好地理解；

（17）课题是否促进儿童与其家长的交往；

（18）课题能否使儿童在现实生活的情境下理解文字素养和数字素养的价值；

（19）课题是否鼓励儿童到校外寻找信息来源。

第三章

考察探究的准备工作

在确立考察探究的课题之后，学生需要做一系列的准备工作，才能走入现场开展考察探究的实践行动。首先是基于自愿的原则组建人数适宜、结构合理的探究小组，并进行合理的组内分工，确保各个角色权利与责任明确、扬长与补短相结合等。其次是提出不同类型的探究假设，确保假设的简明、合理、可预测、可验证和新颖性。最后进行探究过程的设计，依据课题需要选择观察、访谈、问卷调查、实验、文献、实地考察等不同的探究方法，并进行探究工具的开发和准备。

第一节　探究小组的组建与分工

在考察探究类综合实践活动课程中，学生需要经历选择探究问题、确定探究课题、制订探究计划、开展探究行动、分析和得出探究结果以及成果展示、评价和反思等一系列活动。因此，考察探究的整个过程需要学生多元智力的投入与整个身心的参与。而小组合作的形式既是考察探究得以开展的基础，也更便于学生之间的互动交流和优势互补，有助于学生更好地完成考察探究的任务，获得更深刻多元的体验，还能掌握沟通与协作的技巧，促进人格的健全发展。《中国学生发展核心素养》也特别强调“责任担当”，要求学生应具备团队意识和互助精神。[1] 因此，在确定考察探究的课题之后，教师要根据每个学生的兴趣爱好、学习经验与能力，引导组建探究共同体（community of inquiry）或小组并进行合理的分工。

一、探究小组的组建是基础

考察探究鼓励学生以小组为单位开展合作学习，形成探究小组，这是选题环节结束之后要做的最重要工作。探究小组的组建包括成员招募、角色分配、职责明晰、任务分工等内容，能否高质量地确定好这些内容将决定小组成员的积极性是否能够被调动、各自的力量是否能够得到发挥，也将直接决定探究的问题最终能否解决。

（一）组建小组的基本原则

1. 尊重学生个人意愿

尊重学生的意愿是探究小组组建的前提条件。如果只是从教师角度

[1] 高振宇：《综合实践活动课程之“考察探究”：内涵、价值与实施》，《基础教育课程》2017 年第 23 期。

出发，提前要求或指令学生参与某课题的研究，或者提前安排好各个小组，其效果都有可能适得其反。因为如果有内部问题重重的小组存在，而没有机会按照学生意愿进行重组，那么该小组的探究活动就会持续受到不利影响，小组内的成员发展也会受到限制。只有学生根据自己的意愿主动与其他同学联合，只有在学生自己主动组建小组的情况下，他们才会以更加积极自觉的态度投入考察探究的活动之中，也才会由衷地感觉到考察探究是属于他们自己的综合实践活动课程，而不是教师的课程。

2. 确保小组人数适宜

探究小组的人数不宜过多，也不宜过少，一般以 4—6 人为宜。人数过多会造成“大锅饭”“搭便车”的现象，内部必会产生有些人不做事、滥竽充数的情况，也更容易出现互相依赖、互相推卸责任的现象，导致无法充分形成合力。此外，人数过多还会导致沟通成本过高，比如要确定角色及其分工、解决某个细节问题等，都需要内部讨论，而若要将民主的原则贯彻到底，就势必要征询每一个人的意见，进行多次充分沟通，这就会增加决策的时间，导致探究效率低下。人数过少也会存在问题，如缺乏足够智慧的贡献，缺乏有足够能力的人来完成任务等。因此保障人数的适宜性非常重要，如果全班人数较多，宁可分成更多的小组，并确保每组人数相对统一。当然，这个过程中教师的调控至关重要，同时也必须要充分尊重学生对加入某个探究小组的意愿。

3. 保障小组结构合理

由于不同学生在知识与能力基础、生活经验乃至于性别、民族、地域、离学校远近等方面都存在不同，因此能否充分考虑和整合这些差异，将直接决定探究小组的效能。通常在考察探究的小组中，主张用尽可能异质的成员作为组建的基础，这样可以确保不同成员之间的力量可以互补。完全的同质现象是不存在的，但是若本组内成员共同点过多，差异不够鲜明，就会很容易出现探究过程止步不前、互相推诿等现象。当然，异质的程度是有界限的，不能将一些差异过大的成员安排到同一个小组内，以免出现内部不和谐的现象。所以要保障小组结构合理并不容易，教师须对各个学生的情况有比较清楚的了解，知晓他们的个性特点能力经验和其他背景，才便于对探究小组的组建进行科学的干预与调整。

（二）组建小组的方法

探究小组是全体成员因着共同的使命和共同的愿景一起学习的组织，小组中的成员共同分享学习的兴趣，并寻找出通向知识的旅程和理解世界运作的方式，朝着相同的目标相互作用和共同参与。[1] 探究小组组建的形式是多样的，通常来说包括以下三类，教师可以根据需要进行统筹安排与协助。

1.“志趣相投”型

这类团队组建的特点是组内成员的兴趣、志向基本相似，都希望能参与到同一个或类似课题的考察探究活动之中，因此自愿组合到一起。这种小组因上述相似性的存在，在沟通成本上就会相对较低，每个成员的积极性又都比较高，因此比较容易推动考察探究的进行。这种类型的探究小组是所有类型中最基础、最主要的，因为其他类型的小组也多少要考虑成员的志趣。

2.“距离就近”型

这类团队组建的前提是成员在物理空间或心理空间上的相近和熟悉度。比如成员们都住在同一个社区或邻近社区，方便未来在进行考察探究活动时可以一起走进现场开展活动，也便于经常互动和交流。又比如成员彼此之间本来就非常熟悉，心理距离很小，各自的性格习惯和学习情况都极为了解，且在生活中就有合作的基础，因此自然地就会组合到一起，但这种组合较少会顾及成员是否对某个课题有特别的关切。

3.“组长聘任”型

由于考察探究不同于其他学科课程的学习方式，其挑战性更大，因

[1] John Retallick, Barry Cocklin, Kennece Coombe, *Learning Communities in Education: Issues, Strategies and contexts* (London; New York: Routledge, 1999).

此对小组的要求会比较高，而组长又是其中最为重要的成员。一个小组内若缺乏组织和管理比较强、又善于沟通协调的人担任组长，很有可能小组在实施探究行动时会遭遇更多困难。因此教师可事先制定探究小组的竞聘机制，选择出一些能力突出的学生，并安排到各个小组之内，以提高小组探究的效率。当然，也有一些学校可能会采取“组长包干制”，即在选定组长之后，由组长本人选择相应成员组建小组，教师再从旁统筹协调。这样的小组从管理上来说可能会更有效率，但也可能会出现组长过度强势、差异化观点被压制的情况。

二、小组成员分工是重点

小组成员确定之后，如何合理分工就成了关键。人员分工若不合理，就会造成探究效率低下和小组内人际关系的紧张，最终影响探究任务的完成。而且安排分工也是一项重要的技能，需要从小学低段开始逐步培养。

（一）小组成员分工的原则

1. 各角色权利与责任明确

小组成员分工的原则之一就是要在组内明确每个角色的权利与责任，如果权责不明晰，就会容易出现互相推诿扯皮的现象。一般每个小组都会设立小组长、记录员、汇报员等基础角色，多数角色都可以安排 1—2 名成员。如组长的职责主要是统筹协调各个成员的探究任务，总体推动探究活动的开展，切实处理好小组内成员之间的关系，并代表本小组与其他小组及指导教师进行沟通等，需要由领导素养较强的学生来担任。记录员则负责记录小组开展活动时的情况、搜集相关的资料等，通常由文字能力、速记能力较强的学生担任。汇报员则代表小组向班集体汇报探究的整体情况及所获得的结论，需要分配给那些口头表达能力较强的学生。另外还会因探究任务的需要，再分配其他角色。当然，每个人未必都只能担任一个角色，有能力的学生完全可以担任多个角色，而且随探究场景的变化，也需要随时更新角色。

2. 人人有事做，事事有人做

考察探究期望每个学生都能通过参与小组的活动而得到发展，因此每个成员都能有事可做是最基本的要求，而且学生投入得越多，其成长也就越明显。此外，整个探究过程中的任务必须进行分解，一小步一小步来完成，最终才可能解决最初的问题，而这每一小步的探究都需要由组内的成员接手并完成，否则就会影响探究的全局。

3. 扬长与补短相结合

考察探究不仅需要考虑“扬长”，即充分考虑小组内每个成员自身的优势及可能的贡献，才有可能确保以更高效的方式来完成探究的任务；而且也要同时考虑“补短”，这是因为成员们的优势有时未必那么明显，而为了确保有些探究任务的达成，就必须要有人去做，不能因为成员不擅长就放弃某个探究任务。当然这个过程中需要协调到底由哪一个愿意挑战自己的成员来“补短”，甚至也可以多个人来共同完成这项有一定难度的任务。

（二）小组成员分工的注意事项

1. 关注组长产生的方式

组长的人选是组内分工的核心问题，一个小组若缺乏能力强、有责任心的组长，就会对探究活动的开展产生不利影响。组长的产生可以采取指导教师推荐、个人竞聘、组内推选等多种方式进行。其中最常见的方式是组内推选，这是在充分尊重学生意愿基础上的民主方式。当然，教师推选以及个人竞聘的方式，可能会产生更有能力的组长，但也要尽可能考虑组内成员的意愿。

2. 关注人员分工的合理性

这里的合理性一方面体现在小组的探究任务到底真正需要哪些角色，每个角色的实质任务是否明确充分。有些时候虽然产生了某个角色，但其任务可能会过于简单而显得没有必要，也有些角色可能承担任务过多而导致成员心里不平衡，为此需要充分考虑探究任务的需要以及角色职责的均衡。另一方面则要考虑某个角色与实际承担人是否真正匹配，有时候某个成员虽然愿意主动承担某个角色，但他未必能真正胜任；还有时候虽然某个成员从开始时大家公认最适合承担某项任务，但具体实施过程中却出现了比较多的问题。因此在这些情况下，都需要根据情况进行角色的动态评估和调整，才能充分保障探究活动有序进行。

3. 聚焦问题解决的成员分工

考察探究过程中，所分配的角色通常是静态的、常规的，如组长、记录员、汇报员等确实是每个小组都需要的，因而也有相对明确的任务要求。但也有一些角色须结合课题探究的实际需要而设计并安排，不能简单地套用其他类型课题中的角色。甚至随着探究的进行，会有一些新的角色产生，也可能会删除一些旧的任务，因此就要重新分配成员任务，以便于推进问题的解决。

表 3–1–1　小组成员分工表

探究课题			
成员	联系方式	个人特长	任务分工
组长			
成员 1			
成员 2			
……			
指导老师			
可能出现的问题和对策			

第二节 探究假设的提出

假设（hypothesis）是根据一定的科学知识和科学事实对所研究问题的规律或原因做出的一种推测性论断和假定性解释，是在进行研究之前预先设想的、暂定的理论。对各种问题或现象所做的尚待证明的初步解释都属于假设的性质。[1] 在考察探究中，假设是指学生对所研究课题可能得出结论的一种预判，比如判断某种现象的原因可能是什么、解决某个困难的方法或方案是什么、可以采取什么样的措施等等。这些假设是学生根据初步掌握的资料或信息以及对所探究课题的初步了解而进行的猜想，会对学生探究计划的制订和探究行动的开展产生比较直接的影响。由于这些假设是初步的，因而它们会在实施过程中得到修正、完善、否定或发展。

一、探究假设的类型

探究假设的类型有很多，可以依据不同的标准对探究假设进行分类。

（一）按探究假设的形成分类

1. 归纳假设（Inductive Hypothesis）

归纳假设是由个别到一般的推理方法，是人们通过对一些个别经验或具体事实材料的观察、探究得到启示进而概括、推论出普遍定律的假设。在归纳假设中，学生对最终的一般性结论事先并不知道，只是发现一些具体情况中有这样的规律可循，于是期望通过观察更多的具体事例来验证这种一般性结论是否存在。例如，一群学生想要探究影子是否会随着太阳的位置变化而有长短的变化，其假设是这种变化是存在的，太阳刚出来和即将落山的时候影子最长，而太阳在正午的时候影子最短，

[1] 裴娣娜：《教育研究方法导论》，安徽教育出版社，2004，第 104–105 页。

所以他们在接下来的活动中想要对不同物体和人的影子进行探究，尝试对这种假设进行验证。

2. 演绎假设（Deductive Hypothesis）

演绎假设是由一般到特殊的推理方法。它是从某个科学理论或一般性陈述、总体规律出发，对某个未曾探究过的具体现象或事物进行判断，从而得出新结论的假设。在演绎假设中，学生已经掌握了某个一般性规律，他们想要基于这个规律对某个未知的相关事物进行探究，以期了解此事物的性质或其他情况。例如，一个探究小组想要围绕热胀冷缩的课题，对“矿泉水会不会热胀冷缩”这个问题进行研究。他们已经在科学课上知道了绝大多数物质都有热胀冷缩的反应，所以他们假设矿泉水也是会热胀冷缩的，并想通过接下来的探究活动去证明这个假设是否成立。

3. 实验假设（Experimental Hypothesis）

实验假设是在实验之前对探究对象做出的一种推测性论断或假定性解释，是暂定的结论，反映的是变量之间的可能关系，是一种非常明确的可验证的假设。例如，某个学生小组想要探究教室里设置的图书角是否会促使大家养成更好的阅读习惯，他们的假设是图书角的设置是有助于同学养成好的阅读习惯的，于是他们想通过观察、访谈等方式去对这个假设进行验证。

（二）按探究假设的性质分类

1. 描述性假设（Descriptive Hypothesis）

描述性假设是关于事物是什么（What）和怎么做（How）的假设，着重描述事物的性质、结构、现状及运作方式，是关于事物外部表象的假设。这类假设在考察探究类综合实践活动中是最为常见的，学生一般都会首先对现状进行描述，而后才会去解决别的更深层次的问题。比如探究眼睛的构造、班级同学近视的情况、父母与孩子平时交流的情况、家乡特色有哪些、传统节日是怎么过的、体质健康状况调查、使用电子设备的现状调查、社区（村镇）安全问题等等，学生都会对这类课题提出相应的描述性假设，并以此来预判可能的特点、方法或现状。

2. 解释性假设（Interpretative Hypothesis）

解释性假设是揭示事物的内部联系，指出现象背后的本质，解释事物原因（Why）的一种更复杂假设。这类假设在中小学的考察探究活动中是比较常见的，因为学生通常都希望去探究某个现象背后的原因，想要知其所以然，一般不会只停留于现状的描述。比如在"节约调查与行动"这个课题中，学生不仅会调查节约的现状，也会对这些现状背后的原因提出假设，而后通过探究来验证这种假设，从而得出相对可靠的结论。

3. 预测性假设（Predictive Hypothesis）

预测性假设是对事物未来的发展趋势进行预测和判断的假设，它是基于对现实情况进行初步判断和了解，得出基本规律之后所做的前瞻性预测，是思维层次比较高的一种假设。比如有一个学生小组围绕"垃圾分类"的课题，其中一个问题涉及对垃圾分类之后社区环境改善的探究，由于社区居民才刚刚开始接触垃圾分类，还未养成这种习惯，因此对社区环境是否改善的探究便具有远期的预测性，探究小组需要就现实中的一些初期效果来判断未来的总体趋势。

二、优质探究假设的特点

学生需要将探究假设写在探究记录表上，年龄小的探究小组可以用口头来汇报自己的假设，教师和其他小组可以就此对假设的品质做出判断。而判断一个探究假设质量的标准有很多，一般来说，优质的探究假设可能具有以下几个基本特点：

一是简明性。探究假设牵扯到核心概念、可能的探究结论、事物之间相互关系、事物原因或现状等的说明，因此学生在遣词造句时必须要尽可能谨慎。优质的探究假设必然是用语精炼且内容清晰的，因为假设相当于是某个预判性的结论，假设越清晰简明，就越有助于小组在探究过程中进行验证。用词过多可能会导致语意表达不清、关系混乱，从而影响后期的探究活动。

二是合理性。虽然探究假设是有待验证的，但并不意味着学生可以无中生有地提出假设，因为那样的假设可能会无法验证，也就无法真正指导探究活动的开展。所以优质的假设必然是学生们依据一定的知识和经验，并在对所探究的对象有一定了解的基础上提出来的，也就是这样的假设必定是有一定根据和合理性的。

三是预测性。探究假设本身是合理性和预测性、确定性和不确定性的统一。探究假设是在不完全或不充分的经验事实和知识背景基础上推导出来的，是有待实践验证的，因而具有一定的预测性或不确定性。

四是可验证性。探究假设必须是可验证的，因为它需要落实到探究的行动之中，为行动本身指明方向，如果它是不可验证的，那么它既不具有合理性，也会缺乏存在的意义。可验证恰恰说明了探究假设是有现实根据的而不是主观臆测而来的，否则，它就只能在某人的脑海中推断而无法通过探究行动来考证了。

五是新颖性。如果学生所做出的假设是在一般渠道上（比如网络上、教材中等等）可以轻松查到的，或者是学生依据已有经验可以直接判断出正误的，并不需要学生花费一段较长时间进行验证的，那么这样的假设可能就缺乏可探究的价值，因为它缺乏应有的新颖性。但是这里的新颖性并不是说学生一定要提出创新性特别高的假设，来挑战某些已有的理论或知识，而是相对于探究小组来说具有一定新意或深度的假设。

三、探究假设形成的过程

在“让孔明灯升起来”的探究活动中，有的孔明灯能高升，有的则无法施放。在初期体验和观察的基础上，学生发现孔明灯的结构、材料等方面存在着重要区别，同时发现不同的天气状况也影响着孔明灯的施放效果。加上后期在网上的查询，他们提出假设，认为孔明灯的结构、材料、天气状况等都是影响孔明灯升空的重要因素。

探究假设的形成是从观察发现到理论发现的中介环节，一般要经过三个阶段：

一是提出探究问题。在对日常生活、社会生活、自然生活等进行体验的基础上，围绕感兴趣的现象提出待探究的问题并转化为课题。一个课题虽然主要指向某个大问题，但也可以拆分为数个小问题，而假设不仅可以指向大问题，也可以指向小问题。案例中，有的孔明灯能升起来，有的则不能，这些现象促使学生思考背后的原因到底是什么，这些就构成了该课题最核心的问题。

二是形成初步假设。问题提出来之后，教师宜指导学生建立“问题”与“出路”之间的关系，即提出初步的假设。案例中的学生在初步体验和观察的基础上，了解到孔明灯的材料、工艺结构等存在差别，在简单考察了天气因素后，提出试验性的假设，即孔明灯自身的情况及天气等外部因素，可能是影响其能否升空的关键因素，而要使孔明灯成功升空，就必须要妥善处理好这些因素。

三是完善探究假设。学生通过初期的经验、体验与知识，形成了初步的假设，但这个假设能否推动整个探究向前发展仍然是一个疑问，如果学生咨询相关专家或通过专业文献查询，从而为假设寻找到一些更可靠的依据或支撑，从而完善假设，则更能使假设发挥应有的作用。

第三节　探究过程的设计

学生在选定问题并转化为课题之后，组织探究小组并安排好分工，而后提出探究的假设，接下来的一个重要工作就是进行探究过程的设计，即进行考察探究活动的整体规划。通常情况下，小组组建、角色分工、假设提出都会包括在过程设计之中，作为计划制订环节的一部分。为了使计划更为顺利，如果能够把那些环节提前设想好，则会更有利于考察探究活动的推进。制订计划本身对学生而言是一个重要的思维锻炼契机，尤其是整体思维和统筹全局的能力，越小的学生在这方面可能越需要发展。制订计划是为了让整个探究有相对明确的方向。但很多学校在实施的过程中，并不重视这个环节，而是在选题之后直接就去探究了。在高等院校研究生的论文写作过程中，开题报告不仅仅是提出自己的研究意向或主题，也包括提出自己的研究计划。而在儿童青少年进行考察探究的过程中，也很有必要提前制订可能的计划，否则到了现场就容易混乱一片，整个过程也会因为缺乏组织而被草率处理，考察探究活动对学生发展的意义就会大打折扣。因此探究过程的设计非常关键。

一、探究过程设计的教学指导

《指导纲要》提出了考察探究的关键要素，包括发现并提出问题；提出假设，选择方法，研制工具；获取证据；提出解释或观念；交流、评价探究成果；反思和改进等。关键要素的提出旨在引导学生按照一定的流程去进行探究，流程中的每一个要素都会涉及一系列细小的工作，既需要教师耐心指导，也需要学生在过程中学习、发展和创造。虽然整体的流程是相对确定的，但在不同类型的考察探究活动中，其具体的表述和操作过程可能会有所不同，有的学校也曾提出简化的路径，把其中的几个环节合并到一起，比如变成“选题—实施—评价”三个环节等。比较容易被忽略的是要求学生在过程中获取证据、提出解释或观念，以及在最后进行反思和改进，其他环节则在一般情况下都会包括。

“绿水青山就是金山银山”，是全社会建设“美丽中国”的共识。某校八年级拟组织开展以“美在身边”为主题的综合实践活动，在考察探究方案指导中老师确定了活动指导目标：

1. 根据视频材料所提供的信息，发现身边的美；

2. 通过讨论，确定小组探究的主题，制订考察探究方案；

3. 分享、交流，完善方案，发展合作学习的意识。

在现实情境中，考察探究活动方案的设计既可以用一节课中的某个时段来进行专门的指导，也可以在整个初期的考察探究活动中逐步进行，未必一定要安排某个特殊的阶段。当然，探究过程的方案需要在具体实施的过程中不断完善，所以这个设计可能是贯穿整个考察探究过程的，教师也相应需要有长期指导的准备，比如需要有“切片指导”的应变能力。所谓切片指导，就是根据学生需求优先的原则，合情合理地分割“活动方案”的相关内容，实施多课时、多阶段的针对性指导。对考察探究活动熟悉的学生，可以加强在探究内容和方法等方面的指导，使相关内容的呈现和思路更加清晰。而对于基础比较薄弱的学生，则需要循序渐进，适度控制活动指导的容量和难度，否则就会影响学生探究的积极性。

探究过程的设计是一项相对复杂的工作，学生不一定在短期内能完成，如果对于中后期活动的预判缺乏经验，则有赖于教师更及时的指导。对于刚接触考察探究的学生而言，教师指导探究过程设计时，可以将以往的案例呈现给学生，并分析出基本元素及其撰写方式，使学生有“临摹”的对象，然后再进行小组内交流。对有一定基础的学生而言，需要从探究过程整体设计的角度，有重点地组织指导，看看学生还在哪个方面有疑惑，从而提升其整体规划的能力。

一般而言，探究过程整体设计的内容包括以下七个方面：

①从生活中发现并提出问题，转化为考察探究的课题；②建立探究小组，明确目的与假设，以及小组成员的职责分工；③确定考察探究的基本内容；④根据探究内容、探究假设的需要，确定探究的主要方法，开发和准备探究的工具；⑤整体规划不同阶段的具体步骤，设计、安排探究的时间、场所；⑥制订探究活动的预案，包括安全预案、临时问题的解决预案；⑦预期探究的成果，展示交流的形式等。

表 3-3-1　________（主题）考察探究活动方案

<table>
<tr><td>探究主题</td><td colspan="2"></td></tr>
<tr><td>探究目的与假设</td><td colspan="2"></td></tr>
<tr><td>主要内容</td><td colspan="2">内容 1:________
内容 2:________
……</td></tr>
<tr><td>主要方法</td><td colspan="2">方法 1:________
方法 2:________
……</td></tr>
<tr><td rowspan="5">团队成员与分工</td><td colspan="2">组长:</td></tr>
<tr><td>成员姓名</td><td>任务分工</td></tr>
<tr><td>成员 1:</td><td></td></tr>
<tr><td>成员 2:</td><td></td></tr>
<tr><td>……</td><td></td></tr>
<tr><td>探究步骤与
时间安排</td><td colspan="2">第一阶段（启动）:________
第二阶段（实施）:________
第三阶段（总结）:________</td></tr>
<tr><td>指导教师</td><td colspan="2">拟聘请的校内指导老师:________
需聘请的技术指导老师:________</td></tr>
<tr><td>探究前期准备</td><td colspan="2">工具、器材:________
其他:________</td></tr>
<tr><td rowspan="4">困难预设与预案
（工具器材、经费、
时间、安全等）</td><td>可能的困难</td><td>问题解决预案</td></tr>
<tr><td></td><td></td></tr>
<tr><td></td><td></td></tr>
<tr><td></td><td></td></tr>
<tr><td>成果表达形式</td><td colspan="2"></td></tr>
</table>

二、探究过程设计指导的注意点

设计探究活动的过程是为了帮助学生厘清思路，解决接下来要怎么做的问题。在这个过程中，指导教师需要特别注意以下几点要求：

一是指导及时跟进。在设计整个探究活动时，学生总是会出现各种各样的问题，尤其是对那些还缺乏探究设计经验的学生来说更是如此。比如探究任务设计得过多、过大，可能在现实中完全无法实施或忙不过来；有些探究任务需要特殊的资源，可是这种资源很难寻找；探究的准备工作不充分；探究的时间安排不合理；等等。这些都需要教师根据每个小组的实际情况进行及时跟进和指导。

二是要知其然更要知其所以然。教师在指导时，往往更重视具体元素（如探究的步骤、内容和方法等）的设计，却容易忽视这些元素与整体目的之间的关系，也容易忽视这些元素之所以这么设计的原因。所以，教师在指导过程中不仅要让学生明确“做什么”，更要让学生明白“为什么要这样做”，以确保探究过程符合伦理道德、社会要求、资源限定、知识储备等，便于顺利推进探究活动。

三是多课时有侧重的指导方案设计。一个完整的考察探究方案是难以在某一课时内完成的，往往是多课时叠加和经验迭代的结果。因此，教师在教学指导过程中要根据学生的复杂需要，有侧重地选择相关内容进行有针对性的指导。条件允许的情况下，采取多课时的教学指导形式，逐步完善考察探究方案的设计。

第四节　探究方法的选择

“工欲善其事，必先利其器”，要想整体推进考察探究活动的开展，特别是要能够通过合适的方式收集与问题最相关的数据或资料，就必须要认真设计和选择不同的探究方法。此处的探究方法，不应当视为与高等院校做科研的方法相同，尽管有些方法在名称上是相似的，但是对中小学生的要求应该有所不同。有些正规科研所不能认同的方法，只要有助于中小学生去收集资料、体验探究的过程（比如实地考察或场馆参观法），也应在可能的情况下，纳入探究方法的行列之中。所以我们主张用“探究方法”而不是科研人员所熟悉的“研究方法”来作为本节标题。接下来我们将重点介绍几个常见的适合中小学生的探究方法。在正式介绍之前，我们想要补充说明的是，很多学校的教师习惯于采用演绎的策略，将这些方法用讲授的方式直接介绍给学生，然后让学生根据课题进行应用，但我们认为有关方法论的知识不宜直接灌输给学生，可以有重点地介绍几个要点，具体细节可以让学生自己在探究的过程中去体会、琢磨和反思。每种方法虽然有基本的套路，但是也有很多变式或模式的存在，不宜强求所有的探究小组都以一种模式去实践。学生通过考察探究而达到的目标，不仅在于解决问题，也在于掌握方法、发展思维。

一、观察法

观察法是探究者根据一定的探究目的、探究计划，利用自己的感官和辅助工具（如观察表、摄像机、录音笔、照相机等）来搜集资料的一种常见方法。观察法在学生的探究活动中用得最为普遍，基本上绝大多数的考察探究项目都会用到这种方法。

（一）观察的分类

1. 直接观察与间接观察

直接观察是指人们直接通过感官进行观察的方法。这是学生们最主要使用的一种观察方法，它的优点是直接、直观、便利，小组内的每个学生都可以利用自己的感官去观察所要探究的事或物，由于每个人的感官体验不同，因此所能获得的资料也会相当丰富，而且带给学生的体验感也会很强。尽管现实中这种直接观察往往只会用眼睛，但我们认为观察未必一定是眼睛的专属，耳朵、鼻子、嘴巴乃至于皮肤和整个身体，都可以被调动起来，如此学生们所获得的资料就会更加多元丰富。譬如我们曾经指导一个探究小组，其研究的课题是仙人掌，开始的时候大家都只是用眼睛去观察它，所得到的资料很有限，体验也不深刻。但之后我们建议学生用其他的感官去体验，于是在确保安全的前提下，他们用鼻子去闻、把仙人掌切开用嘴巴去品尝、用皮肤去感受它的刺等，如此学生们在探究过程中获得了更丰富的资料及体验。间接观察则是指借用辅助的仪器设备或工具来进行观察。这里的设备包括放大镜、照相机、摄像机、录音笔等常见工具，一般学生用得比较多的就是手机或照相机，前者可以包含多个功能。工具的利用既可以扩大观察的范围，也能更加精确地反映被观察事或物的本来面貌。例如学生借助放大镜观察蚂蚁的活动情况，就可以看得更清楚；拍摄视频也可以更加精准地记录当时所发生的事情。

2. 自然观察与实验观察

自然观察是指在自然的无干预的条件下，对事或物进行有目的、有计划的观察。这种观察能够直接反映客体的本来面目，例如对自然界中有关光、电等物理现象的观察。自然观察法在学生的考察探究项目中属于主流的观察法，可指向于自然、社会、自我等多个维度的课题。实验观察则是指根据一定的研究目的和科学理论，在人为干预、控制必要条件情况下所进行的观察。实验观察可以使被观察的对象重复出现，并且排除外界条件的各种干扰，使观察数据的获得更具有科学性，如物理化学实验室所进行的各种观察。实验观察通常只适用于那些具有较强科学性质的课题活动。但是学生在做实验时，未必会严格进行变量的控制，而通常只是采取实验的行动，如对植物进行切割解剖看其流出来的液体等，这样的实验观察，我们认为也属于适合学生的观察法。

3. 定性观察和定量观察

定性观察又称为质的观察，是指用语言或艺术的形式描述所观察对象的方法，例如观察食堂里排队的情况，既可用语言去描述具体情形，也可以用绘画的方式还原场景等。这种观察法是学生最常使用的。但通常探究小组会存在只安排少数善于语言记录的成员去进行观察的现象，这样可能不利于获得更丰富的资料，倘若在观察时所有参与活动的成员都能以自己的语言去描述，即便只是一两句，则既有利于让大家都能深度参与到活动之中，也有利于产生更多的探究资料。另外，质的观察在用语言描述时，须尽量用客观化的语言去描述事实，而不是用主观化的语言去做评判，否则就容易把事实与观点混淆起来。这其实也是一项非常重要的批判思考技能，需要孩子们在实践中去有意地发展。定量观察也称量的观察，要求用具体的数据来描述所发生的变化，例如测量叶片的长度、影子的长度等所得到的数据，观察人流量、车流量等所得到的数据等。用数据记录来观察在现实的考察探究课题中并不多见，但是如果学生能够在教师的指导下用量的方式进行记录，则更有助于获得形象、直观、客观的资料。

4. 时间取样观察和事件取样观察

时间取样观察法是指观察者在自然环境中，在预订的时间内对某一特定的行为或发生的事情进行观察，而后将观察到的结果记录到事先拟定的观察记录表上。这种方法可以用来探究某一特定的行为是否会出现或发生，出现或发生的频率，出现或发生的持续时间等等。该方法通常适用于那些某个行为出现频率相对较高的现象，比如记录学生在学习时某个小动作出现的时间、持续的时间、频率等。事件取样观察法则是指对预先要探究的特定事件或行为或语言在自然条件下所进行的观察，它要求探究者明确所要探究的某个外显的行为或事件，也可以对多种行为进行观察，对每一种行为进行记号标识，并将它们记录在表上。这两种观察法在中小学的实际应用中并不多见，至少这样的表达很少提，但从学生探究的可行性来看，它们其实都可以用到现实的课题之中。

（二）观察法的基本步骤

1. 明确问题，确定观察对象

观察对象的选择源自所要探究的问题，一定的问题直接决定到底要观察哪个事或物，以及具体要观察哪些维度、哪些方面。因为观察法总是服务于一定的探究目的，所观察的对象往往有较多的方面可供观察，如果没有方向地观察，就会获得大量无用的资料，无助于问题的解决。例如，学生要探究“校园里的桂花”，就需要考虑观察桂花的哪些方面，是观察它的生长过程，还是观察桂花的形状、颜色等，这就取决于学生们到底想要探究什么。当然，在这个课题里学生们可以分步骤观察，首先进行静态观察，然后再考察其动态的生长过程。

2. 制订观察计划

为了确保观察活动能有条不紊地进行，在观察之前应该要制订相对明确的观察计划。在观察计划中要明确指出观察目的、范围、观察的次数、每次观察的时间及地点、制订哪些观察记录表格以及填写的要求等。观察计划制订得越详细，则越有助于观察法的实施。当然，学生探究小组还需要明确观察最好是所有成员都参与的工作，每个人既可以有不同的观察角度，也可以就同一个角度进行多人观察和记录。

3. 做好观察准备

观察准备是否充分，往往会影响观察的效果。只有做了周密的观察准备，才有可能获得尽可能准确多元的资料，以解决所探究的问题。一般常见的观察准备工作包括如下几个方面：

一是确定观察的具体内容。根据课题和探究计划的要求，将要观察的内容具体化，也就是将要观察的内容分成几个可以观察的项目。[1] 在做准备时，如果要使观察的内容非常具体且具有可操作性，则学生们需要对所观察的对象有比较充分的前期接触和了解，否则只能暂时提出几条

[1] 郭元祥、沈旎：《综合实践活动教师指导用书》（3–4 年级），山西科学技术出版社，2011，第 117 页。

观察项目，待进入现场之后调整和补充。

二是恰当选择观察方法。观察的方法因人而异，因课题而定。以上我们所提到的观察方法中，直接观察、自然观察和定性观察是一般学生小组中用的比较多的类型，是最主要的方法，但我们也主张让学生尽量把多种观察法运用在同一个课题中，以便获得尽可能多的资料或数据。

三是设计观察表格及记录方法。一般而言，多数的综合实践活动指导用书都会给教师们提供类似的观察记录表格，当然指导教师也可以根据学生们的需要帮助他们设计一些模板，然后让他们根据课题探究的需要来调整修改。观察表格的设计至关重要，即便是针对动植物的自然观察，也需要制订一些可记录资料或数据的表格，才能使探究过程中的重要信息能够被合理地保存下来。否则观察过后信息很快就会被遗忘，再回忆可能就会出现各种问题。记录的方法则一般有评等法、频数记录法、持续时间记录法、描述记录法等。

4. 按计划实施观察并做好记录

观察时要特别注意两点。第一，要选择尽可能好的观察位置，选择适宜的角度和光线以保证观察有效进行。第二，在观察的过程中，要注意看、听、问、想、记等多种行为互相配合，以达到最佳的观察效果，还要灵活运用摸、尝、闻等方式。另外，观察时要及时做好记录，以免遗忘观察结果。

5. 整理与分析观察资料

观察结束后，要对观察记录的各类资料进行整理和分析，为下一步得出探究结论等做好准备。首先，要把所有记录的材料详细地加以检查，看分类是否恰当。如有遗漏和错误，要设法补做记录并改正错误，以免时间久了，无法补充和修正。其次，所有材料整理好后，要进行通盘考虑。如果需要的材料还没有搜集到，那就要延长观察时间，直到所需材料基本齐全为止。最后，记录材料整理后，要对所有材料加以分析和说明，看从哪个方面对问题的解决做出了贡献，并以多种方式呈现观察的结果，以便为最后得出结论做好铺垫。

二、访谈法

访谈法是指通过与被访谈人的直接或间接地交谈来了解被访谈人的心理或行为的探究方法。这种方法在中小学的考察探究活动中也极为常见，特别是在社会探究的活动中。当然，在其他类别的探究活动中如果学生小组打算咨询专家意见，也可以被视为是访谈法的一种变式。

（一）访谈法的类型

根据标准的不同，访谈法可以分为很多类型，下面介绍的是常见的两类划分方法。

1. 个人访谈和小组访谈

根据受访人数的多少，访谈法可分为个人访谈和小组访谈。个人访谈是指对一个人的访谈小组访谈是指对一个小组的访谈。小组访谈有时又称焦点小组访谈或小组座谈法，即访谈人对一个目标群体进行自然的、无结构性的访谈，以获得他们对有关问题的看法。通常在中小学生的访谈法中，多以个人访谈为主，这也是学生相对来说能操作的一种访谈法。小组访谈对访谈人的主持要求比较高，学生需要经过比较严格的训练，才能够胜任这种方法。

2. 结构式、半结构式和非结构式访谈

按结构化程度或事先问题准备的程度，访谈法可以分为结构式访谈、半结构式访谈和非结构式访谈。结构式访谈又称标准化访谈，一般是按照统一设计、有比较完整结构的问卷（即访谈题目）所进行的访谈。非结构式访谈又称非标准化访谈，它是一种无控制访谈，事先没有统一问卷，甚至没有大概的线索，只是在与受访人的交流中试图寻找并捕捉问题解决所需的蛛丝马迹，而能否找到这样的线索则取决于访谈人自己对问题的敏感程度及对受访人的了解程度。处于中间状态的则是半结构式访谈，这种访谈可能会有几个规定性的比较粗的问题，同时在访谈中又

不受限于这些问题，甚至不一定会就这些问题来访谈，视具体访谈情况而定。在现实中，学生小组比较常采用的是结构式和半结构式的访谈，这两类访谈相对来说是他们能够把握且能确保获取有一定价值资料的方法。

（二）访谈法的基本步骤

访谈法可遵循一定的基本步骤，避免只凭主观印象或毫无目的地进行交谈。通常这些步骤是学生进行访谈时比较容易忽略的，特别是准备工作，往往一上来就找个目标对象进行访谈，简单做点记录，就结束了，这样的访谈对于问题的解决并没有太大的助益，也无法发挥此方法对学生发展的意义。所以教师在指导学生运用此方法时，可以在开始时提醒学生注意关键细节，也可以在实施过程中提供具体的指导。

1. 访谈前的准备

（1）访谈资料的准备。主要包括编制可能的访谈提纲、准备访谈工具（例如访谈记录表、录音笔、手机等）。这些资料要以方便携带和使用为宜，且如果要比较精确地誊写受访人的话语，则要尽可能选择高清录音设备，如比较好的录音笔等。

（2）访谈者的准备。一方面访谈者应努力发展访谈所需的相关技能，充分理解并熟悉访谈的目的及可能问题；另一方面访谈者要通过直接或间接的方法了解受访者的一些特点，使访谈顺利进行，例如了解受访者的性别、职业、年龄、兴趣、经历等。访谈前，访谈者还应注意给受访者留下一个好的印象，做到仪态端庄、举止稳重、口齿清晰、表达流畅。

（3）其他准备工作。例如选择访谈时间、访谈地点或场合，时间和地点都要以方便受访者为原则，同时也要考虑访谈者自身的情况。

2. 正式的访谈过程

（1）接触受访者。访谈的第一步是接触访谈对象，学生须注意称呼问题，对受访人要有礼貌、表示尊重，应向受访人介绍自己以及访谈的目的、主题，取得受访人的信任。受访人如果有事不方便或不愿意接受访谈，则访谈人不能强迫受访人回答问题，可以在表达感谢之后寻找下一位目标受访人。

（2）正式访谈。正式访谈可以按照预先设计好的访谈提纲进行，也可以无结构化地随机发挥。如果受访者的某个回答不清楚或无法理解时，可以进一步追问；如果对方的回答偏离了访谈的主题，访谈者要不断地引导到核心主题上来。在访谈过程中，访谈者及其伙伴要及时进行访谈记录，除了录音以外，也要用纸笔记录一些关键词和相关信息，以便后期整理和分析。

（3）结束访谈。访谈结束后，访谈者可以用感谢的语言作为结束语，以表达对受访者的感谢。例如："您的回答对我们的探究很有帮助，谢谢您的理解和配合……"

3. 访谈资料的整理与分析

整理访谈记录时要及时、全面。要将笔记与录音对照，加上回忆，逐字逐句地整理资料，最大限度地保证原汁原味。再根据课题探究的目的，对原始资料进行裁剪、整合，选择其中与问题解决最相关的部分，并按照所需信息的类别进行整合，而后对这些信息进行分析和解释。原始的访谈计划、访谈提纲、访谈记录等应有序地存放起来，作为过程评价所需的重要资料。

三、问卷调查法

问卷调查法，也称问卷法，是指让被调查者填写问卷的方式收集资料的一种探究方法，这里的问卷是指为调查和统计所用的、主要以设问形式表述问题的表格。问卷调查法的优点在于成本低、标准化、容易获得大样本的数据等，缺点是往往只能针对那些比较浅层次的表面性的问题，虽然量比较大，但质上没有访谈法来得丰厚深入。问卷调查法在中小学生的考察探究活动中有广泛应用，纲要主题推荐栏目中有大量涉及调查的主题，都会或多或少用到问卷调查法，如学习习惯调查、节约调查与行动、学校和社会中遵守规则情况调查、中学生体质健康状况调查、中学生使用电子设备的现状调查等等。随着互联网技术的发展，问卷调查也可采取网络调查的形式。如使用问卷星平台，可以使数据汇总和统计分析更加方便快捷，在中小学学生小组中也有初步的应用。

（一）问卷调查法的分类

1. 封闭型问卷调查法

封闭型问卷调查法也称结构式问卷调查法，指在调查中所用的问卷是高度结构化的，也就是说问卷中设计人会提出明确的问题，并在每个问题下面给出若干可供选择的答案，让被调查者选出其中的一个或若干个答案来回答。封闭型问卷给出了与问题解决相关的预设问题及其答案，有利于被调查者准确理解设计者的意图并按要求作答，也便于后续结果的统计和比较。但它的设计要求相对较高且有一定难度，填答方式比较单一，答案选项本身的质量取决于设计者的知识与能力水平以及对被调查事件或人群的了解情况，也难以发挥被调查者们的主观能动性。另外，被调查者容易随便作答，或者按照出题者可能的偏向去猜答案，降低真实度和可靠性。封闭型问卷主要有以下几种问题题型。

（1）判断题。通常是把问题的可能答案列为两种相矛盾的情况，请被调查者从中选择其一，以作出判断，如“同意”与“不同意”“是”与“否”等。但也有可能会有中间选项的出现，如“无法判断”“不知道”“看情况”等，以使答案更加周全。例如：

您赞成对不进行垃圾分类的行为进行处罚吗？

A. 赞成　　B. 不赞成　　C. 看情况

（2）选择题。每个问题背后罗列了多种答案，被调查者从中选择一个或多个可能的答案。例如：

您是通过什么途径了解垃圾分类相关的知识？（多选）

A. 电视　　B. 报纸　　C. 网络　　D. 亲人或朋友　　E. 其他

（3）等级式问题。问题的后面列出多个有层次的答案，让被调查者评判等级，这里的问题通常是指满意度、同意程度等等之类让被调查者有主观体验层级并做出判断的问题。例如：

您是否满意数学老师这次上的课？

A. 非常满意　B. 一般满意　C. 不太满意　D. 非常不满意

2. 开放型问卷调查法

开放型问卷调查法也称非结构性问卷调查法，它指的是使用开放型问卷的调查方法，在这一种类型的问卷中，问题的设置没有做严格的规定和预设，被调查者相对来说可以根据自身的实际情况和理解自由做出解答，因此此问卷中的题目基本为主观题。例如：

关于是否有必要在学校里倡导节约，您有什么想说的？

开放型问卷的优点是灵活性更强，有利于发挥被调查者的主动性和创造性，充分反映被访者的观点和态度，所获得的材料更加丰满和生动。但开放型问卷在整理分析时比较困难，容易出现变化过多、回答不准确的信息。同时，它要求被调查者有较强的文字表达能力，而且愿花较多时间填写。所以通常情况下学生探究小组不太会使用这种纯开放型问卷来做调查。

3. 综合型问卷调查法

综合型问卷调查法是指所用调查问卷中既包含封闭型问题，也包含开放型问题，并且为了实施的可能性起见，封闭型问题往往占主体，在有些封闭型问题的选项最后或者在整个问卷的最后，再添设一些开放型问题以作补充。前面已提到，因为问卷设计者未必能想到所有可能的答案，已经设计好的答案可能对于部分答卷者来说不一定适用，所以开辟一定的空间让被调查者自己填写答案，才能确保获得所需要的信息。因此，综合型问卷调查法可能是目前学生小组中用得最多的一种问卷调查法。例如：

您觉得目前生活中的食品安全吗？

A. 安全　B. 不安全

您觉得安全或不安全的理由是：________________________。

（二）问卷调查法的实施步骤

1. 明确调查课题，确定问卷类型

在设计调查问卷前，我们要根据考察探究的课题来确认问卷调查法实施的必要性及可能的注意事项，进而明确问卷设计的类型及任务分工。并非所有的调查都需要用到问卷，如果访谈几个关键人物就能了解事情的大概，就没有必要大范围收集问卷；如果所针对的群体很难发放问卷，即便设计出来了，也难以具体实施。

2. 根据探究需要，设计调查问卷

问卷的设计是整个调查法实施的关键，问卷中每个题目的设计都需要考量它与课题的内在联系，是不是必须要这么问，所设计的答案能不能有助于获得探究所需要了解的信息。为了让问卷能够更好地实施，也可以找几个被调查对象“试试水”，看看所问的问题以及答案是否有效，如果有问题则设计者需要在语言和选项上进行必要的调整。问卷题目的量不宜太多，我们曾经带着一群六年级的学生去探寻“在上海生活的外国人”，事先准备了两份问卷，一份是比较简单的一页，另一份比较复杂，有好几页，而事实情况是大多数人都不愿意填写那份页数比较多的问卷。问卷的设计无疑是一项重要的能力，学生需要在教师的指导下循序发展，逐步积累经验。

3. 做好相关准备，发放调查问卷

问卷发放的准备工作包括时间的安排、地点的选择、问卷打印份数、发放形式、回收形式等等。有的时候问卷发放可能会有多个地点和时间，就更需要探究小组分工安排。在发放问卷时，要为填写人准备好笔以及方便填写的硬纸板。如果是现场回收，则要在问卷填完之后感谢对方。所有填好的问卷需要进行整理并放到同一个档案袋中，以避免遗失。

4. 统计分析数据，撰写调查报告

在统计问卷结果时应明确调查问卷发放的总数、回收的总数以及有效问卷数、比率，确保统计数据的真实性和有效性。在分析调查数据时，通常使用表格的形式来呈现，小学生可以用诸如条形图、折线图、扇形图、饼状图等的形式直观地描述数据，初中生可以结合平均数、众数、中位数等数学学科的统计知识，高中生还可运用概率知识来描述数据，最后形成调查报告。

四、实验法

实验法是根据探究目的，在人为控制的实验室情境或自然条件下，借助专门仪器或其他手段对某个对象进行探究的方法。

（一）实验法的分类

根据控制情境的程度，可分为实验室实验法和自然实验法。

1. 实验室实验法

实验室实验法是指学生在实验室内，控制一定的条件，利用一定的仪器设备或材料而进行探究的方法。实验室实验法由于对各种因素进行了严格控制，并且利用仪器设备等来相对精确地测试和记录实验数据，所以一般而言有比较高的可信度，因此在心理学研究中广泛应用。而在中小学的考察探究活动中，由于相对来说比较缺乏这种实验室的条件，所以很少会用这种方式来进行精确的探究。但也不排除高年级学生在设计科学实验时借助学校内已有实验室开展探究的可能性。

2. 自然实验法

自然实验法是指在日常生活的自然条件下，有目的、有计划地创设或控制一定条件来进行探究的方法。自然实验法充分借助人的实际生活，同时兼具实验法和观察法的双重优点，能够较为准确多元地获取比较实用的数据或资料，因此是考察探究过程中比较常见的一种探究方法。比如前文提到的仙人掌课题探究小组，想要看看仙人掌内部是什么，是固态还是液态的，如果是液态的又会是什么样的等，所以就对仙人掌进行了解剖实验，来解决这些令人疑惑的问题。

（二）实验法的核心概念

1. 实验假设

实验假设是对实验结果的一种合理预期，即对实验问题的暂时性答案。例如，在“绿豆种子的发芽”实验中，“是什么影响了绿豆种子的发芽”，学生探究小组可以提出多种假设，例如“在阳光下种子发芽快”或“适宜的温度会使种子发芽快”等等，教师可以引导学生针对问题和这些假设设计相应的实验来搜集信息。

2. 自变量与因变量

自变量，又称实验变量，是指实验中由实验者所操纵、给定的因素或条件。因变量，也称反应变量，是指实验中由于实验变量而引起的变化和结果。自变量是原因，因变量是结果，实验中要设法使一个自变量对应于一个因变量。例如，在“绿豆种子的发芽”实验中，发芽情况是因变量；其他条件，如空气、阳光、温度、水等是可以调节、控制的，它们都是自变量。

（三）实验法的基本步骤

实验研究法的过程分为准备、实施、总结三个基本阶段，各个阶段的具体步骤如下。

1. 计划准备阶段

计划准备阶段可按照这样的要求进行：选择实验问题→决定实验形式→选定实验对象→选定实验因子→确定实验时间→准备测量器材→制订实验计划。[1] 这个阶段的主要内容是思考并提出问题，拟定可能的假设，设计完整的实验方案，明确实验方法及基本步骤，做好相关实验准备。如果是实验室实验法，就要把实验室的设备都准备齐全，并且最好也能使被试者提前熟悉一下实验室环境，以便实验法得到最理想的实施。

---

[1] 郭元祥、沈旎：《综合实践活动教师指导用书》（5—6 年级），山西科学技术出版社，2011，第 27 页。

2. 具体实施阶段

具体实施阶段可按如下顺序进行：按实验计划进行实验→采取措施控制实验→记录实验的数据和资料等。[1]实验实施时，实验者需要把实验的整个过程尽可能详细地记录下来，必要时写出实验日记，供整理时参考。这个过程如果不加以记录的话，就无法充分发挥实验法的优势，来获取尽可能完整科学的信息，所以最好做实验者和记录者能够分工合作，做实验的学生可以采取出声思考的方式，以便记录人能够把思维的过程也记录出来，这对于事后的分析极为重要，也可以显示考察探究实施过程中学生思维的发展情况。

3. 分析总结阶段

分析总结阶段可遵循如下顺序推进：即分析处理实验数据→确定误差范围→检验实验假设→得出科学结论。[2]总结阶段的主要任务是分析实验数据，解释实验结果，完成实验报告和汇报实验结果。通常中小学的考察探究活动中不涉及确定误差等较复杂的环节，其他环节则一般都会进行，但具体执行情况一方面须有教师的监督或指导，另一方面也需要学生小组自己体验与调整。

五、其他探究方法

（一）文献法

文献法主要是指搜集、整理各种渠道的文献资料，并通过对文献的分析探究形成对某个问题之认识的一种方法。文献法几乎是每个考察探究课题必然会使用的方法，尤其是互联网时代，学生通常首先就会上网去查询资料。但是文献法也很容易成为有些小组探究的唯一方法，毕竟互联网上的解答有时是如此详细，有些学生可能认为自己照抄下来就把

---

[1] 郭元祥、沈旎：《综合实践活动教师指导用书》（5—6 年级），山西科学技术出版社，2011，第 27 页。

[2] 同上。

问题解决了，不需要自己再去实地探索了，因此对文献法的使用教师须引导学生慎用、巧用，防止滥用。教师应鼓励学生更多地走进现场去了解真实情况，而不单纯去查找文献来获得非常间接的、可能不准确的信息。当然，文献法的使用对于后续探索的开展是有一定方向指引作用的，因此也不应决然排除。文献法的实施过程包括三个基本步骤：

一是文献搜索。文献来源的渠道有很多，主要有图书馆、档案馆、博物馆、社会、专家和互联网等，其中互联网是最主要的途径，但教师应指引学生扩展文献来源的渠道，主动通过查阅纸质书籍和走访专家来获得相对可靠的信息。

二是摘录信息。即从检索出来的文献中摘取并记录与研究课题有关的信息的过程。在截取和摘录的过程中，切忌随意地、未加思考地摘录，特别是连自己也不能理解或解释的文字；同时在摘录时，应尽可能选择相对权威的渠道，特别是互联网内的信息渠道来源过多，尤其要注意信息需来自主流网站及科研资料，而不是某些人随意发表的言论；在摘录下来之后，学生须加上每一部分信息的来源网址或其他索引信息，以便能在未来的报告中明确区分其与学生自己的观点。

三是文献分析与总结。文献分析是一个去粗取精、去伪存真的加工过程，保留与探究课题密切相关的资料，并进行鉴别、评价及整合。原则上来说，文献的数量越多越好，但是学生应考虑自己的能力和时间，选择最紧要、最相关的资料来进行分析。分析这些文献时，既可以用量的方式进行统计呈现，也可以用质的方式汇总观点，最后得出一定的结论。

（二）实地考察法

实地考察法是指为明白一个事物的真相或了解实地的情况，走进现场进行直接观察、走访和调查，进而得出相关结论的方法。实地考察法可能会涉及学生的安全问题，如果这个实地是在校外的话，此时指导教师须确保学生在探究时有成人的陪同或有其他安全保障条件。由于实地考察有机会让学生进入到现场而产生直观的、真实的体验，因而深受学生欢迎。实地考察法也能因获得第一手的资料，而对于课题的开展具有非常重要的意义。但是在现实中，教师往往会因为复杂性和安全性的考虑，而不太会推荐学生采用这种方法。不过在教育部的主题推荐中，却有不少考察探究的课题（如家乡生态环境考察、我看家乡新变化、家乡特产的调查与推介等）是要学生采用实地考察法的，考察探究中的“考察”二字，就在于表明学生出门考察是值得提倡的，纲要中明确提到的研学旅行，也属于典型的实地考察。实地考察法在实施时，须注意如下细节问题：

一是要明确实地考察的目的及计划。为什么要进行考察、具体考察什么、考察时要注意什么等，都是实地考察法实施之前必须要思考的。否则容易以为实地考察就是去“旅游”或“旅行”，而忘记了此行的主要目的是学习、探究以及搜集解决问题的信息。实地考察方案的适当设计也是必要的，这个方案尤其涉及安全保障、人员分工、具体做的事情等细节，可便于探究活动的顺利进行。

二是要注意了解事物的总体与局部。在一般考察总体的基础上，重点考察有代表性的局部。没有重点考察，总体考察就会显得过于宽泛，就如同走马观花走到哪里是哪里一样，所考察的信息往往也就是浮光掠影，难以对问题的解决产生实质性的帮助；而光有个别的重点考察没有总体考察，印象便又会变得支离破碎，因此要将对重点内容的考察记录放在整体的背景和情境中来进行分析。

三是要注意边考察，边分析，边记录。所谓“考察”，就是思考与观察。在考察过程中，要随时对自己观察到的现象进行思考与分析，努力把握住考察对象的基本特点，如有疑问应随时请教场景中的相关人士。考察报告是一种说明性的文章，它要求对事物的说明具有准确性，因此在考察过程中，对一些能够具体说明事物的材料要做必要的记录。实地考察很容易沦为“随便走走”“随便看看”而缺乏记录，这就难以发挥实地考察的真实作用，因此准备笔记本、手机、照相机等设备材料进行记录就显得极为重要。

四是要注意运用多种方法来考察。要在实际场景中获得尽可能完整的信息，仅仅应用一种方法可能并不够，因此在实地考察法实施的过程中，学生可以同时启用其他方法来配合，比如对实地的人进行采访，对实地的植物进行观察或实验等等。因此，实地考察过程中，既需要进行多角度考察，也需要配合其他方法来进行考察，如此才能充分发挥来实地探究的价值。

第五节　探究工具的开发与准备

此处的探究工具指的是为考察探究所服务的，旨在帮助作为探究者的中小学生进入现场、开展资料搜集和分析等活动的种种材料、设备或其他有用的资源。在传统的考察探究活动中，学生经常容易忽视探究工具准备问题，往往以为到了实施过程中可以再临时准备，其实这是一个误区。探究工具准备得越充分，则探究工作就越能顺利展开。如果缺乏合适的工具，就需要提早开发，否则就会影响后续工作按计划进行。

一、通用探究工具的开发与准备

通用探究工具指的是大多数考察探究活动都需要用到工具，通常包括探究过程需用到的探究计划表、活动记录表以及为后续过程评价之用的档案袋等。

（一）探究计划表

探究计划表或探究方案的具体内容已经在前文讨论过，这样的表格或方案应该是作为学生开展探究活动所需的最重要工具之一。因为学生在探究过程中，需要不断回到计划中看看到底要解决什么问题、接下来该怎么做等，也需要在这个过程中，不断调整原来的方案。根据这个计划表，学生才能从全局和整体出发审视自己正在从事的探究活动。探究计划表最好人手一份，以便每个人在分头探究时都能有所参考。

（二）活动记录表

在开展考察探究活动的过程中，学生需要对各种探究活动进行记录，才能够保存过程中的各种有效信息或数据，以便为下一步的分析和总结提供足够丰富的素材。否则如果只凭印象分析和思考，则所得结论必然缺乏可信度。活动记录表会因具体活动的类别而有所不同，如确定选题活动时可以设计和发放选题记录单，在进入现场之后需要用到与各类探究方法有关的记录表等。

（三）档案袋

考察探究的评价主张采用“自我参照”标准，倡导对学生进行反思性评价和过程评价，而档案袋则是开展这类质性评价的主要工具。教师需要为每个小组准备好一定规格的档案袋，以便使学生有机会将探究过程中探究计划表、选题记录单、各类活动记录表、相关照片或其他材料等都装入档案袋中，以便后期进行综合分析与处理，既有助于开展评价工作，也能够确保所有相关的探究资料都能使用上，以得出尽可能准确的结论。

二、特定探究工具的开发与准备

特定探究工具是指学生采用一定探究方法（如观察法、访谈法、实验法等）时所需要使用的专属工具。每种探究方法的探究对象、场所、时间和程序不同，因此在工具的选用上会有共性和差异，如果身边缺乏相应的工具，就需要适时地开发。

（一）观察法所需工具

在进行观察活动时，为了提高感官的灵敏度，我们有时需要借助一些辅助的工具，如放大镜、显微镜等，使观察更为深入。另外，还需要准备必要的记录工具，如纸、笔、照相器材等，以便观察时进行记录。

（二）访谈法所需工具

如果采用结构化访谈法或半结构化访谈法的话，学生首先应根据课题的目的设计好必要的访谈提纲。对于结构化的访谈，学生也可事先设计好各种可能的回答卡，以便在询问时，受访人可以选择相关的提示语或参考答案。另外，还需要准备必要的记录工具如纸、笔、录音笔等，方便访谈结束后进行资料誊写与整理。

（三）问卷调查法所需工具

在进行问卷调查前，探究者首先应根据调查的目的设计一份完整的调查问卷，这是最重要的工具。要根据调查对象的多少，提前准备好相应数量的问卷。问卷调查结束后，学生可以借助 Excel、SPSS 等工具对调查数据进行统计与分析，所以这些电子工具也需提前准备就绪。另外，问卷填写过程中，笔也要多准备几支，最好能够有一个方便填写问卷的厚夹板。

（四）实验法所需工具

在应用实验法的过程中，探究者需要对因变量做多次测量，因此，必须确定因变量测量的指标并准备好测量相关的种种工具，例如测试卷、观察表、实验器材等等。测试卷可以选用已有的参考样卷，也可以自主开发；实验器材则可在指导教师的帮助下向学校借用，也可向其他有关人士借用。

表 3–5–1 ________________（小组）考察探究活动准备情况表

小组名称			
小组成员及准备工作分工	小组成员	准备工作内容	核实人
	成员 1	准备 1	
	成员 2	准备 2	
	……	……	
目的地信息整理			
活动材料工具准备			
日常生活用品准备			
心理准备			
准备工作核实确认			

第四章

考察探究的实施与行动

走进现场开展探究活动、搜集和整理探究资料，无疑是整个考察探究活动的中心。学生首先要根据课题研究需要及可行性选择并确定探究现场，采取适合现场的探究方法，合理有序地开展各类实践活动，并做好活动记录和资料的分类整理工作。考察探究通常需要获取文字与数据资料、图片与视频资料、实物资料等，多采用文字、表格等方法来记录。而后需要对这些探究资料进行筛选、编码、分类和增补，在此基础上进行计算分析、图表分析、主题分析和内容分析，以及进行合理的内部优化与整合。

第一节　现场工作的开展

考察探究必须走进现场，没有走进现场，就会使整个探究的工作局限于课堂之中，模糊综合实践活动课程与其他学科课程之间的边界，也就难以发挥综合实践活动课程对学生发展的优势作用。如果没有现场工作，即便课堂内有探究的发生，也容易使文献阅读（在新的时代下可能会演变为互联网检索）成为唯一的探究途径与方法，失去让学生与现场中的自然、社会和他人进行面对面交往和真切体验的机会，也就难以更好地发展他们的自然智力、社会智力和自我智力。因此，现场工作的设计与开展无疑是整个考察探究的中心。

一、考察探究现场工作的开展

学生选择和确定考察探究的课题、制订探究过程的方案后，就需要走进现场，开展各种探究活动。合理的现场可以是班级或校园中的一个部分，也可以是学校周边的社区、主题场馆或者其他与主题密切相关的自然与社会空间。现场工作的开展首先需要根据课题的需要及探究的可行性来确定到底选择什么样的现场，而后据此选择合适的探究方法，并深入到现场中有序开展各类实践活动，在此过程中及时进行资料搜集、记录和整理。以下我们将按照现场工作的基本流程逐一详加说明。

（一）选择与确定探究现场

1. 结合课题探究的实际需要

走进现场开展考察探究工作是能完成课题指定任务的关键。为了能准确有效地解决问题，要对课堂外的现场进行慎重选择。那怎样的研究现场才算合适呢？首先，我们需要关注现场与探究课题的匹配程度，充分考虑其与探究问题的关联性。比如，在探究自然维度的课题时，根据考察探究的内容确定各类自然的探究现场，山、水、林、地或公园等都是潜在的选项。其次，还要考虑探究课题最需要开展哪些活动，搜集哪些资料。若是需要文字资料，则学生需要走进图书馆的现场来开展探究活动；若需要直接观察，则应走进被观察对象所在的自然或社会空间。例如，中学生参与春节文化的课题探究时，美食组为搜集美食图片和介绍而走进了图书馆，从而获得了课题探究所需的资料。当然，如果他们能深入到大街小巷的美食餐馆中进行拍摄并采访店老板等，可能会有更真实及有意义的体验。

2. 研判现场探究的可行性

考察探究还要关注现场探究的可行性。首先，需要判断所需要的现场是否方便进入，如有的课题组想要探究聋哑儿童的生活，但是聋哑学校又在比较远的地方，那么对于课题组而言，这样的现场可能就会比较难以进入，或者只能有限地安排集中的时间进行现场考察。又比如先前有垃圾分类的探究团队了解到附近有社区在这方面做得很好，想要进入那个社区了解下情况，但是社区保安坚决不让非社区居民进入，于是学生便失去了进入这个现场的机会。其次，需要判断进入现场之后到底能开展哪些探究活动，所需要的资料是否真能从现场获得。比如进入现场要与被探究对象进行近距离接触，但是被探究的对象不允许近距离接触，则观察的效果就会大打折扣甚至丧失。同时作为探究者的学生需要考虑进入现场之后可能会遭遇哪些别的困难，尤其是安全隐患，如果存在这些困难或隐患。则最好采取相应的策略（比如有大人陪伴等），否则就可能要考虑更换现场。

（二）选择适合现场的探究方法

考察探究的每一个课题，理论上说，皆存在着运用多种探究方法获取资料的可能性。但是一个小型探究小组试图用尽可能多的方法去完成考察探究的任务，在有限的时间和能力范围内，又是缺乏可行性的。因此，根据现场的实际环境确定最适合的探究方法，才是明智之举。在这个选择的过程中，还需要同时考虑以下三个要素。

1. 契合课题

不同的课题需要走进不同的现场，采取不同的探究方法，因此对课题实际任务的考虑是第一位的。比如，关于自然的探究主题，需要学生走进自然，采取直接观察、实地考察甚至科学实验等的方法来获取第一手资料；若课题是关于传统文化的，可能就需要进入相关文化场馆，因而选择实地走访考察、访谈等方法最为适宜。

2. 匹配目标

考察探究有其明确的目标，从《指导纲要》的角度来说，需要从价值体认、问题解决、创意物化、责任担当四个方面来设计目标，同时也需要考虑学生核心素养发展的需要。无论学生探究小组选择什么样的课题，都是为了对所感兴趣的问题进行探究，从而求得解决之法或了解事物的真实面目，另一方面也是为了发展自己。所以学生走进现场之后，尽管有多种方法实施的可能性，但也要尽可能选择那些更有助于提升自己多方面能力的探究方法。比如有探究小组想要了解民间的非物质文化遗产，既可以通过走进"非遗"的现场进行实际观察，可以访谈"非遗"的传人了解"非遗"的特点及历史，也可以实地动手操作来体验"非遗"的制作等等，这些方法能够在不同层面让学生对"非遗"有一定的了解，同时也能获得比较丰富的体验，尤其是实际动手操作这种方法的选择，最能给学生带来真实的认知与感受。

3. 依托学情

不同年级的学生能力和思维发展水平各有差异。低年级的学生直观思维较强，因此对比较直接、便利和容易的探究方法（如观察法）更为适应。而高年级学生的思辨能力相对较强，对探究的现场情境能进行自主思考和自主判断，通过更复杂的方法（如实验法、访谈法等）来开展探究。因此在考察探究活动中，不同年龄段的学生应在现场允许的情况下，结合自己的能力选用合适的方法进行探究。

（三）合理有序地开展实践活动

为了让现场活动更顺利地开展，实践活动时既应执行原先讨论过的考察探究方案，也要保持一定的灵活性和动态性，以便适应现场千变万化的情况，甚至在必要的时候须调整探究的问题及原来的方案。

1. 根据分工，各司其职

每一个课题的考察探究都要根据学生个人的兴趣和实际能力而组成探究小组。然而，人各有所长，需扬长避短方可使得探究活动开展得更加井然有序。在进入活动现场前，各小组成员要结合自己的性格、经验、能力、知识、进入现场的便利程度等因素进行恰当的探究分工，即明确在现场谁做什么、怎么做、获取什么资料等，既应保证人人参与，又要按照具体合理的分工来推进活动。越是开放的现场就越会造成多种探究方法实施的可能性，以及更多可能障碍的存在，因此对小组成员的分工须紧密结合现场的实际条件及变化来确立和调整。

2. 遵照计划，分段实施

在现场的整个考察探究活动可以划分为准备阶段、实施阶段和初步总结阶段。由于各阶段探究的内容各有侧重，如准备阶段重在为进入现场探究做好各项准备工作，包括人员和设备等；而实施阶段学生则进入具体现场开展各类活动，并做好资料的记录与搜集；最后则是根据现场中搜集来的数据或资料进行初步总结与整理。因此，我们开展现场实践活动时，应根据不同阶段的任务来分段探究。[1]

3. 根据进展，适时调整

由于现场活动的不确定性因素较多，学生在实际探究过程中必然会遇到各种各样的新问题，可能发现原先设计和准备的方法与分工等都无法支持活动继续进行。此时，要根据探究的实际需要及现场的条件，及时变更、调整；面对新生成的问题与困境，适时地改变策略与方法，以

---

[1] 高振宇：《综合实践活动课程之“考察探究”：内涵、价值与实施》，《基础教育课程》2017 年第 23 期。

促进探究更有效地进行。

（四）现场资料的记录整理

在实践活动现场，学生可能会通过不同的探究方法接触到不同类别的信息，但是在运用这些方法时，不可缺少的一个环节便是记录。我们发现在日常的考察探究活动中，经常有学生在现场中只是纯粹地体验，但并没有进行及时的记录，或者只是把记录交给个别的一两个成员。基于现场的复杂性，需要不同的成员都能参与和应对，并将自己经历的过程以不同的方式记录下来，而后汇总整理。

1. 及时记录

现场信息的记录要优先考虑快速、便捷。因此，要选择方便记录的方式，如用文字描述关键信息；用拍照或者拍摄的方式记录发生在探究现场的人、事与物；对于一些有价值的谈话、调查等，可以借助录音笔等工具，快捷记录必要的信息。

2. 归类整理

对于活动开展中收集到的资料，要及时进行分类整理，才能更好地为下一阶段的探究任务做好铺垫。在具体操作时，须结合探究课题的基本任务及目标，删除一些明显有误或重复的资料。再根据不同的类别（如图片、文字、表格等）以及任务的需要，进行归类整理。

二、现场探究的困境与应对

进入现场的考察探究活动会基于多种因素而发生或显著或细微的变化，尽管进入现场之前各个探究小组已经有经过集体研讨过后的探究方案，也有设想过可能会遇到什么困难及应对之策，但这些准备工作并不能确保考察探究现场活动的一帆风顺。特别值得我们关注的是，当学生进入现场后，会遇到各式各样的新问题，这些新问题可能正是学生成长和发展的起点，因此需要学生小组和教师一起思考如何积极应对和解决。

（一）梳理现场探究的困境

1. 梳理困境

在活动过程中，学生进入现场后，可能会因为情境的变化而迷失目标与方向，使探究偏离既定的目标与轨道，导致活动难以开展；也有些学生进入现场后，无法顺利开展既定的探究活动，或找不到有价值的资料；当然也会存在现场中无关的刺激因素太多的现象，导致学生无法聚焦在探究活动上。凡此种种，都是有可能成为学生在现场中遇到的困难或困境。作为指导教师，一方面要鼓励学生树立克服困难的信心，另一方面引导学生积极分析问题、思考症结所在，交流讨论问题解决的思路和方案。

2. 预设对策

现场中遇到的某些困难和问题，通过调整探究策略可能可以避开；但更多的困难却是需要学生直接面对和解决，因此探究小组必须设想出可能的对策。在应对这些困难时，学生可以设想可能的解决之道，比如请教指导教师，共同寻找解决之法；可以向有资源、有想法的小组外其他同伴或同学请教；可以向父母或其他成人请求帮助；也可以直接上网查询方法或咨询相关专业人员。总之，遇到困难总有可以解决的方法，只是需要学生做一个有心人，积极开动脑筋，不怕困难。在现场中学生很容易因为困难而放弃自己的探究，甚至随意变换自己的课题，这样的探究行为是不应被鼓励的，而团结协作、攻克难关才是考察探究给学生带来的更大意义。

（二）寻求多种形式的指导

在现场活动过程中，学生在面对困难时，应树立“人人都是潜在的指导教师”的理念，养成好学好问好思的习惯，从而找到解决问题、克服困难的恰当方法。

1. 教师实时指导

进入现场后，学生可能会遇到各种困难，既有方法实施的困难、人际交往的困难，也有知识和技能缺乏的困难，其中多数困难可以直接找指导教师咨询解决之道。教师作为教学活动的组织者和引导者，有着相对丰富的社会生活经验，也有相对成熟的分析与处理问题的能力。特别是在学生探究过程中遇到一些与指导教师所教学科相关的问题时，指导教师更能发挥协助解决的作用。但是教师应铭记自己只是协助和促进者，并不是问题的直接解决者。因此教师只是提供一个可能的解决思路或方向，而不是直接明确地告诉学生答案，甚至直接帮助学生解决，让学生坐享其成，这对于学生发展是不利的。教师也要提醒学生自己要养成求助教师的思维习惯，而且这里的“教师”不应只是现场的指导教师，也可以是学校内其他熟悉的教师，如在实验方面遇到困难时可以寻求科学老师或者相关实验员的帮助。

2. 技术人员指导

综合实践活动课程的专任指导教师以及其他学校内的教师都不是万能的，无法提供部分专业领域的技术支持，但可以提供人员的引荐。比如，元宵的龙灯怎么制作，春节美食怎么制作、烹饪等，就需要专业技术人员的指导，教师可以推荐一些相关的家长或其他社会人士，来为学生提供帮助。所谓专业技术人员，是指专门从事某种行业或职业的人，他们在专业领域拥有较为全面的知识与技能，可以在专业方面为学生提供权威的指导，从而解决现场情境中的问题。但是这些专业人士的引进，可能更会出现直接告诉孩子答案或代劳的问题，因此指导教师可能需要从旁提醒这些专业技术人员要以教育的方式来提供帮助。

3. 同伴互助指导

各个探究小组之间甚至是跨班级、跨年级的同伴之间都可以进行互帮互助。有些问题可能该小组成员无法解决，其他小组的成员恰好是熟悉的，就可以很好地指导前面那个小组解决问题。因为每个学生各自经历和生活经验不同，对一些问题的了解程度和知识储备也各有差异，了解深入的同学就可以为了解少的同学提供些帮助，从而帮助他们获得更全面的资料，使探究活动开展得更加顺利。

第二节　探究资料的搜集与记录

探究问题的解决需要有相应的证据或资料作为基础，才能得出相对可靠的、合理的结论。这里的资料通常包括文字资料、视频资料、照片资料、实物资料等等，可以通过不同的探究方法获取。从理论上来说资料搜集肯定是越多越好、越有针对性越好，但是也要考虑学生的实际能力、时间和经验积累的情况。不过，资料获取的数量与性质是决定得出什么结论的最关键要素，所以学生在探究过程中务必要认清资料搜集的重要性，主动积累必要的资料，且及时进行现场记录和初步整理，以便为进入下一环节做好充分的准备。

一、探究资料的搜集

在资料搜集过程中，学生可能会遇到许多有用或无用的资料，容易造成搜集工作的手忙脚乱。如果能够根据探究的目标与任务进行有条有理的探究，不“眉毛胡子一把抓”，资料的搜集工作就会更顺畅一些。面对复杂多样的资料，学生在搜集时尽量遵循一定的探究顺序，列好搜集提纲并依据探究方法来确定所搜集资料的类型及路径，遵循可靠性、完整性、实时性、准确性等关键原则，有辨识、有效率地开展搜集工作。根据探究的课题，学生搜集的资料一般有图片、文字、数据、视频或实物等资料，这些资料是学生解决问题、分析解释、形成结论的最重要依据。根据资料的呈现形式，大致可分为三类：

（一）文字及数据资料

文字是记录和交流思想的最关键符号，因此所谓文字资料就是指学生在活动过程中用各种书面文字呈现的信息。文字资料是考察探究过程中最为常见、普遍及主要的资料。因为一般来说，无论什么样的课题，学生首先想到的就是查阅书籍或互联网，搜寻或下载与本课题相关的文字资料进行阅读。这些文字资料既构成探究所需的重要资料，也能为其他探究方法的实施创造条件。而数据资料一般是指用问卷调查所获得的统计数据以及做实验过程中所获得的关键数据，这些数据对于探究结论的获得也发挥着至关重要的作用。而且一般由于容量比较大，更加客观，分析起来呈现的效果比较好等因素，也可以成为高年级学生从事更复杂的探究活动时所用的关键资料。

（二）图片及视频资料

图片资料指学生在探究过程中，利用手机或照相机拍摄、网络下载等形式获得的视觉资料，它是图画、照片、拓片等平面媒体的统称。如学生在春节文化的探究课题中，有关春节美食的现场照片、从网上下载的美食图片等，都属于图片资料。而视频是学生用手机或摄像机在现场拍摄下来的动态画面，对于还原事情发展的真相具有更重要的价值，在学生探究问题的解决过程中发挥着至关重要的作用。但对视频的剪辑处理和分析要求相对较高，因此在后期可能需要有专业技术人员的支持。

（三）实物资料

在实地走访、野外调查、社会考察以及科学探究的过程中，学生都可能会在现场搜集到不同类型的实物资料，诸如宣传卡片或宣传手册、各类自然实物（无论是有生命物还是无生命物）等。在探究过程中，如果涉及一些手工制作、产品设计或其他类别的活动时，也可能会留下一些具体的产品性质的实物。这些实物毫无疑问也是非常重要的探究资料。

二、探究资料的记录

（一）文字记录法

用文字进行直接记录是最为常用的记录方法，这种方法简便易行、所有参与探究的成员都可以操作，而且在进入现场之后，学生有的时候没有时间或条件按照有板有眼的方式进行记录，或者现场能提供的信息量太大，只能以先记录为原则，后期再整理，因而都可以直接采用在笔记本上记录的方法来搜集资料。

1. 直接摘录法

直接摘录即记下原文中重要、精彩的内容，以便在今后解决问题时直接作为论证、引证之用。但要注意的是，摘录时要注明参考资料的来源，如作者姓名、书名或论文题目、出版地、出版社、版本、出版时间等等。这样记录后可随时查询，又可为成果形成做好准备。这种方法主要适用于对专门文献以及互联网资料的记录，因为这类资料的信息保存比较完整清晰，学生可以直接摘录所需信息。

2. 提要记录法

所谓提要，是把原文的基本内容、主题思想、观点、独到之处或其他数据，经过删减或整理，用自己的话加以概括的信息；也可以是在现场中面对海量的信息所进行的重点记录。学生可以在笔记上直接记录或借助自己特别准备的一些小卡片来完成记录工作，但这类记录的条目可能会比较零散杂多，所以记录完之后需要以一定规律保存起来，以便在日后的分析过程中能快速准确找到。

（二）表格记录法

为帮助学生更好地记录，有条理地获取及整理相应的资料，教师可结合不同探究方法的特点与具体要求，分类设计相应的记录表格，为学生的记录提供必要的支持。以下是一些常见的记录表单，可供参考。

1. 体验记录单

针对考察探究过程中所出现的体验类活动，学生可以借助一定的表格来有条理地记录自己的体验过程及感想，以便为后续的分析奠定基础。体验的内容可以丰富多样，既可以是场馆的体验，也可以是手工制作的体验，因而可以设计不同的体验记录单。表 4–2–1 则是以春节小吃为例制作了一份简单的体验记录单，该记录单的重点在于让学生体验小吃制作的过程，在真实的体验中记录下感受和收获。

表 4–2–1　体验记录单

<table>
<tr><td>体验人</td><td></td><td>体验地点</td><td></td><td>小吃名称</td><td></td></tr>
<tr><td colspan="2">春节小吃制作材料</td><td colspan="4"></td></tr>
<tr><td colspan="2" rowspan="4">制作过程</td><td colspan="2">步骤 1</td><td colspan="2"></td></tr>
<tr><td colspan="2">步骤 2</td><td colspan="2"></td></tr>
<tr><td colspan="2">步骤 3</td><td colspan="2"></td></tr>
<tr><td colspan="2">……</td><td colspan="2"></td></tr>
<tr><td colspan="2">体验感想和收获</td><td colspan="4">记录者：＿＿＿＿</td></tr>
<tr><td colspan="6">照片粘贴处</td></tr>
</table>

2. 观察记录单

学生在运用不同类型的观察法时，需要及时对被观察的事与物进行文字或数据记录。教师可以为学生提供一份如表 4–2–2 的观察记录单。记录单不宜过于复杂，一般呈现观察时间、地点、人员、被观察对象、观察目的、观察工具以及观察过程中的相关要点就可以了，这样可以发动小组成员一起进行观察，从不同的角度进行记录。当然，学生完全可以根据自己的需要对这样的表格进行调整或完善，以便更好地服务于自己的探究活动。

表 4–2–2　观察记录单

<table>
<tr><td>观察者</td><td></td><td>观察时间</td><td></td><td>观察地点</td><td></td></tr>
<tr><td>观察对象</td><td colspan="5"></td></tr>
<tr><td>观察目的</td><td colspan="5"></td></tr>
<tr><td>观察工具</td><td colspan="5"></td></tr>
<tr><td rowspan="4">观察过程的要点记录</td><td>要点 1</td><td colspan="4"></td></tr>
<tr><td>要点 2</td><td colspan="4"></td></tr>
<tr><td>要点 3</td><td colspan="4"></td></tr>
<tr><td colspan="5">记录者：</td></tr>
<tr><td>照片粘贴处</td><td colspan="5"></td></tr>
</table>

3. 访谈记录单

在考察探究活动中，如果涉及对相关人物的采访，除了要拟订访谈提纲之外，为了采集访谈有关的资料，还需要通过制作一些访谈记录单来进行简要的记录。在这个记录单里可以描述一下访谈的基本信息，摘录访谈过程中的问题以及被采访人回答时的一些关键要点，至于具体的内容，则需要通过录音及其誊写来详细整理，这需要在访谈结束后花费一定的时间来处理。

表 4–2–3　访谈记录单

<table>
<tr><td>访谈人</td><td></td><td>访谈主题</td><td></td></tr>
<tr><td>被访人</td><td colspan="3">姓名：　　　　性别：　　　　年龄：</td></tr>
<tr><td>访谈时间</td><td></td><td>访谈地点</td><td></td></tr>
<tr><td>访谈摘录</td><td colspan="3">问题 1：
回答要点：

问题 2：
回答要点：

问题 3：
回答要点：

记录者：</td></tr>
<tr><td>照片粘贴处</td><td colspan="3"></td></tr>
</table>

记录资料时，要运用不同的工具及时有效地记录信息。如在上网查阅和翻阅书籍时，可以打印、复印，也可摘录部分重要的文句；实地考察时，可以以录音形式记录声音资料，以拍摄的形式记录影像资料。在探究过程中要及时对信息进行记录，为后续活动的开展提供更好的服务。

第三节　探究资料的整理与分析

在考察探究类实践活动中，学生要携带好观察表、记录本、录音笔、相机、手机等必要的工具，通过访谈、问卷调查、观察、实地考察等多种方法搜集解决问题所需要的资料和数据，下一步的重要工作就是要对

"搜集到的文本材料（调查问卷、实验数据等）、音像制品（录音带、光盘、照片等）、实物（标本、模型等）"[1] 等进行归类整理，而这项工作本身是一个去伪存真、去粗取精的建构过程，[2] 目的是筛选出最有助于解决课题相关问题的资料，进行解释和分析，进而为得出结论奠定基础。

一、探究资料的整理

（一）探究资料的筛选

资料整理的第一步就是将偏离目标、与主题无关或者关联度很低的、重复的资料进行删除。如在"关于学校五楼空中农场"的考察探究活动中，学生根据自己的兴趣选择了"高楼适合种植哪些植物""如何提高植物的存活率""农场怎么规划""农场适合养哪些小动物"等课题开展探究。在探究的过程中不同小组搜集了很多资料，但当这些原始资料呈现出来的时候，学生发现有不少资料与自己所在课题组的问题并不完全匹配，因此不得不加以筛选。如他们发现有重复的资料，A 组的几个学生同时搜集了"如何预防鸟类的啄食"这类资料，整理时就要先将重复的内容删除掉。他们也发现有一些无关的资料，B 组 2 号同学搜集的"城市植物分布图"，范围过大，包含的品种过多，因此对于这么小面积的学校农场来说大部分资料可能无法使用。另外还有一些不太适合使用的资料，如 C 组 3 号同学搜集了"宠物蛇、宠物狗"的养殖方法可能就不适合课题所在的空间环境。因为蛇是比较危险的动物，不适合在校园内饲养。而狗会发出叫声，学校的面积较小，狗叫声可能会影响学生上课，因此这类资料将不得不删除。

（二）探究资料的编码

第二步是将那些有助于解决问题的资料进行科学合理、方便快捷的

[1] 赵翔：《考察探究：性质、价值与实施》，《当代教育评论》2018 年第 7 辑。
[2] 高振宇：《综合实践活动课程之"考察探究"：内涵、价值与实施》，《基础教育课程》2017 年第 23 期。

编码。通常可以用“D”表示日期，用“S”表示学生，用“P”表示场所，用“Q”表示问题等来对资料进行编码。编码符号还可以根据每个课题组的使用习惯、认知能力和方便程度重新确定，比如可以使用阿拉伯数字进行编码，也可以采用汉字数字或者罗马数字进行编码。如在“小雏燕”开心农场课程中，学生经过实地考察，分析了农场的种植条件，最后选择种植一些蔬菜和花卉。为了选择合适的种植物，他们上网搜集了很多资料。学生按照资料的起始字母给网络上搜集到的资料进行了编码：如 4 日第一小组的 1 号同学在学校信息教室搜集到的关于“茄子的种植技巧”就可以编码为 D4S1P1Z1（茄子）。5 日 2 号同学在家里搜集到的“西红柿的种植技巧”就可以编码为 D5S2P2Z2（西红柿）。

（三）探究资料的分类

将资料编号以后，探究小组的成员可以分工合作，将这些搜集到的资料进行分类整理。如在“小雏燕”开心农场课程中，学生通过资料的详细编号，将所有的资料整理到不同的文件夹之中，最终形成一个形象的树形结构图，如下图所示。

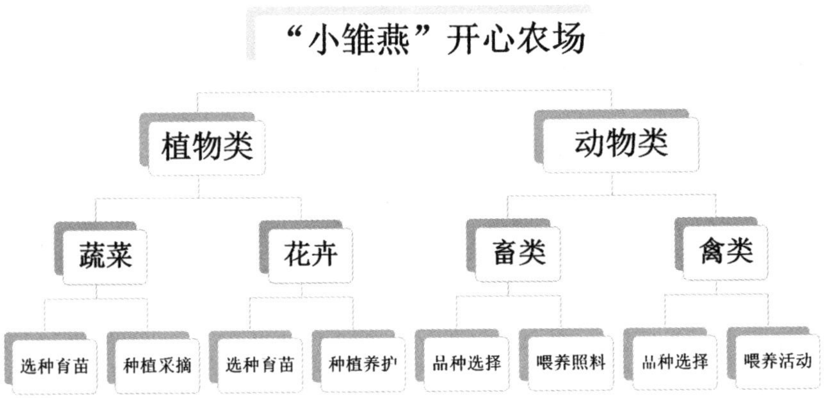

图 4–3–1

学生将不同的资料放进不同的文件夹后，还可以根据资料的类别做进一步细分。如：蔬菜选种育苗的资料群还可以按照季节分成春、夏、秋、冬四类更细的资料群。将茄子、西红柿、四季豆等放到春季要种植的蔬菜这一文件夹里；将土壤、水分、肥料、虫害防治等内容放进蔬菜的种植文件夹；将保存方法、采摘方法等放进采摘文件夹里等等。

（四）探究资料的增补

第一，对照各组制订的探究计划，看看要完成课题研究还缺什么资料，需要补充什么资料。如，C 组选择的课题是夏季蔬菜的种植，他们只搜集了关于夏季适合种什么菜的资料，却没有考虑到学校五楼的实际温度要高于地面温度，且无遮挡物，也不知蔬菜的自然种植与一般农户的大棚种植有很大的区别。因此学生要根据学校农场的实际情况再搜集适合在学校五楼农场种植的蔬菜资料，以及进行育秧保苗、大棚遮挡、土壤水分保持、施用肥料等相关资料。

第二，对照各组探究的主要目标，看看已有资料是否能够达成探究的各项目标。如 D 组的探究目标是：选择一种能在学校五楼农场生存下来的小动物进行喂养。结果 D 组成员搜集了很多自己喜欢的小动物的资料，却没有考虑它们在学校特定空间生存下来的可能性。因此 D 组须首先详细考察学校五楼空间，并搜集各种常见小动物的生活习性以及对生活环境的要求，以便最终寻找到适合五楼生活的小动物。

第三，查看所搜集的资料是否能够解决在现场考察后产生的新问题。学生们来到学校五楼农场进行观察后发现了许多与自己预想不同的情况，如人力不够、分区不清楚等。他们还要思考在蔬菜和小动物生长的过程中如何进行照料和看护，以确保种下去的植物好好生长，饲养的动物都能很好生活等现实的问题，这些都和在自己家里养植物和宠物是不同的。于是孩子们通过使用电脑查找资料、询问学校总务处负责农场的老师、请教科学老师等途径又了解了很多新的资料，并再次将记录的资料进行分类整理，补充到已经搜集的资料群中，以便更好地解决实际问题。

二、探究资料的分析

（一）数据资料的统计与分析

1. 计算分析

计算分析是整理者将统计的数据通过简单的加减乘除等运算总结出数据的一般规律。这种分析处理是大多数学生都可以操作的，而具体进行怎样的计算则取决于学生掌握数学计算知识及能力的程度。如在“我的美丽家园”这一主题的考察探究活动中，学生通过问卷调查等方法搜集到了“家庭节水”的一组数据。接下来，教师就指导学生对这组数据进行简单统计。教师出示问卷调查的第四题，并提示学生针对同一个问题，不同职业、性别、年龄的人的看法是不一样的，建议学生把收集的问卷先按性别区分开，然后再分别对不同个体进行数据整理，看看不同性别的被调查者对同样的问题有什么差异化的看法。

2. 图表分析

中秋节期间，大家大多走亲访友吃团圆饭，你们家的中秋节是怎么过的呢？……课前老师发了一张小小调查表，试图了解同学们过中秋节的一些情况。

表 4–3–1　中秋小调查

亲爱的同学们，一年一度的中秋节就要到了！你们一般都怎么过中秋节呢？请在相应括号内打“√”。
1. 中秋节，你会和父母一起吃月饼、吃团圆饭吗？
会（　　）　　不会（　　）
如果选“不会”，简单写写理由。（　　　　）
2. 中秋节，你会和父母去看望爷爷奶奶、外公外婆，一起吃团圆饭吗？
会去（　　）　　不会去（　　）
如果选“不会去”，简单写写理由。（　　　　）
3. 中秋节，你会和父母去其他亲戚家走一走、聚一聚吗？
会去（　　）　　不会去（　　）

我们一起来看看统计结果。

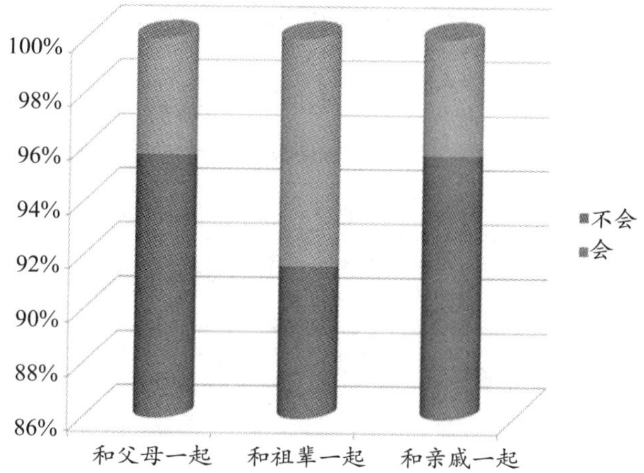

图 4–3–2

在信息化时代，学生完全可以利用计算机自带的图表工具进行统计，制作出饼状图、柱状图、折线图等等。每一种图表排列数据的方式和显示数据的意义不尽相同。饼状图主要显示数据各个部分的占有量；柱状图可以统计峰值和谷值，看出峰谷之间的差异；折线图重在呈现数据的走向和趋势。X 老师在执教“中秋庆团圆”活动方案策划课中，引导五年级学生运用已经学过的计算机知识，用柱状图显示“中秋小调查”结果，让其他学生一目了然地发现探究结果。并依据“班级有接近 10% 的学生没有跟父母或者亲戚朋友一起过中秋”的统计结果，进而引出了“怎样让这些没法和亲人团聚、共度佳节的同学过好中秋”这一新的话题。

3. 列表分析

列表分析是将所得数据按一定规律用列表方式表达出来。表格的设计要求对应关系清楚、简单明了、有利于发现相关变量之间的关系。在活动过程中动态生成的资料即可采用这种列表法来分析。例如，在“小雏燕农场改造”考察探究活动中，学生就遇到了很多新的问题。此时，可以运用列表法对这些问题产生的背景条件进行分析，然后找出一些共性的要素进行有针对性的指导，得出更系统的结论。

表 4-3-2 “小雏燕农场改造”“困难和问题”及条件分析

编号	我们的研究过程	我们发现的困难和问题	条件分析
Q1—①	发现问题、提出问题	种植园比较散乱，需要规划和整理	专业知识
Q1—②	团队组建与分工	任务较多，人力不够，无法完成	人力不足
Q1—③	将问题转化为课题	问题多涉及的范围较广，只能选择一个集中研究	资料归纳
Q1—④	制订研究计划	很难确定研究步骤的先后顺序	研究方法
Q1—⑤	课题论证会	哪些物品是需要整理的，哪些是只需要挪动位置的	专业知识
Q1—⑥	活动准备与安全预案	五楼位置较高，比较危险	安全因素
Q1—⑦	方法的选择	需要实地考察，还是查询资料	方法选择
Q1—⑧	信息收集与整理	资料较多，不知道哪些是有用的	资料整理
Q1—⑨	过程记录与阶段反思	手脚忙乱，逻辑不够清晰，效率低	能力不足
Q1—⑩	成果形式的选择	想展示平面设计图，但不知道怎么画	个性心理
Q1—⑪	成果展示与答辩	又遇到了很多新问题，无法解决	问题思维

（二）文本资料的分析

1. 主题分析

在对资料进行编码归类的过程中，学生往往是根据各个资料之间的相似性和差异性进行操作的。这种相似和差异通常体现在主题方面，也就是说每堆资料主要反映某个相似的主题，而这个主题是与探究的课题紧密相关的，是其众多探究任务中的其中一个小方面。因此在资料搜集完毕之后，探究者首先需要对这些资料背后的具体主题进行详细分析，看它与课题是否有直接关系，是否有助于推进探究问题的解决，是否存在归类不准确的现象等等。要注意的是，多数主题可以通过考虑与课题之间的联系性而预设，因此只要将一些相关联的资料投放进去即可。但是也有一些主题具有生成性，也就是说，可能在之前制订探究计划时未曾预料到，会在现场探究过程中慢慢涌现出来。对于这类主题探究者尤其需要重视，因为这恰好就是他们在知识和经验方面的增长点。主题分析的过程中，探究者可以将主题再进行细分，并挖掘各主题之间的相互关联性，从而绘制成一张思维导图，可以更清晰形象地呈现探究资料的整体分布情况，也就更容易得出可能的结论了。

2. 内容分析

探究资料的具体内容相对比较庞杂，尤其是学生在运用多种探究方法的情况下。因此要想从这么多复杂的内容中梳理出一些系统的线索，从而得出相对确定的结论，对学生而言并不是一件容易的事。这需要学生在利用思维导图对主题进行概括分析的基础上，针对每一个小主题所包含的内容，进行精细的查阅，提取有助于解决不同细节问题的关键信息，按照一定的顺序进行排列和整理。这个过程中，学生既可以用描述的、叙事的方式展示这些文字资料、找出内容之间的关联性，从而得出局部的结论或构建可叙说的真实故事，也可以用数量统计的方式抓取关键词，同样能得出一些有启发意义的结论。这时教师可以引导学生借助信息技术的工具来实现文本资料的定量化。如 Text Statistics Analyzer 就是一个实用的文本分析工具。学习者将“txt”格式的文本资料运用这一工具来分析文本，对文本的关键词、前后搭配、词频等进行快速统计和分析。因此，内容分析往往是定量和定性分析的结合，最终呈现的时候可能既有文字叙述的效果，也有统计图表的效果。

（三）探究资料的转化与呈现

探究资料经过分析以后，基本线索已经形成，雏形的结论也已经浮现出来了。所以接下来学生就需要将各种资料所浮现出来的主题、看法、观点、结论等进行多种形式的呈现。比如对文字资料，我们可以利用思维导图或其他形式的图形进行形象化、系统化的呈现。例如图 4–3–3 的“鸽子图”所呈现的就是学生整理的关于鸽子饲养方法的部分关键文字。当然这个图还可以进一步优化，如身体的各个部分都可以用一定的文本框进行连接，把不同的信息放到不同的文本框里，并形成一定的联系。此外，学生还可以把分析过的资料用演示文稿、宣传报、卡片、展板、档案袋、音频、视频等方式呈现出来。在呈现的过程中，学生并不是简单地复制已有的资料，最好能对这些资料进行创造性地重组，用自己的语言表达出来，否则很容易让其他同学无法理解，也就无法推进接下来的评价、反思和改进工作了。

图 4-3-3　鸽子图

第五章

考察探究的评价与反思

评价和反思是考察探究的最后环节，也是强化考察探究对学生发展的意义并开启新一轮考察探究的关键环节。考察探究的评价首先要明确成果展示、档案袋、问卷等多种评价方式，整理教师和学生的写实记录及最终作品作为支持性信息或证据。其次是要遵循个性化、多维度和发展性原则，倡导学生自评、探究小组内部互评、小组间互评、家长评价、社区（社会）评价和教师评价等多主体的评价。最后是要从价值体认、责任担当、问题解决、创意物化四大范畴十二个维度确立评价的内容标准。评价工作完成之后，学生还需要对整个考察探究过程及其成果进行必要的反思和总结，查明其中可能存在的问题，寻找改进的思路和方法，以便为下一期的考察探究活动奠定坚实的基础。

第一节 评价的具体方式

评价的首要功能是让学生及时获得关于探究过程和结果的反馈，以便改进后续的实践活动。综合实践活动突出评价对学生发展的价值，充分肯定学生活动方式和问题解决策略的多样性，鼓励学生自我评价与同伴间的合作交流和经验分享相结合。通过对学生成长过程的观察、分析，可进一步了解学生的个性与特长，激发学生的潜能，为促进学生成长提供保障。教育不仅服务于未来生活，更要把握现在，适应当下的生活。学生的个体差异客观存在，因此采用学生个体间横向比较的方式，将无法反映学生成长的真实面貌。按照加德纳的观点，学习都是在相关的情境中进行的，因此评价也应该在类似的情境中进行才有意义。[1] 坎贝尔等人也认为，要培养学生成为自主的终身学习者，学生就需要有机会管理自己的学习并评价自己的成就，而且学生也有能力运用日志、同伴评价会、测量量表、展示会、非正式师生讨论或学习档案等简单的方式评价自我。[2] 加德纳还指出，学生对评价活动的主动参与还使得评价成为自然的学习环境的一部分，而不是在一年学习时间的剩余部分中强制“外加”的内容。评价与学习的一体化让我们看到评价不再具有威胁性，不再脱离现实，成为促进学习的好伙伴。[3] 基于考察探究活动过程不同阶段的写实记录，对学生实践活动过程的表现及作品进行深入分析和研究，可挖掘其背后的学生思想、创意和体验，引导学生对自己的各种表现进行“自我反思性评价”，采用“自我参照”的比较方式，描述并呈现学生的成长状态。

---

[1] 安桂清：《多元智能理论关照下的研究性学习》，《外国教育研究》2004 年第 10 期。
[2] 同上。
[3] 同上。

一、评价方法的选择

评价贯穿考察探究实践活动的始终，需要根据不同的学生、不同的实践内容、不同的教学形式与教学情境、不同的教学阶段和环节分别采用不同的评价标准，不是用“一把尺子”衡量所有探究活动，而是对某一探究活动用多把尺子衡量。评价要“嵌入”课程之中，评价环节要与教师的指导、学生的探究活动融合为一个有机的整体，三者是同时发生与发展的。也就是说，评价的过程是建构更为完善的课程的过程，而课程的展开即是评价功能发挥的过程。一方面，要使评价贯穿于选题、计划、实施、总结、交流等各个阶段；另一方面，评价的内容要集中于学生在探究活动过程中的情绪情感、参与程度、投入程度等具体表现。基于这样的诉求，在考察探究的评价中应该提倡使用学习记录、档案袋等质性方式。评价方式的选择还要考虑教育的一般规律以及考察探究活动本身的特点即实践性、综合性、生成性。据此，考察探究的评价既要关注各环节的发展，又要从整体上评价考察探究的实施历程，从而全面推进学生综合素质提升之目标的实现。在评价过程中，我们须注意既重视学生创新精神和实践能力等素质的培育，又要提高教师的指导水平与课程开发能力，从而促进教师和学生双方的共同进步。

（一）成果展示式评价

在教师的指导下，每个探究小组的全体成员围绕考察探究的课题，采集资料，整理分析资料，共同形成系列成果。可以说，成果展示是学生考察探究的一个重要组成部分。教师、学校方面需要为学生搭建展示的平台，让他们展开想象的翅膀，向不同群体展示自己通过考察探究所取得的收获。这些展示平台主要包括三大类：第一类是面向班级全体同学的展示。通常情况下，采用“小先生制”，教师是听众和观众，放手让学生设计展示的内容和方式，由学生自行组织实施；也可以作为核心内容，与班队（党、团）的教育活动相结合，引入规范的仪式、议程于课堂之中，成为一种主题班队（党、团）课。第二类是以年级为单位的集中展示。学校的考察探究往往以年级为单位，成果展示可以推选各班级的代表，向全年级同学展示考察探究的成果。需要注意的是，各班级推选的代表要有一定的代表性，这样整个年级就会呈现“课题”的完整性、多样性和全面性。至于展示多少项成果，每个班级推选几项，都可以由年级组协商确定。上述两类成果展示活动，还可以约请部分或全体家长、社区人员参与观摩、指导。第三类是走进社区、走向社会的成果展示。这类展示，需要学校与社区、社会相关部门事先做好沟通，争取得到外界的支持与配合。这样，其规模可能就会更大，但也对师生的组织、沟通和交往能力等提出了更高的要求。

上述所说的学生成果展示活动，是考察探究的有机组成部分，但并非综合实践活动课程意义上“成果展示课”的全部。成果展示至少有两种功能：其一是展示既有的成果，这种成果包括狭义的成果，即根据选题或活动策划时预设的物化形式，也包含从开始到结束的成果展示。因无预设而“怦然心动”的感觉、体验与感悟，甚至活动过程中的花絮、插曲等也都是成果的组成部分。其二是作为下一步完善的起点。这里的完善，不仅是指成果本身，更重要的是指向完善学生与自然、社会以及自我的关系，完善学生的心理结构、生活经验和知识能力结构等。从课程的逻辑起点出发，通过展示、交流、分享等形式，既可以培育学生的问题意识、创新意识和责任意识，也可以培养学生社会交往能力、实践能力，并有意识地将活动引向深一层次，使学生更加关注知识与能力在现实生活、社会实践中的应用与迁移。

《走进家乡》考察探究成果展示课

教师导入后，即由学生分组汇报。先后有历史挖掘组、名人调查组、美食特工组等五组汇报家乡的节日风俗、名胜古迹、历史变迁、美食特产等方面的实践成果。学生以图片、视频、手抄报、朗诵等形式展示在实地考察、调查、采访等实践活动中获得的成果。其间，学生赞叹、感慨，抒发情感。随后，教师进行小结，并在款款深情中呈现名为“活动拓展”的作业：你还想为家乡做点儿什么呢？最后，教师以家乡“昨天的赞叹、今天的骄傲、明天的辉煌”为主题发表演讲。

尊重学生的主体地位，就是指站在学生的立场看待他们眼中的生活世界。在成果展示过程中，除了在“表面”上能看到、听到学生的变化之外，学生的“里面”到底生成了什么呢？课堂固然是自由的，但自由的课堂未必通向真的民主。自主的课堂同样需要目标引领，需要帮助学生实现知识的拓展、能力的提升、情感的升华和实践的深入。学生的活跃，教师的争艳，构成“繁荣”的课堂教学景象，这种成果展示课都具有过程雷同、效果有限等共同特征，呈现出高度一致的课堂教学生态。但我们很难觉察不同领域实践活动在其间的本质差异，感受不到综合实践活动课程的特质，反而觉得具有一定的思想品德课韵味。

在充满生活气息的课堂中，在充满生命力量的展示分享过程中，教师应在最关键的时刻出现，在学生成功之际分享喜悦，在学生为难之时伸出援助之手，在失败之刻给予心理支持等。这些关键时刻，既有锦上添花般的真诚祝贺，也有雪中送炭般的温暖关怀。课堂是学生展示自我、展示成长的舞台。作为课程的一个参与者和合作者，教师始终与学生在一起，共同体验、共同生长。若以旁观者或导演的角色存在，则不仅丧失综合实践活动课程所赋予的角色功能，也会因此削弱考察探究对学生发展的意义与功能。

《校园里的浪费现象》三年级成果展示课的学习目标

1. 通过观察、记录、访谈、拍摄、录像等手段调查校园内浪费现象，并为创建节约型校园献计献策。

2. 在活动中培养交流表达能力、合作交往能力及搜集和处理信息的能力。

3. 在活动中感受到浪费现象的严重，认识到个人浪费对国家的影响，感悟到节约迫在眉睫，节约从我做起、从身边的小事做起，增强对自然、对社会的责任感。

《指导纲要》提出了总目标，也提出了分学段的具体目标。总目标无疑是高度概括和抽象的，分目标虽然更接地气，但对于跨越学科界线、打破时空界限的课程来说，还是缺乏足够的可操作性。知识与技能不能穷尽，过程与方法无法全部呈现，情感态度与价值观更是难以测量，教学指导目标的操作难度可想而知。盲目地照搬、借鉴其他必修课程的“三维目标”表达形式，容易陷入教学指导的误区。价值体认、责任担当、问题解决、创意物化等不是单一课时可以成就的，而是一个渐进、创生的过程。避虚就实，具象的、可观察的行为目标是教学指导目标定位与表述的首选。用细化的目标取代笼统的意识与能力，以系列化的、持续性的活动迁移并积累，方能促进总目标的实现。

试图以确定性抹杀课程不确定性的典型特征，以预设取代生成，忠实于固定的教学设计，必然会失却考察探究的魅力。以上种种现象是系统存在的，而不是孤立的。在教学过程中，教师试图忠实而高效地传授内容、完成目标，或为课程建设过程中的必然，需要时间的检验和实践洗礼，但这不是有违课程理念、有悖课程特点的理由。盲目地引用、借鉴，过度地表演，这些急功近利的行为，是综合实践活动课程建设的阻抗因素。旨在培育学生实践能力的课程，其教育成效的滞后性远逊于学科课程。因此，综合实践活动课程的建设需要实施者有静待花开的耐心，也需要课程管理者有见微知著的信心。

《博物馆的奇妙之旅》五年级“反思＋改进”的教学目标与过程[1]

·教学指导目标

1. 以小组为单位，梳理、总结博物馆考察探究的经验，感受博物馆的奇妙。

2. 通过小组讨论和交流，反思活动中存在的问题以及启示。

3. 通过总结和反思，提出后续改进思路，进一步激发探秘博物馆的热情。

·教学指导过程

一、情境创设导入，回顾探究过程

回顾“博物馆的奇妙之旅”的探究活动。

二、小组讨论，梳理总结

小组讨论：在探究过程中我们小组做了什么？觉得自己做得怎么样？有什么特别值得分享的经验？等等。

三、小组交流，分享体验

1. 交流、汇报，提炼亮点。

2. 议一议其他小组的亮点及启示。

四、反思问题，交流策略

讨论活动中遇到的问题，分析问题，交流改进的策略。

五、课堂小结

对于长期生活在学校与家庭生活空间中的学生而言，考察探究所带给他们的体验与感悟是扩展性的、多维的，成果收获则是多样的。这里的成果可分为两大类：一类是狭义的预设成果，可称为物化成果；另一类是在过程中产生、生成的，需要当事人以一定方式呈现出来的，像如何修正实施方案、如何克服困难、如何获得新经验等。在成果展示课前，

[1] 本教学设计由杭州市学军小学教育集团匡艳老师提供。

教师要引导学生根据活动内容选择恰当的成果表达形式，如报告、答辩、表演等。对于第二类成果，教师可以组织实施单项的交流、分享课，让学生有充分的时间和机会表达在过程中的体验感悟。

成果展示课对于考察探究实践活动目标的达成、合作经验的分享、表达与交流能力等的提升都具有重要意义。在成果展示课中既要考虑展示什么、反思什么、延伸什么，也要考虑如何展示、如何指导、如何拓展等方面的问题。[1]学生经过考察探究之后，在一定目标的引领下，根据个体或小组实践活动前的计划方案而组织、形成成果，展示交流、分享，评价与反思。忽略过程性的体验感悟，强化物化成果，易致关注结果而淡化过程的错误倾向，将有悖于综合实践活动课程的初衷。

成果展示是学生的舞台，但不是个别学生的舞台，而是全体学生共同的平台。展示交流既是对学生在考察探究活动中的各种表现和活动成果做一个小结，也是师生之间、学生同伴之间共同学习和交流的一次机会，是学生学会发现自我、欣赏别人的重要过程。因此，要遵循表现形式多样化的原则，让能力不同的学生都拥有表现自我、参与分享及交流的机会。考察探究强调面向学生的生活世界，实践活动过程充满着生命的气息，若忽视了最具有生命活力的过程，终将在如雷般的掌声、喝彩声中浪费宝贵的生成性教学资源。

（二）档案袋评价

档案袋评价是汇总学生在整个考察探究活动过程中的成果。因其能够较为全面反映学生发展情况，是考察探究中评判学生实践效果的最常见方式。教师应指导学生在考察探究的活动过程中，建立学生个人和探究小组的档案袋。学生将收集到和处理过的各类资料存储在档案袋里。档案袋中存放内容的选择及其依据、评价标准的制定等应通过教师与学生的讨论得出，以有助学生对自身在考察探究活动中的表现与收获进行自我反思，使得学生的综合素质得到更好的发展。

---

[1] 张松灵：《综合实践活动成果总结交流要落实三点》，《教学与管理》2013 年第 29 期。

考察探究活动中的档案袋一般由下列要素所构成：[1]

封面：组名、成员、组长、成员分工情况、指导教师。

内容：小组考察探究活动方案；

设计的各类调查问卷，调查的结果分析，活动倡议书等材料；

来自家长、社区的各类信息，包括评价、建议等；

小组的作品；

教师的观察、评价；

自我反思、同伴的观察和评价等。

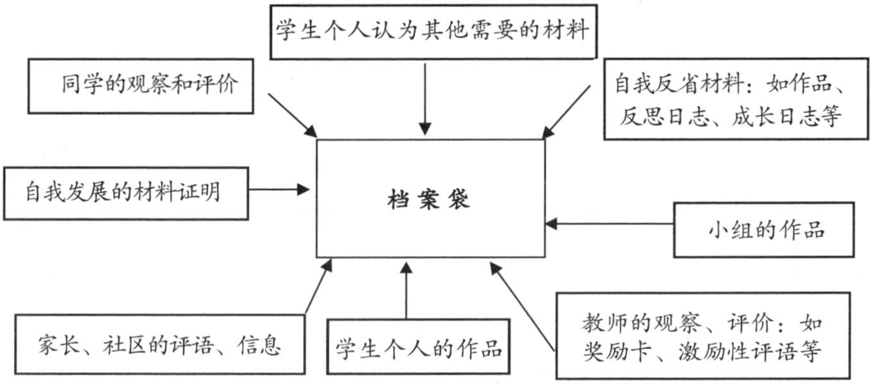

图 5–1–1　学生档案袋评价材料示意图

档案袋评价是基于学生成长过程中典型事件、材料的评价，换而言之，并不是所有的档案资料都可以参与评价。哪些事件是典型的，哪些材料是有意义的，教师应在学生考察探究过程中进行必要的指导，让学生个体或小组有意识地选择那些能够反映活动进程和自身成长变化的材料，作为他们档案袋的主要内容。档案袋评价一般经历采集档案资料、形成评价证据、提出评价建议三个基本环节。每个环节都需要考虑学生个体或小组的能力、知识与经验水平，了解他们发展的现状；需要结合与学生的面谈，了解其各种经历背后的原因，才能更加全面地评价学生小组的探究情况。这些都需要教师花费较大的时间和精力去解读，找到

[1] 此处内容由杭州市文新小学张洪法老师提供。

变化的证据，才能判断学生成长的增量，提出旨在完善学生的评价建议。

在档案袋评价的使用过程中，需要注意克服两种错误的倾向：一是唯档案至上的评价倾向。如果对所采集的资料缺乏必要的、有效的分析，档案资料就是堆积的材料，容易落入种类、多寡等横向比较的俗套之中。档案资料袋的评价反映了教师一定的过程意识，但资料是静态的，它们所呈现的只是已经发生过的客观事实。这种关注物化结果的评价犯了“为成果而成果”的毛病，也容易存在“他人代劳”的可能。二是唯档案袋评价至上的倾向。学生的实践活动成果以及过程中形成的档案资料固然为考察探究的评价提供了基础，但在开放的学习环境中，除了当事人外，教师以及其他学生并不能直观地、全面地观察到、感受到学生的实践活动情况。因此，展示和呈现的结果、档案资料等都需要通过教师和其他伙伴的检验，且最终依赖于在展示成果的真实情境下学生的具体表现。

档案袋评价的优势很明显，它和考察探究的整个过程结合紧密，能够有效地激励学生发展自我评价的技能，为自己的学习负责，最终成为反思型学习者。然而，档案袋评价和其他质性评价工具一样，很难找到统一有效的评价标准，主观性有余而客观性不足，因此最好能与其他评价方式整合实施。

（三）问卷评价

问卷评价是通过问卷调查的形式，以学生、学生家长以及教师作为评价主体，从各个角度对学生在活动中的各阶段进行评价的一种方式。它能清楚地描述每个学生在每个阶段应该达到什么样的水平，并通过量规评估目标的达成情况。通过这种评价方式，被评价者可以更好地了解别人的看法与建议，比较自我评价与他人评价有何不同，对自身形成较为客观的认识，并将自己在考察探究过程中的做法、收获以文字的形式表达出来，进一步提高自身的综合素质。问卷调查收集起来的评价信息，随时可以取用，可使学生养成勤于反思的习惯，使自己进步得更快。

表 5-1-1　考察探究活动个人评价用表

<table>
<tr><td colspan="2">我参与的活动：</td></tr>
<tr><td colspan="2">我积累的资料：</td></tr>
<tr><td colspan="2">活动中遇到了哪些困难？怎么解决的？

是否满意自己的表现？</td></tr>
<tr><td colspan="2">与同伴的合作是否愉快？

我愿意与谁合作？为什么？

我还可以与谁合作得更好？为什么？</td></tr>
<tr><td colspan="2">用一段话说说自己在活动中的表现：

签名：</td></tr>
<tr><td colspan="2">同伴对我的评价和建议：

签名：</td></tr>
<tr><td>家长给我的评价：

签名：</td><td>老师给我的评价：

签名：</td></tr>
<tr><td colspan="2">我的总体评价：☆ ☆ ☆ ☆ ☆</td></tr>
</table>

表 5-1-2 考察探究活动小组评价用表

我们做得好的活动：
我们可以做得更好的活动：
我们合作得好的活动：
我们可以合作得更好的活动：
老师的话：
我们小组的总体评价：☆ ☆ ☆ ☆ ☆

以上是考察探究学生自我评价时用得比较多的表格。通过问卷评价，教师可以有意识、有目的地引导学生回顾、反思个体或小组在整个考察探究实践活动过程的表现，并导向后续的改进。这种系统性的反思，有助于学生自我管理、自我监督能力的发展。

学生自我反思问卷[1]

1. 你对这次活动是否感兴趣？如不感兴趣，请说说理由。

2. 你认为自己在活动中做得怎样？

3. 在活动中，你最大的收获是什么？

4. 在做的过程中，你遇到的最大困难是什么？解决了吗？怎样解决的？

[1] 本案例由杭州市文新小学张洪法老师提供。

5. 你们小组合作情况如何？谁的策划最有创意？

6. 下一步你们还将研究哪些问题？这些问题是怎么被发现的？

反思问卷往往是在一个课题结束后对全体学生进行的一次大规模调查，要求学生能实事求是地将自己的真实想法写下来。教师通过对学生问卷的分析、综合，了解学生在情绪情感、合作意识、探索能力、获取及运用知识的能力等多方面的表现和总体特征。

无论用何种评价问卷表，其制订必须考量评价目的、评价内容、评价标准、评价指标体系等一系列元素，而这是一个系统“工程”，其间需要师生共同参与，不断实践、不断修正，最终能相对客观公正地反映学生的能力、态度、知识水平的现状及发展程度。

二、评价的支持性信息

考察探究评价的基石是写实的原始资料或信息。但如何才能有效地获取这类信息，保证评价的真实性呢？从既有实践经验看，信息采集的路径主要有以下三条：一是学生的过程记录，既包括课堂中的学习资料和成果，也包括实践活动中以小组或个体为单位的各种记录；二是指导教师对学生典型行为、事件和表现等的各种记录；三是各类最终的表现性成果及学生作品。

（一）学生的过程记录

学生在考察评价过程中，若没有教师的解说与指导，或许难以从价值体认、责任担当、问题解决和创意物化等维度分析并记录自己的行为，他们更多的是朴素真实地参与课堂学习、参加实践活动、完成既定课题所布置的任务。因此，学生的写实记录通常是以时间为主轴，简要描述并记录关键事件的经过、过程中行为表现，以及事后的反思等内容（见表 5–1–3）。

表 5–1–3　× × 课题考察探究活动写实记录表

班级：______ 姓名：______ 时间：月　日 — 月　日

活动阶段	典型行为、事件与反思（1）	典型行为、事件与反思（2）	……	典型行为、事件与反思（N）
准备阶段				
实施阶段				
总结阶段				

（二）教师的过程记录

指导教师可以采用“点名册”式的记录方法。当教师意识到学生在考察探究中的某个行为有必要记录时，应及时标记和描述，并简要分析、解释和评判该典型行为或事件，以便于课后准确整理与综合，描述学生考察探究阶段性的成果。

教师建立以课题为单位的学生写实数据文件夹，有效地编码信息或确定符合评价话语体系的关键词，以文字、图片、视频等多种形式，通过超文本链接技术，实现自由阅读及信息提取。

表 5–1–4　× × 课题　× × 探究小组写实记录表

活动方式	□考察探究　□社会服务　□设计制作　□职业体验														
任务角色								持续时间	月　日 — 月　日						
维度	价值体认			责任担当			问题解决			创意物化			表现性描述		
要素	体验	体悟	体认	自理	自立	自觉	形成问题	解决问题	解释结论	创意	创作	创新	准备阶段	实施阶段	总结阶段
学生 1															
学生 2															
……															
学生 N															

值得注意的是，在考察探究的具体实施过程中可能存在课堂教学指导教师和实践活动兼职指导教师，这两类教师显然需要协同教学，及时地将学生的写实信息存放到相关的文件夹中，才能形成比较完整的写实记录。

建构主义课程评价并不主张终结性的课程评价，而是将课程评价和课程设计、课程实施过程结合起来，提倡评价主体的多元性，评价内容和形式的多样性，评价的最终目的在于促进个体的发展和课程自身的改进。[1] 考察探究主张采用自我参照的评价，“参照基础”从何而来？一方面，学校要顶层设计课程实施规划，不仅形成序列化的目标、内容、实施、评价体系，而且使每个学期的评价结果成为后续课程建设的依据。指导教师要从多学科、多渠道调研起始年级、期初的学生情况，分类整理后形成学生个体四大范畴十二维度的基础信息。另一方面，教师在准备阶段增加包括行为与物化作品的期待目标、方法和评价方式的教学指导内容，在协商的基础上，形成师生彼此认可的目标，并以此为依据，在总结阶段进行期待目标与实际达成任务之间比较，从而更好地促进学生的自我发展。

第二节 评价的多元主体

考察探究强调多元评价主体（即教师、家长、学生）的参与，听取他们的意见或建议，尤其强调学生作为主动的自我评价者的角色。考察探究的评价针对的是小组而不是个人。在传统的评价中，由于成功意味着击败其他学生，所以尽管团队合作在表面上听起来不错，但它关注更多的并不是团队合作，而是学生个体之间的排序和优秀者的选拔。考察探究则旨在发展学生的综合素养，比如对知识的理解与应用、探究能力、

[1] 艾兴：《建构主义课程研究》，博士学位论文，西南大学，2007，第 117 页。

创新能力和分享意识，而这些都需要通过团队合作才能更好地达成。[1]

以发展学生综合素质为导向的考察探究活动，从课程实施主体看，有学生、学校、教师、家长、社区/社会的参与；从课程实施的时间和方式看，既有学校内的课堂学习与讨论，也有课外的考察、调查或旅行活动；从空间看，是学校内、教室里与家庭、社区、社会、野外等的集合。随着实践活动的进展，学生学习、实践空间也跟着变化，甚至会随时根据需要切换。能者为师，实施过程中指导学生实践活动的教师、导师也可以是多样化的。他们都是多元化评价主体的重要组成部分。

考察探究的评价同时关注过程和结果，从各类事实和现象中提取有价值的信息，以真实地反映学生在考察探究活动中的参与度和各个维度的发展水平；不同评价主体之间的评价结果应具有相对的一致性，如果出现明显差异，那么需要特别分析其原因并做出解释。在此过程中，我们除了要坚持评价的方向性、指导性、客观性、公正性等原则外，还需要遵循并坚持以下三条原则：

——个性化原则。个性化原则就是要尊重学生个体或小组发展的基点，发现他们的成长之处，指出可能存在的问题，提出未来改善方向，综合反映学生个体或小组在考察探究过程中的发展特点。

——多维度原则。多维度原则就是从价值体认、责任担当、问题解决、创意物化等多个维度，分解课程目标，多视角观察、记录和评估学生的发展状况。

——发展性原则。发展性原则是指基于采集的相关信息，以个体或小组发展的眼光看待学生的表现，更好地发挥评价的激励功能，促进学生的可持续发展。

一、学生自评

在考察探究实践活动过程中每个学生所产生的丰富体验，是任何其

[1] 安桂清：《实施综合实践活动课程的评价构想》，《教师教育论坛》2018 年第 4 期。

他人都感受不到和无法准确言说的，而只有由学生自己来说明、解释和评价才最真实全面。因此在考察探究的评价中，我们要尤其关注学生的自我评价，赋权学生来综合分析和反思自己的所言所行所悟所感。而且评价的变革早已成为针对学习的评价（Evaluation of/on learning）、为了学习的评价（Evaluation for learning）、走向作为学习的评价（Evaluation as learning），因此学生参与评价乃至进行自我评价，本身就是一个学习和发展的重要内容，而不是学习之外的要素。因此教师应从一开始就创造机会让学生进入自我评价的体验与学习之中，通过这种真实的参与来逐步实现自我发展，而不是基于对学生（尤其是小学低段的儿童）的不信任而完全由作为成人的教师来完成。

但是学生对评价的学习肯定需要一个过程，不可能在一开始就能顺利地完成这个任务，因此教师的指导不可或缺，也非常有必要。不过，教师的指导并不是直接告诉学生该怎么做，或者用讲授的方式来传授关于评价方式方法的知识，而是要结合学生的评价实践，有针对性地帮助学生个体和小组发现评价过程中的问题，具体地改进自己的评价工作。这就对教师的个别化指导提出了比较高的要求。教师可以通过提供几个参考性的案例，让学生感悟做评价的经验，总结得出适合自己实践活动的评价方法；也可以提供一些评价表格，帮助学生打开评价的思路，但并不是让他们不动脑筋直接使用。如此才能在最大程度上推动学生自我评价能力的发展。

二、探究小组内互评

探究小组也可以开展相互之间的评价。这种评价方式的优势之处在于小组内各成员之间彼此熟悉，对探究的课题、参与考察探究的情况、对方任务完成的情况等都有相对完整的认知，能够相对客观地评价小组内的其他成员。但也可能会存在各方过于熟悉，因而做“好好先生”或者因为关系不能做真正客观评价的其他特殊情形。因此这种评价方式的运用须在教师的必要指导之下进行。一方面，可以通过制订相互评价的表格，将相关的项目及其标准予以解释说明，让学生在课下练习并完成这种评价，并由组长统一收回交给指导教师，以避免相互之间的可能影响；另一方面，则可以由组长主持，在组内开展专门的评价活动，每个组员互相提出自己的口头评价、意见与建议，可指定或不指定任何明确的评价项目，旨在促进彼此之间的交流，发挥互助的作用。这两种方式指导教师都可以妥善使用，两者都不太会占用太多的课堂时间，尤其是第一种方式。

三、探究小组之间互评

将学习权还给学生的评价理念还体现在让学生小组之间互相评价这一方面，这是其他学科教学过程中比较忽略的一种评价。虽然组间互评需要花费相当多的时间和教师的指导精力，但是在考察探究实践活动中，这种评价尤其重要。这不仅因为组间互评能够增加学生发展评价能力的机会，尤其是通过观摩其他小组学生的评价情况，可以反思自己所在小组的评价行为，思考未来改进评价的方向和路径；而且也让不同探究小组能够接受来自其他小组的反馈，这些反馈不一定都准确、有针对性或有价值，但是对课题组进一步明确自己的探究思路，发现探究过程中存在的问题并思考改进可能性方面都会有不同程度的帮助。从这个意义上来说，与其说是小组之间在互相评价，还不如说是他们在围绕考察探究本身进行“对话”。

小组之间的互评若要完整地推进，必然需要占据比较长的课堂时间。这是因为从程序上来看，一个课题组汇报完自己的内容之后，其他组都需要紧接着提供反馈（最好每个课题组都能有平等的反馈机会），这个过程中还可能会出现汇报组与反馈组直接对话的可能性，如此一来，时间上必然难以把控。教师一定要把控时间，但还是要有一定的灵活性和弹性。因为假如某个小组的反馈非常有价值，触及汇报组的根本，或者触及考察探究活动过程中非常重要的值得讨论的部分，那么就有必要在此停留略长的时间。汇报组和反馈组之间的直接对话有的时候也是非常有价值的，如果能引发全班的议论，就更有必要暂时停顿来进行有针对性的指导与交流。

四、家长评价

家长评价是考察探究评价系列中非常重要的一环，却也同样是容易忽略的一环。许多研究表明，家长在学生学习上的参与程度对学生的学业成就有显著的影响，参与程度越高则影响越积极。在考察探究的评价中引入家长的力量，一方面是为了获得家长的支持，以便让他们也能够体认考察探究的价值，进而支持孩子们的实践活动，甚至提供可能的帮助与指导，这可以在一定程度上弥补考察探究缺乏更多课程资源支持的窘境；另一方面，家长作为利益相关者，有必要参与到孩子的学习过程之中，对孩子在考察探究方面所存在的问题及时加以关注和引导。这既可以促进问题的解决，也可以增进亲子关系。而且，因为家长对自己孩子的个性能力相对熟悉，通过深度的参与能够对孩子成长变化的情况有相当的了解，所以由他们对孩子做出评价，有助于弥补学校内评价可能的偏颇与不足。

教师可以通过制作和发放调查问卷的方式，让家长在各个阶段都能关注到孩子进行考察探究的具体情况，尤其是在具体实施的过程中，以及孩子们在完成探究之后的总体感受。这样，家长们一方面能够比较多地参与到孩子的学习过程之中，另一方面则能给出相对丰富和真实的评价信息。如果只是在最后环节给出一张问卷让家长填，则很多家长可能会乱填、随便应付或者无法填写。当然，教师也可以邀请家长一起参与到学生的展示环节之中，让家长亲自感受和了解自己孩子在考察探究过程中经历了什么、获得了什么、发展了什么，再给出一个专门的时间让家长进行评价反馈。这样的活动其实就可以把学生展示课变成家长开放课，对于增进家校之间的联系与合作有积极意义。

五、社区／社会评价

考察探究要求学生走进社区、走向社会，一方面争取社区和社会的支持来开展相关调查与探究活动，毕竟能工巧匠藏龙卧虎于社区、社会之中，他们之中必定有的擅长设计，有的专长实践，也有的是操作技能的多面手，因而只要他们愿意，都可以成为学生考察探究活动潜在的指导教师。另一方面，学生的探究活动必然会涉及社区或社会的议题，他们本身就是学生生活中的重要组成部分，尤其是关涉社区或社会议题的探究，就更需要社区或社会来做出评价了。当然，要让社区或社会参与到评价之中，教师及学校必须要创造比较良性的机制，否则要不就会沦为纯粹的形式，要不就无法让社区或社会真正参与其中。比如学校可以设立专门的开放日，让社区或社会相关人士加入专门的展示和评价活动之中；也可以通过发放问卷及其他表格、文档，让相关人士私下里填写提交。

六、教师评价

教师是整个评价过程中最为常见及关键的主体。在一般学科中教师评价往往是最主要乃至唯一的评价方式，但是在考察探究等综合实践活动课程中，不仅应适当弱化教师评价的比重，而且应将学生的自主和互评放在最主要的地位上，从而更显著地突出以学生为本位的课程理念。但是强调学生为主体的评价及其优先性，并不意味着不要教师评价，就如同要学生在整个考察探究活动中发挥主动与主体的作用，并不意味着教师可以什么都不做。但是在现实中，这样的误区却依然普遍存在，要不就是完全以教师评价为主导，要不就是教师评价没有发挥其应有的实效。尤其是在小学阶段，学生各方面发展还不成熟，因此需要教师运用激励性的评价机制，以指导和鼓励为主，帮助学生不断对考察探究活动产生兴趣并且从中发展自己的多方面能力，包括评价能力。指导教师全程参与学生的考察探究实践活动，其间通过不同的途径获得了丰富的学生活动信息，为其开展评价工作提供了最全面的准备和支持，因此教师是所有成人主体中最能比较客观全面地评价学生的群体。在具体评价过程中，教师要依据考察探究的总体目标、课题的基本目标和要求，结合档案袋和平时对学生活动情况的细致观察，对学生的知识技能等发展水平进行综合考察和分析，撰写出有关学生考察探究情况的评语，或者在现场对学生小组的整体情况进行点拨式评价，引导学生对自己的探究活动做出反思，明确进一步努力的方向。高中学校则要结合实际情况，研究制定学生考察探究活动的评价标准和学分认定办法，以便使学生明确实践活动的要求。

第三节　评价的内容维度

考察探究强调“做中学”“学中做”，课程与教学不是二元分离的，而是同一过程的两个方面，即内容与方法、过程与手段之间具有内在的连续性。学生在考察探究实践过程中不仅习得知识、技能与方法，还会体验情感、态度与价值观，这些都可以构成评价的重要内容。但是考察探究的评价难以提供所谓的“统一标准”“参考答案”，也就是说在内容上尽管可以做一些探索，但很难要求全国各地的指导教师在评价学生时都参考这样的“标准”，即便在同一个班级的评价实践中，也不应要求每个探究小组及每个学生都按照这样的“标准”去执行，毕竟每个学生所得到的收获以及体验是有个体性差异的，所以从理想的情况来看，考察探究应从学生的发展水平及历程出发来确定评价的维度。

一、评价内容的确立依据

英国评价专家在《为了学习的评价：基于研究的指导课堂评价原则》这本书中指出，为了学习的评价必须是全面的，它包含两层意思：第一层意思是，使所有的学生都参与到评价中来；第二层意思是，评价必须包含学生的所有方面。[1] 教育即儿童经验的持续生长，而不是为了某种外在的目的，这是杜威实用主义教育思想的核心。因此，考察探究活动的评价本质上是对活动本身内在价值的欣赏。不论是对不同形式考察探究活动的评价，还是对学生在活动中多元表现的评价，均应以其是否促进了学生经验的生长为标准，而不应强加其他外部标准。[2] 评价过程就是研究过程，它嵌入考察探究的过程之中，而非游离其外。这种评价可称为"欣赏性评价"。[3] 考察探究在活动场所、活动方式、操作流程等方面与常规课程、主题学习活动不同，在呵护和发展学生的好奇心及探究精神、提升学生的批判思维和创新思维能力、发展学生的小组合作和交流能力上具有重要的教育价值。[4] 学生在教师的指导下，前期针对选定的课题探究目标、内容提出"解释或观念"。这种"解释或观念"，从现有课程实施的情况看，往往倾向于以（手工、电子）小报、PPT、实物、报告等静态成果展示、分享、交流。毫无疑问，这是学生实践活动成果的重要组成部分，但还应包括学生为之付出努力的全过程，在实践活动过程中收获的知识与技能，以及在人格、情感、态度、价值观等方面的成长。

后现代主义哲学视野下的评价标准是多元化的，要求教育者不能用"一把尺子量到底"。张华教授在《迈向素养本位教育评价观》一文中也指出：一种素养可以有多种表现，既包括不同人的个性化表现，又包括

[1] 林苗：《研究性学习的发展性评价建构》，硕士学位论文，扬州大学，2016，第 2–3 页。
[2] 张华：《经验课程论》，上海教育出版社，2001，第 108–112 页。
[3] 张华：《杜威研究性学习的思想与实践》，《当代教育科学》2005 年第 24 期。
[4] 高振宇：《综合实践活动课程之"考察探究"：内涵、价值与实施》，《基础教育课程》2017 年第 23 期。

同一个人在不同情境中的表现；一种表现可能体现或反映不同素养，既可能是不同类型的素养，又可能是不同发展水平的素养。张华教授认为表现性评价的核心内涵是：理解核心素养的可能表现；创设促进核心素养表现的真实任务情境；研究学生运用学科观念解决问题的思维过程；评价学生解决问题及观念物化的结果，如研究报告、作品、实物等；让评价过程始终嵌入教学过程并促进学生核心素养的发展。[1] 综合实践活动课程建立了“价值体认、责任担当、问题解决、创意物化”四大范畴的目标体系，这也是考察探究所应追寻的目标，而不应把考察探究的目标狭隘地锁定在问题解决这个维度上，因而也是在评价实践中所应参考的主要内容元素。四大范畴之间存在交互性，在考察探究的过程中相互影响、相互促进，彼此是一种相辅相成的关系。目标的每一个维度就如同三棱锥的一个面，是统一的整体，其内在关系无法人为割裂。

尽管《指导纲要》提出了相对细化的分学段目标，但对于学校和教师而言，还需要进一步分解细化，形成具有可操作性的定义和指标，才便于在实践活动中执行。综合考量考察探究的特质，在分析各学段价值体认、责任担当、问题解决、创意物化四大范畴目标的基础上，我们分别确定了体验、体悟、体认，自理、自立、自觉，形成问题、解决问题、解释结论，创意、创作、创新等作为考察探究在内容上的评价维度。

二、评价内容的具体维度

在参考考察探究基本理念和特点的基础上，我们从价值体认、责任担当、问题解决、创意物化四大范畴确立了十二个评价维度，兹详述如下：

一是价值体认，包含“体验”“体悟”“体认”三个维度。其基本含义为，学生亲身经历、参与考察探究的完整过程及各种类型的活动，在探究实践中建立与自然、社会和他人的积极交往关系，获得有积极意义

[1] 张华：《迈向素养本位教育评价观》，《教育发展研究》2019 年第 6 期。

的价值感受；在行动中领悟他人、社会与自然的自身价值及对自我发展的价值，感悟各类考察探究实践活动自身的价值，发展情绪情感的感知力与控制力；认识自我存在的价值，肯定并认同集体合作的精神与意义，形成爱国爱党爱家爱校的情怀。

二是责任担当，包括“自理”“自立”“自觉”三个维度。其基本含义为，学会整理自己的个人物品及材料，发展生活上的自理能力，自己的事情自己做；乐于接受能力范围内的任务，能合理安排时间和资源来处理个人所负责的探究事务，搜集并记录必要的信息及资料，协助得出必要的结论，探究过程中遇到困难时自觉寻求伙伴及他人的帮助；积极参与探究并为小组探究做出积极贡献，积极关心他人、自然、社区、家庭、学校和社会，为促进人与自然、人与社会、人与自我等的和谐贡献自己的力量。

三是问题解决，包括“形成问题”“解决问题”“分享反思”三个维度。其基本含义为，善于从各类生活现象中发现问题，善于提出可探究的问题，学会分析问题的质量、可操作性及规范程度，能合理地将问题转化为课题，并进而形成基于问题的探究计划；提出探究假设，了解并能运用多种探究方法搜集所需资料和信息，对资料进行编码和分析，并能进行有一定说服力的解释，得出相对科学合理的结论或问题解决方案；设计多种形式与同伴分享自己的问题解决历程、思路及结论，汲取他人给出的反馈意见，及时改进探究的方式、方法与方向。

四是创意物化，包括“创意”“创作”“创新”三个维度。其基本含义为，反思生活经历提出有一定创意的探究问题，基于一定的创意设计探究计划，机动灵活地安排探究任务及活动；运用一定的材料、工具或方法，制作有利于完成课题目标的手工或电子成品，把自己的想法转化为有一定表现力的作品；大胆想象，提出不同的想法、看法或采取不同于别人的做法，获得对自己和小组发展有意义的更多新体验。

特别需要强调的是，上述评价的十二个内容要素并不是绝对确定的，完全可以随学校和学生的具体情况而有所变化及调整。一方面，学校间办学理念、情境和学生特点的差异是明显存在的，因此在组织实施考察探究实践活动时必然也是会有差异的；学校内部不同年级、不同班级的考察探究目标会可能也会存在一定的差异性。另一方面，这些要素本身并不是唯一的，也不是完全绝对的，教师在具体操作过程中不能顾名思义，更不能望文生义。如，“创新”，并不是指从无到有的巨变，而是对学生的小组或个体而言的“新”，哪怕只是形式、形态、意识的变化。教师可以在学生的实践过程中，自主修订上述元素及其内涵。

我们结合教师指导和学生实践活动的实际情况，基于目标内涵的水平层次与目标达成的过程性，细化了考察探究四大维度的评价要点，建立了学生考察探究评价内容的基本框架（见表 5–3–1）。

表 5–3–1　考察探究评价单

活动主题							
任务角色				持续时间			
价值体认		责任担当		问题解决		创意物化	
要素	等级	要素	等级	要素	等级	要素	等级
体验		自理		形成问题		创意	
体悟		自立		解决问题		创作	
体认		自觉		分享反思		创新	
写实描述	准备阶段						
	实施阶段						
	总结阶段						

价值体认、责任担当、问题解决和创意物化，是整个综合实践活动课程的目标范畴，也应是考察探究评价的核心内容范畴。每个范畴在具体维度上，存在着阶段性的差别。比如，价值体认强调具身认知在实践活动中的价值，因此会突出身体上的感知体验，而后发展感受体悟，最后再升华到深度体认。再比如，责任担当强调先从自己的事情自己做起，

而后准确按时完成小组探究过程中所布置的任务，最后再自觉关注他人、自然和社会，并为各方面和谐交往做出自己的贡献。具体的考察探究内容框架可见表 5–3–2。

表 5–3–2 考察探究评价的内容框架

范畴	维度	行为指标
价值体认	体验	经历完整的探究过程，体验不同类型的实践活动，获得积极感受。
	体悟	领悟他人、社会与自然的自身价值及对自我发展的价值，感悟各类考察探究实践活动自身的价值，发展情绪情感的感知力与控制力。
	体认	认识自我存在的价值，肯定并认同集体合作的精神与意义，形成爱国爱党爱家爱校的情怀 。
责任担当	自理	学会整理自己的个人物品及材料、工具和信息资料，发展生活上的自理能力，自己的事情自己做。
	自立	乐于接受能力范围内的任务，能合理安排时间和资源来处理个人所负责的探究事务，搜集并记录必要的信息及资料，协助得出必要的结论，探究过程中遇到困难时自觉寻求伙伴及他人的帮助。
	自觉	积极参与探究并为小组探究做出积极贡献，积极关心他人、自然、社区、家庭、学校和社会，为促进人与自然、人与社会、人与自我等的和谐贡献自己的力量。
问题解决	形成问题	善于从各类生活现象中发现问题，善于提出可探究的问题，学会分析问题的质量、可操作性及规范程度，能合理地将问题转化为课题，并进而形成基于问题的探究计划。
	解决问题	提出探究假设，了解并能运用多种探究方法搜集所需资料和信息，对资料进行编码和分析，并能进行有一定说服力的解释，得出相对科学合理的结论或问题解决方案。
	分享反思	设计多种形式与同伴分享自己的问题解决历程、思路及结论，汲取他人给出的反馈意见，及时改进探究的方式、方法与方向。
创意物化	创意	反思生活经历提出有一定创意的探究问题，基于一定的创意设计探究计划，机动灵活地安排探究任务及活动。
	创作	运用一定的材料、工具或方法，制作有利于完成课题目标的手工或电子成品，把自己的想法转化为有一定表现力的作品。
	创新	大胆想象，提出不同的想法、看法或采取不同于别人的做法，获得对自己和小组发展有意义的更多新体验。

考察探究以价值体认、责任担当、问题解决、创意物化为四大评价范畴，这些范畴所对应的具体行为具有整体性、连续性、联系性等特

征，这些行为所对应的关键能力、必备品格则在考察探究中呈螺旋形上升。但是在考察探究的实施过程中，也不排除教师或学校根据学生发展的实际情况，着重对学生的特定行为或能力进行具有针对性的评价，如侧重《基础教育课程改革纲要（试行）》所提出的“搜集和处理信息的能力”“获取新知识的能力”“分析和解决问题的能力”“交流与合作能力”的评价。

表 5–3–3 学生综合能力及指标分解[1]

维度	搜集和处理信息的能力	获取新知识能力	分析和解决问题能力	交流与合作能力
细化表述	·获取信息的能力 ·识别信息的能力 ·储存和整理信息的能力 ·运用信息的能力	·敏捷地获取、接受新信息的能力 ·整合新旧知识，形成新知识结构的能力 ·应用新知识解决问题的能力 ·提炼观点，形成见解，运用概念表述自己见解的能力	·问题归类的能力 ·判断问题的价值及可行性的能力 ·找到问题解决线索的能力 ·问题的表述能力 ·策划活动方案的能力 ·执行活动方案的能力 ·改进活动方案的能力	·表达能力 ·倾听能力 ·交流能力

第四节 反思与改进

“做”和“反思”的结合与统一是经验的核心。[2] 反思是学生对自己的探究过程进行监控，指出探究所取得的成绩以及依然存在的困境或问题；而改进则是在反思的基础上探索未来完善的可能性及确定下一步探究的意向课题。在反思和改进过程中，学生可以思考自己在课题探究过程中对什么感兴趣、最初想学什么以及最后学到了什么、在探究过程

[1] 参见俞丽萍等《综合实践活动教学指导目标定位与教学设计》，2014 年 浙江省教研课题研究成果报告。

[2] 张华：《杜威研究性学习的思想与实践（上）》，《当代教育科学》2005 年第 22 期。

中自己到底做了什么及为小组做出了哪些贡献、是否在思维品质及问题解决等方面有能力的发展、探究过程还存在哪些困境和问题、未来如何改进和完善、未来还想要研究什么课题等等。这些思考不仅可以提高学生探究的内在动机和自信心，激励他们更热情、更努力地参与探究，而且可以使学生学会反思自己在探究过程中的所作所为、所言所行以及探究的结果，并将其与未来的行动方向勾连起来。因此，反思和改进是个体获得自我感的方式，是学生自主性的体现，是学生走向自律的必由之路。[1]

一、反思的内涵

日常用语中的“反思”，是面壁思“过（过失、过错）”，是“被批评”的代名词。相比考察探究里所侧重的“反思”，显然是两个不同的概念。而在英语语境中，反思通常是指 reflection，其原意是指镜子中的映像或水中的倒影，引申为对自己所言所行的思考，因此具有积极的意义，与中国古代《论语》中所强调的“反省”是相似的。从这个意义上来说，考察探究中的反思就是指学生及其探究小组对自己在整个探究过程中的所言所行、完成任务的情况等进行反观自省，以便发现其中可取的经验及存在问题，为下一步的改进奠定基础。

目前学界有提出所谓“反思性学习”的基本模式。首先，学生反省自己的学习过程和结果，这里包括回顾学习过程、检查学习策略、检验学习结果等。其次，学生自我评判学习过程和结果是否完善。如果是，并不意味着反思活动终止，而是进入总结提高和改进阶段，这里包括总结经验、提炼方法、优化探索、深化延拓等；如果不是，就进入察觉问题阶段。再次，学生通过分析、假设等方法界定问题，再通过搜索、探究等方法确定解决问题的对策。最后，通过实践检验所采用的策略是否正确。

[1] 崔允漷、安桂清:《试论普通高中研究性学习的课程框架》,《教育发展研究》2003 年第 6 期。

对考察探究中的学生而言，反思不只是回忆、回顾实践活动经历和经验的心理活动，其落脚点在于找到探究过程中可能存在的问题，分析这些问题的根源，以便在改进阶段寻找可以解决的方案。要注意的是，反思也是学生自主活动的过程。通过主动的、自觉的、积极的探究，学生学会进行自我认识、自我分析、自我评价、自我改进，最终实现自我提升。在这个过程中，学生自始至终都是学习的主人，因此决不能把反思这个环节的主动权交到指导教师手中，由成人来代替学生提出反思的意见。反思应以学会学习为目的，引导学生既关注实践的直接结果又关注其间接结果，即学生眼前的成果和学生未来的发展。学生通过对探究的问题及解决问题的过程进行全方位回顾、分析和思考，可以深化对问题本身的理解，优化思维过程，揭示问题本质，沟通知识间的相互联系，促进知识的同化和迁移，并进而产生新的知识和发现。反思可帮助学生拓宽思路、优化解法、完善思维过程。由此看来，反思具有探究性、自主性、发展性和创新性等特点。

二、反思与改进的教学指导策略

反思与改进的教学指导可以分为两种：第一种是侧重学生个体和小组团队的反思与改进。学生个体、小组在回顾整个探究历程的基础上进行交流和讨论，再在教师的指导下，思考和提出改进策略。第二种是班级集体的反思与改进。考察探究的指导教师在系统梳理全体学生的总体表现后，聚焦普遍性的问题，引导学生进行集中思考和讨论，并以集体的智慧探索出改进和完善的策略。在“反思与改进”的活动过程中，通常还会与“总结”结合起来，构成“总结＋反思＋改进”的特别环节。

学生自身的变化才会体现出考察探究的实际效果。考察探究活动的主体是人，因此考察探究的评价归根到底是对学生成长变化的评价，通过观察这种变化才能判断考察探究的效果，反思其中不足的地方，并进行改进和完善，最终又回归到进一步促进人的发展这个根本目标上来。

（一）充分研判学情，聚焦反思与改进的基本点

通常情况下，“反思与改进”是作为考察探究最后一个阶段来呈现的。全体学生经历了前期的实践活动之后，会有各式各样鲜活的体验与感悟，并积累与发展相应的知识与技能，这就如一个巨大的花坛，既盛开着各种颜色的花朵，也点缀着美丽的小草。在反思改进的环节，教师无论撷取哪一朵花或哪一株小草，对学生而言都是具有重要意义的。但对于面向全体学生的教学指导而言，教师不得不聚焦相对普遍的问题、挑战、意义与价值以及改进的方向，才能对尽可能多的学生产生实质性的意义。

指导教师应在充分搜集学生实践活动相关信息的基础上，结合每个课题的基本目标，筛选出反思与改进的典型材料，确立这一环节教学指导的基本点。但这些“点”往往是散点状的存在，指导教师须通过两种方法进行重组和整合：一是“块状化”，即关注若干相似的基本点，按照点与点内在相对一致的逻辑顺序实施指导；二是“线状化”，这条“线”主要表现为实践活动进程的时间序列，或者是能力、方法、知识、情感、态度、价值观的运用与发展历程，也可按一定的时间历程进行梳理。

教师指导的基本方法是“对话和自由交换意见”[1]。值得注意的是，对话、自由交换意见并不是漫无目的的闲聊、瞎聊，它是多主体、多向度之间的对话，是有意识、有目的的交流，是触及心灵的、需要思考的深聊。换言之，教师需要让学生聚焦反思、改进的基本点，否则就会陷入人云亦云、众口难调的混乱困顿之中。

（二）关注知识、能力、心理三大空间，挖掘反思与改进的“增长点”

理想（课题的预计目标）与现实（课题完成的情况及效果）的距离，即为教师可指导的空间。在考察探究的反思改进阶段，存在着教师指导

[1]凯瑟琳·坎普·梅休、安娜·坎普·爱德华兹：《杜威学校》，王承绪、赵祥麟、顾岳中、赵端英译，华东师范大学出版社，1991，第236页。

的三个空间：

一是知识空间。任何类型的考察探究（如野外考察、社会调查、研学旅行等）都需要知识作为基础，也必然伴随着知识的积累、应用和创造。这种知识一方面指的是跟其他各个学科有直接联系的知识，另一方面则是指从生活中积累和发展而来的知识。考察探究的课题虽然取材于生活，并要解决生活中的问题，但这些问题不可能纯粹靠生活的粗浅、零散经验就能直接解决的，必然需要用到已经习得的各种学科知识；而且考察探究侧重的是学科知识的综合应用，而不是不用学科知识。对已有知识的应用不仅能让学生发现考察探究与其他学科之间的联系，从而更加积极地投入到实践活动之中，而且也有助于推动学生通过应用学科知识来提升其他学科的学习效果。所以在反思改进阶段，教师首先需要看学生有没有应用已经习得的学科知识，应用的基本情况，还存在哪些知识不足的地方，以便为下一个阶段继续加强学科知识的学习，更好地服务于考察探究奠定基础。当然，学生在生活中也会积累必要的知识，这些知识不一定与学科有直接关系，但可能对问题解决有帮助，这些知识同样需要在反思与改进阶段进行回顾、提炼、总结和改进。

二是能力空间。能力空间指向的就是以核心素养为代表的学生综合素质，特别是其中的社会实践能力、创新能力等。前面提到的评价内容，已经提到四个板块的具体维度和行为，都可以被视为是此处能力空间的重要组成部分。因此教师除了让学生总结这些能力的具体使用情况，也须反思种种能力为何这样发展、为何发展到这个阶段及层次、中途有何积极的促进或消极的阻碍因素，并提出下一步能力发展的重点方向及路径。不同年龄段的学生在能力的要求上是有差异的，因此教师在指导学生反思与改进时，应从他们年龄阶段的总体水平出发，不能做过多过高的要求。

三是心理空间。这里的心理空间，从认知心理学的角度看是指“元认知”，从课程目标的维度来看则主要指向情感、态度和价值观。这里的元认知，就考察探究而言，主要包括学生对自己认知能力的认知，对探究课题的目标、要求及实践过程的认知，在何种情境下运用何种认知策略、如何最好发挥自己的能力，此外还包括学生在力图解决问题过程中所使用的调节机制，如计划、监测动态、检验、情绪情感调节等等。这部分空间相对来说，是教师比较容易忽略的指导部分，但却是学生终身学习力发展中至关重要的部分，应当引起充分的重视。

（三）运用倾听、共情、追问技术，搭建合理支架

反思改进的指导过程中，教师需要特别运用倾听、共情和追问三大技术。所谓倾听，主要指的是对学生自身情况、自身观念的倾听，是要更多赋权学生思考和讨论整个考察探究的历程，并得出他们自己的独立想法，而后在此基础上进行指导。这种倾听须是一种建立在尊重学生观点（不仅仅听表扬和肯定意见，也要听批评和挑战性意见）、信任学生思考（不故意打断和否定）、耐心等待学生发言与讨论（给予必要的思考与讨论时间）、平等对待一切学生（不仅要听组长的意见，也要听组员的意见）的态度。所谓共情，则是指教师须在充分了解学生实践情形及个人想法的基础上，能够设身处地地站在学生立场上，来理解他们为什么要这么做、为什么会遭遇某个或某些问题、为什么会这么解决、为什么有些任务没有完成等等，而不能从教师自身的角度出发进行尺度的衡量。所谓追问，则是指创设一系列追踪性的问题，以作为学生反思和改进的支架，或帮助他们打开思路，或扩展他们的视野，或指明可能的方向，或协助他们更好地理解所探究课题的重点等等。追问是在学生提出想法或问题的基础上的进一步提问，是为了推动学生继续产生新想法、获得新发现的优质提问。这种追问的能力需要教师在指导过程中不断养成，如此才能对学生的发展产生真实的深度的作用和影响。

下编　设计制作

第六章

设计制作概述

设计制作同样是综合实践活动课程的四大活动形式之一，主要包含劳动技术、信息技术两个部分的传统内容。在强调设计思维和全民创客的时代，设计制作尤具有重大的意义。本章首先重点阐述了设计制作在项目式学习和设计学习意义上的具体内涵及特质，其次探索了设计制作与学生劳动素养、技术素养的发展之间存在的密切联系。随后从价值体认、责任担当、问题解决、创意物化四个方面阐述了设计制作的总体目标，并建议学生基于劳动教育全程渗透、项目选择从易到难、技能发展循序渐进、问题解决贯穿始终、技术兴趣指向终身等原则进行具体的目标设计。

第一节 设计制作的内涵与特征

传统的“劳动技术与教育”在实施过程中，以学生技能学习与训练为主要内容，呈现出“技术理性”的导向，忽视了技术发展背后的历史脉络及文化内涵，削弱了技术教育中的创意思考及思想意义，因而其对学生的发展价值有限。《关于深化教育教学改革全面提升义务教育质量的意见》和《关于全面加强新时代大中小学劳动教育的意见》提出要加强劳动教育，努力把综合实践、劳动与技术教育落到实处。在2018年全国教育大会上，习近平总书记在讲话中进一步强调：“要在学生中弘扬劳动精神，教育引导学生崇尚劳动、尊重劳动，懂得劳动最光荣、劳动最崇高、劳动最伟大、劳动最美丽的道理，长大后能够辛勤劳动、诚实劳动、创造性劳动。”设计制作可以说是传统的“劳动技术与教育”的升级版，是《中小学综合实践活动课程指导纲要》中规定的四大主要活动方式之一，是基础教育阶段实施劳动教育的主要载体。

一、设计制作的内涵

综合实践活动课程的主要活动方式包括考察探究、社会服务、设计制作、职业体验。设计制作是指学生运用各种工具、工艺（包括信息技术）进行设计，并动手操作，将自己的创意、方案付诸现实，转化为物品或作品的过程。设计制作包括两个核心概念，其中设计有广义和狭义之分。从广义上来说，设计是一种建构，包括视觉听觉、空间时间、艺术造型、知识技能以及问题解决方案等各个方面的建构。从狭义上来说，设计是指学习者为了解决某个问题或开发某个事物而提前进行的系统规划、创意生成的过程。综合实践课程中的设计既是基于对现实世界中的问题进行建构从而以劳动、技术等方式解决问题的过程，也是基于学生对劳动、操作等的本能与兴趣，通过创想某个点子做出某个产品从而来改造实践的过程，因而整合了“基于项目的学习”（PBL）和“基于设计的学习”（DBL）两类学习的特征，也继承了自20世纪初以来“设计教学法”（Project Method）的核心思想与基本诉求。

制作则通常是指对原有材料进行手工拆解、装配、重组或加工，以形成人工制品的过程，它是儿童的自然本能之一。基于制作的学习具有典型的“操作性学习”（Hands-on Learning，HOL，又可译为动手学习）的特征，更集中地体现了杜威实用主义教育思想中“做中学”的理念，强调在真实世界中开展手工制作或数字制作类实践活动，从而来增进对世界的认知、提升改造世界的能力，并发展自身的知识、经验与能力。通过制作活动，学生不仅仅成为知识的消费者，更成为知识的创造者，一个名副其实的“创客”。因此，可以说，设计制作就是以尊重学生制作（或操作）、设计、劳动的本能为基础，以参与手工或数字类创造性实践为特征的学习活动。[1]

二、项目式学习意义上的设计制作

综合实践活动课程将活动划分为四种类型，一般来说考察探究具有典型的项目式学习的特质，而设计制作则偏向于操作性学习，但是这不意味着设计制作的过程中只从事操作性的学习活动。事实上，设计制作本身是项目式学习与设计学习的合体，项目式学习的特征在学生的设计与制作过程中也有鲜明的体现，主要反映在以下三个方面。

（一）设计即项目驱动

在项目式学习中，项目往往是整个学习过程的驱动者和中心，但这里的项目不仅仅是某个问题的解决、服务的开展、知识技能的习得，而且也包括产品的制作。设计制作整个过程都是受产品所驱动的，最初的

---

[1] 钱旭鸯：《综合实践活动课程之“设计制作”：内涵、价值与实施》，《基础教育课程》2017年第23期。

创意设计就已经将这个作为项目的产品构想出来了，而后整个选择活动材料或工具、动手制作等过程也都指向于去完成这样的产品，最终学生会展示这个产品并提出反思及改进建议。

（二）设计即问题解决

前文已经提到，设计在广义上是一种建构，这里的建构包括提出问题、解释问题及解决问题，因此设计制作具有鲜明的项目式学习的特质。这里的问题是学生基于对现实世界的反思而形成的，主要是不满于传统的产品，或者相对现有的产品进行改造，或者是想制作具有个人色彩的作品等。在设计制作的整个过程中，学生必然也会遇到各种问题，如资源的问题、技术应用与学习的问题、创意物化的问题等等，因此对学生问题解决能力的发展具有重要意义。而最后经由制作或劳动而形成的作品，在根本上就是为了呼应最初提出创意时所针对的问题，是对问题的一种解决，从而能够对自己的生活世界产生更真实的意义。

（三）设计即小组探究

设计制作并非一场“独幕剧”，传统的劳动与技术教育常常是给每个学生提供一套材料或让每个学生坐在自己的计算机面前来进行个体性的活动，尽管这样的活动也是需要的，但是对于学生的发展来说是远远不够的。综合实践活动倡导学生组建团队共同思考并构想设计的理念，相互讨论提升理念的创造性及适宜性，而后在制作的过程中分工负责、协作完成，最后的作品也是由集体的方式进行展示、评价和反思。设计制作的整个过程对于学生而言也是一种探究，最初的理念是基于问题而产生，制作的过程需要进行批判和创造等复杂性的思考，需要对原先作为假设的构想进行验证与完善，最终获得问题的解决与项目的完成。因此设计制作对于学生的小组协作能力与探究能力都是重要的发展平台。

三、设计学习意义上的设计制作

设计学习的英文表达为 Design-based Learning（DBL），国内译名为设计学习或基于设计的学习。设计学习最初来源于学校之外的竞赛项目，如机器人竞赛或ThinkQuest竞赛，而后才被引入科学领域之中，并扩展成为一种应用于各个教育领域的重要学习方式。在如今这个全民“创客”的时代，设计更成为一个人的基本能力与素养。以下，我们将阐明基于设计学习的设计制作活动所具有的一般性特征。

（一）设计具有生活性

设计制作活动具有强烈的生活取向。学生所设计的各类产品都是为解决生活中的实际问题而服务的，学生的创意构想也是基于他们自己的生活经验而来，并且学校也应鼓励学生充分利用生活中可获取的材料来进行实际的动手操作或劳动，并且期望每个设计组都能寻找适合自己的材料来进行创造，而不是像传统的劳动与技术教育一样，由教师提供统一的材料包或资源包，然后让学生都按照统一的模式去模仿所谓的标准模型。尽管最后学生做出来的产品都和标准的产品很像，而且教师可能也会以像不像来评判学生的学习成效，但是这些产品都是“去生活化”的，不能充分体现每个设计组学生生活世界的特征，也无法对他们的生活产生实质性影响。

（二）设计具有技术性

设计是一个相对复杂的过程，它需要学生充分调动已有的经验、知识与能力，深度观察和体验周围的环境、材料以及旧有的产品，甚至要思考其他人可能会思考的方向，从而提出具有一定创意的构想。同时在制作的过程中，学生需要通过一定合理的途径，利用各种可能的材料及技术，才能将自己的创意想法准确地转化为手工或数字产品。如果学生不具备提出设计构想、寻找合适材料或软件、加工操作信息或材料等技术能力，就无法完成设计制作的基本任务。设计学习的理念之所以最早运用于竞赛和科学领域，就因为设计是需要基于一定专业的学科知识或技能的，甚至还要看谁的设计更有创意，谁的制作更为精细，毫无疑问，这些都离不开一定的技术。

（三）设计具有创新性

设计专家罗伦德（G.Rowland）曾对设计下过一个定义，他认为所谓设计就是为创造某种具有实际效用的事物而进行的探究，它包括对不良情境的探索，对一个或多个问题的发现、详细说明与解决，以及对导致有效变化的途径进行详细说明等。[1] 在设计制作活动中，学生正是因为对原有的产品或现实感到不满意，才基于自己的经验、创意与能力，构思新的具有个性化特征的想法，并随后落实到手工或数字等各类制作过程之中。设计制作之所以不同于传统的劳动技术教育，正在于它继承了当今时代所流行的“创客”文化精神，其本质在于创造出对个体而言的新产品或新物品，而不是对原有技术或操作的简单模仿，因此尤能推动学生创造性思维的发展。

（四）设计具有可操作性

学生所设计的思路或构想，一方面要考虑学生已有的知识、能力与技术水平，不能天马行空地提出想法，却因技术或资源的限制而无法实施，超出了课题组的现实情境，因此学生在创意设计时务必要考虑内外各种限制的因素及优势；另一方面也要考虑在生活中进行应用的价值与可能性，从而对学生的生活产生实质影响，两者都体现出设计要具有可操作性的特点。只有具有可操作性的设计，才能变设计为作品，最终服务于学生的生活，在此过程中，学生才能获得积极的劳动与制作的体验，提升技术素养及问题解决的能力。

（五）设计具有审美性

设计制作是跨学科的综合性活动，学生经历设计制作的过程，可以调动的除了常规的语文、数学、科学等学科之外，还可以充分借助美术、音乐等艺术性学科。因为一方面学生的设计及最终作品除了要满足实用性的要求之外，同时也要考虑其艺术的、审美的价值。在评价学生设计

[1] 张君瑞:《“基于设计的学习（DBL）”理论与实践探索》，硕士学位论文，扬州大学，2011 年，第 8 页。

及作品时，也会考虑其给人带来审美体验的程度。真正优秀的设计作品，不仅在技术上出类拔萃，对现实生活产生实际的意义，而且能给人带来强烈的视听觉冲击。当然，我们不能要求所有学生所设计的作品都具有非常高的艺术水平和审美特性，但是学生在设计时将艺术的要素主动考虑进去，不仅可以增强他们的审美体验，而且可以使设计制作本身也变成一种审美探究活动，从而促进学生综合能力的发展。

第二节　设计制作的教育价值

设计制作鼓励学生参与各类劳动实践活动，落实劳动教育要求，这里的“劳动教育”表面上是指“教育与生产劳动相结合”，但实质是指“教育与知识经济相结合”，因为让学生学会创造性劳动，而不是简单的体力劳动，是21世纪教育现代化、社会发展与人的发展的内在要求。[1]与此同时，设计制作也是学生深度参与实践性设计、协作学习的过程，对学生工程思维、创造性思维及反省思维等的发展有重要意义，它有利于深度学习的实现和学生创新能力的培养。[2]

一、设计制作与劳动素养

教育部、共青团中央、全国少工委《关于加强中小学劳动教育的意见》指出，要将国家规定的综合实践活动课程、通用技术课程作为实施劳动教育的重要渠道，开足开好。《关于深化教育教学改革　全面提高义务教育质量的意见》也指出，优化综合实践活动课程的结构，确保劳动教育课时不少于一半。而在综合实践活动课程中，践行和推广劳动教育的主要部分就是设计制作。但设计制作所推行的劳动教育，其目标不单

[1] 褚宏启：《21世纪劳动教育要有更高立意和站位》，《中小学管理》2019年第9期。
[2] 钱旭鸯：《综合实践活动课程之“设计制作”：内涵、价值与实施》，《基础教育课程》2017年第23期。

纯只是为了让学生进行劳动，掌握某种劳动技能，还是为了整体提高学生的劳动素养，这是和传统的劳动与技术教育所不同的地方。所谓劳动素养，通常来说就是指学生在多种劳动过程中形成的与劳动相匹配的劳动知识、劳动意识（如形成劳动伟大、劳动光荣、自觉劳动的意识等）、劳动精神（如勤劳、奉献、创新、奋斗、吃苦耐劳等）、劳动思想（如劳动创造人、劳动创造财富、劳动创造世界和美好生活）、劳动技能（如具体的校内劳动、校外劳动、家务劳动所需要的技能）、劳动体验等的综合。它是衡量学生能否完成某项劳动所对应的探究任务之最根本、最重要的指标。设计制作对促进学生劳动素养的提升主要体现在以下三个方面：

（一）合作与独立劳动并存

设计制作活动倡导以合作学习、合作探究及合作劳动的方式进行实践，因此学生须以小组的方式共同构思创意、共同劳动实践、相互展示分享，以及相互反思改进。当前学校教育对学生之间的竞争的重视更甚于学生之间的合作，即便有合作也往往是“虚假合作”，“为了表面的合作而合作”。而在设计制作活动中，学生之间由于观点的差异、知识与经验的差异、劳动任务的挑战性、集体展示与互评的必要性等等，会高强度地要求学生之间的合作，而且是真实的合作。学生在合作劳动的过程中，可能开始时并不擅长，会出现“搭便车”“无所事事”、不善交往等问题，但随着时间的推进和合作练习的持续，学生的合作技能就会不断增强，从不愿合作、不会合作到善于合作、乐于合作。当然，在合作劳动的过程中，并不意味着学生的独立性被“剥夺”了，相反，如果小组内的每个学生不能发挥其独立思考、独立设计、独立劳动、独立评价的能力，那么整个学生探究的劳动任务就不可能完成。在设计制作中，每一个人对小组的贡献都是小组成功的关键保障。孔子早就强调“学而不思则罔，思而不学则殆”，我们既需要自己学会独立思考，也需要向他人学习。在设计制作中，教师既要鼓励学生进行自主发展和独立思考，也要鼓励学生在小组内、小组之间相互学习，所谓“三人行，必有我师焉”，相互取长补短才能求得劳动素养的提高。

（二）共同性和独特性并存

在劳动主题的设计与制作活动中，所有的学生都会经历发现问题、提出问题、劳动技能学习、创意设计与表达、劳动实践、展示与评价、反思与改进等诸多环节。学生在校内劳动、校外劳动和家庭劳动之中，由于教师和家长等的方向性引导，教学资源的统一使用，特别是劳动场地的相对确定性，学生会经历较多相同或相似学习历程，因此学生最终的劳动成果可能具有相当程度的相似性或共同性。但教师也须有意识地肯定并鼓励学生进行创意设计与构想，进行个性化地表达与实践，开拓学生的劳动思路，提升学生的劳动思维，让学生的个性与创造思考力能得到充分的彰显和发展，由此形成各具特色的劳动成果或产品。

（三）脑力和体力劳动并存

设计制作以操作性学习为主要学习形态及方式，也就是强调“做中学”“学中做”，但这里的“操作”或“做”不仅仅停留于动手操作或劳动的层面。通常我们总是会将学生的劳动局限为体力劳动，把它狭隘地理解为打扫卫生、下地种菜种田、搞家庭卫生之类的活动，却忘记了即便在这些劳动中，学生也并不是不动脑的，而且有大量关于电器维修、班务整理、室内装饰、勤工俭学、工业体验、商业和服务业实习等，本身就需要脑力劳动的深度参与。因此学生的操作性学习应该是富有思想意义的、充满探究和创造的过程，是手脑并用的过程。学生劳动作品的构思需要动脑思考劳动场地的需求及劳动的性质，需要动脑思考自己的劳动能力是否能将对劳动的构思与实践转化为作品，需要动脑思考劳动作品制作出来之后能否再次完善和改进。毫无疑问，在设计制作的活动中，动脑与动手是不可分割、相辅相成的。而这种脑力和体力相结合的劳动素养才是21世纪人才培养所需要的。

二、设计制作与技术素养

技术一词源自古希腊词语techne（指艺术、技艺或工艺），意味着制造或工艺的行为，如今它包含多层含义，它可以指人类发明的一切产品与人工制品，也可指创造产品的知识本身；它可以指获得知识或产品开发的过程，也可以广义地指向由产品、知识、人员、组织、规章制度和社会结构所组成的整个系统。总之，技术可以说是用来拓展人的能力、满足人的需求和愿望的各种各样的技艺、知识或过程的集合。技术具有几个基本特点：首先，技术属于人类，它因人类而产生，为人所创造，并最终为人所用。人与动物的重要区别之处在于，人具有制造和使用工具的能力和创新的愿望。其次，技术是动态的，它在不断改造着现实，推动着人本身的改变和社会的发展，且技术的进化不可逆转，人类的历史就是一部技术的进化史。最后，技术是一个系统，包含输入、过程、输出、反馈和控制等要素，技术系统具有目的性，是为了满足人的需求和愿望而开展的创造性活动。技术需要人、材料、工具、能量、信息、资金、时间等资源的输入，技术系统包含设计、生产和管理三大加工过程，技术系统会输出实时的和长久的、想要的和不想要的、想到的和未想到的各类产品，而为了让技术系统的输出达到预期目的，就需要人类施加一定的控制。

人类社会的发展越来越需要我们每一个人都具备一定的技术素养，特别是在互联网和人工智能的时代。那么何谓技术素养呢？简单地说，技术素养就是指使用、管理、评价和理解技术的意识与能力的集合。其中，技术的使用是指人了解现存的系统及其组成部分，能够基于系统中存在的不足进行技术的创新，能够熟练地运用相关的技术解决问题等。技术的管理是指恰如其分地控制技术的使用，使各项技术活动能够有效及恰当地运作，从而促进系统的变革或问题的解决。技术的评价是指人能从多个角度（功能、效率、成本、审美、对社会和自然的影响等）对技术的过程及其产品进行评价。技术的理解则是指了解什么是技术，技术是怎么产生的，技术会怎样影响人、自然和社会。反过来，人、自然和社会又会怎样影响技术等。要对技术建立起客观公正的认知与理解，既积极应用又不盲目信从。一个有较高技术素养的人必定是有较强的问题意识和问题解决能力、具备系统思维、有责任意识与能力、具备一定技术知识和能力、能较好地理解技术的本质及其影响等的人。

从学生的角度来说，我们生活中无时无刻不在使用技术产品或与技术打交道，既会面临做出各种技术相关决策的机会，也会遭遇各种各样的障碍及问题，因此了解技术、应用技术、创造技术等都是学生生活不可分割的一部分。而设计制作恰好提供了让学生利用所学技术知识、应用经验中所习得的技术能力，从而创造出更多技术产品的机会，对于学生技术素养的发展至关重要。我们可以从技术知识、技术能力、技术思维与方法三个方面来论述设计制作对学生技术素养发展的具体表现。

（一）技术知识

技术知识是技术素养的基础。中小学生除了通过专门的信息技术课程掌握技术知识之外，在设计制作过程中通过各类实践活动也能进一步积累、发展乃至创造技术知识。总的来说，学生应逐步认识到技术在我们日常生活中无处不在，了解技术相关的基本概念、术语和方法，理解设计过程中的本质、影响与局限，了解技术可能具有的风险，并认识到有的风险可以预测、有的无法预测，能意识到技术的开发与应用都存在利弊，并了解技术背后所体现的社会价值、文化与思想意义。根据教育部推荐的设计制作主题，我们可以更具体地发现中小学生所应掌握的技术知识包括两大方面：其一是信息技术，如网络信息、计算机文件、信息安全、演示文稿、电子报刊、摄影照相、数字声音、物联网、开源机器人、互动媒体作品、计算机、局域网等；其二是劳动技术，如纸艺、陶艺、木艺、家用电器、建筑模型、烹饪、单片机、3D 设计与打印技术、激光切割与雕刻等。

（二）技术思维与方法

技术思维与方法是指技术本身所固有的思维方式、解决问题的方式与方法等。技术思维与方法可以说是技术素养的灵魂，占据着整个技术素养的最高层。它从宏观层面提供了解决技术难题、进行设计制作的思路与方法。当然，技术思维与方法并不是一成不变的，它完全可以在学生设计制作的过程中伴随技术知识和能力的精进而得到进一步的发展。学生既需要掌握一定的技术思维与方法，也可以在实践活动过程中进一步发展传统的技术思维与方法。从宏观的角度来说，技术思维一般可以包括批判性的技术思维以及创造性的技术思维。批判性技术思维如质疑已有技术及产品的功能、效果及影响，保持探究和求知的好奇心，具有开放的思维倾向，信赖技术但又不迷信技术，包容不同人对技术的意见与建议，选择适合自己创意的技术，识别并分析技术系统中的不同变量及其相互关系，借助证据和合理的推理形式进行有效论证，发现设计制作过程中的逻辑漏洞，综合不同角度的分析得出结论，形成问题解决方案，开发新产品，基于设计制作的整个过程及其证据来评价自己、他人和整个团队，等等。创造性技术思维则包括发展冒险、挑战、独立、自信、内驱等创新态度与人格，培育发散、辐合、重组、逆向等思维，学会从多个角度对技术方案进行澄清和分解，围绕设计构想搜集不同的技术信息或资源，在实践过程中不断引入新的技术思路、设备、材料与方法，或对已有的技术方案进行重组改造，等等。

（三）技术能力

技术能力是指学生应用技术解决问题以及进行产品设计与制作的能力。技术能力是技术素养的核心，它以技术知识为基础，同时离不开技术思维的指导。技术能力通常包括不同程度的动手操作能力，比如使用计算机进行文字处理、上网搜寻信息等，能操作电器并解决简单的技术故障、维护设备正常运转等，能够运用有关技术的概念，能够在掌握足够信息、积累足够经验的基础上进行技术创造。在中小学生的设计制作活动中，学生通常需要具备和发展的技术能力包括打字、计算机作画、三维设计、平面设计、制作动画片、管理计算机文件、辨析网络信息的真伪、制作演示文稿、制作电子报刊、制作数字声音、编程、互动媒体作品设计、数字加工、组装计算机、组建局域网、数据分析与处理、用计算机做科学实验等信息技术能力，以及做家常餐、做绳结、设计与制作纽扣画、使用和维护家用电器、制作建筑模型、设计服装、创作金属材料作品、设计制作电子产品、仿生设计等劳动技术能力。

第三节 设计制作的目标设定

目标指导实践，为课程评价指明方向。课程设计的第一步就是目标的设计，而且在课程实施的过程中，要不断地回到目标那里去。[1]综合实践活动课程是一个“能力取向”的课程，[2]设计制作尤其注重提高学生的劳动技能、创意设计、动手制作或操作能力等，所以在目标设计时应将这些能力的提升作为最主要考虑的因素。设计制作还鼓励学生手脑并用，灵活掌握、融会贯通各类学科（尤其是信息技术、劳动技术、科学、美术等）知识和生活技巧，提高学生的技术操作水平、知识迁移水平，体验和发扬工匠精神及“创客”精神。设计制作的关键要素通常包括创意设计、选择活动材料或工具、动手制作、交流展示物品和作品、反思与改进等，这些要素都是制定设计制作指导目标的重要依据。

一、设计制作目标总述

设计制作既是综合实践活动的四大活动方式之一，又是加强学生劳动和技术教育的核心载体。《指导纲要》规定综合实践活动课程可以从

[1] 王允庆、孙宏安：《课堂教学目标研究》，人民教育出版社，2015，第2页。
[2] 沈旎：《小学综合实践活动课程能力表现目标序列及教学设计》，高等教育出版社，2013，第1页。

“价值体认”“责任担当”“问题解决”“创意物化”四个方面来设计总体的目标，那么作为综合实践活动课程一部分的设计制作，理应也可以从这四大维度出发来设计自己的目标，只不过要结合自身劳动、信息和技术等层面的特殊需要来进行具体调整。

（一）价值体认

通过亲历和参与劳动技术与信息技术的各类设计与制作活动，深化劳动和技术体验，增强劳动与技术的感受，体会劳动的艰辛，懂得一分耕耘一分收获的道理，分享设计、制作及劳动过程中的喜悦，养成热爱劳动、劳动光荣的意识和勤劳、创新、艰苦奋斗、吃苦耐劳等的精神，形成对技术的合理态度。主动关注日常生活和周围环境中的劳动与技术问题，并通过经历积极的劳动与技术体验，积极寻求解决这些问题的方法，从而形成合理的劳动及技术价值观。通过展示劳动与信息技术的作品，参与自评互评等评价活动，培养自信、谦虚、踏实肯干、乐于钻研等精神，学会理解和欣赏他人并与他人和谐共处、共同合作。树立集体意识和团队意识，逐步深化组织观念、国家意识和对中国共产党的朴素感情。

（二）责任担当

能主动寻找校内、校外、家庭和社区等环境中的劳动与技术需求，积极分析满足这些需求的方法，运用自己掌握的劳动与技术知识、技能，参与各种类型的劳动和技术活动，为班级、学校、社区和家庭的正常运转做出自己的贡献；意识到在劳动、设计、制作、技术操作等的过程中自己所应承担的责任，主动扮演好自己的角色，积极与其他伙伴加强合作；逐步养成独立生活的习惯，学会自我生活管理，能够安全而负责任地参加各种劳动与技术活动，形成积极的生活态度；了解从事各类劳动与技术活动有关的伦理道德和法律政策，形成自我保护和保护他人的意识，初步树立法治观念。

（三）问题解决

结合学校、家庭和社会生活中的现象，发现自己感兴趣的问题，根据问题提出创意想法，并将创意转化为具有一定规范与思想的设计；体验设计制作的过程、思维与方法，掌握、发展进行劳动和运用技术的知识和能力，增强用劳动与信息技术解决实际问题的能力；能将自己的想法物化成各具特色的劳动技术或信息技术作品，学会自评和互相评价对方的作品；能围绕作品建构具有不同程度说服力的解释；学会针对设计与制作过程进行审视、反思，并提出改进的方向与方法。

（四）创意物化

积极参与多种类型的动手操作实践，逐渐掌握多项劳动与技术操作技能，学会运用劳动与技术解决家庭、学校和社会生活中的多种问题；学会提出自己的想法，并转化为实际可行的设计方案；学会与他人共同讨论、探究、反思和改进创意及设计；学会将自己的设计方案物化为不同复杂程度和创造性程度的作品；逐步形成在实践操作中的学习意识与学习精神；发展实践创新意识与审美意识。

二、目标设计的依据

（一）劳动教育全程渗透

劳动教育是新中国成立以来一直特别强调的教育，自综合实践活动课程设立以来，劳动教育也得到了进一步强化，因此在设计制作的各项活动中，劳动教育应全程渗透，从而引导学生养成热爱劳动、喜欢劳动及能从劳动中找到乐趣的价值观，以及发展各种必要的劳动技能，以更好地服务于校园生活、家庭生活和社会生活。因此在目标设计时应重点考虑从哪些方面来践行劳动教育，提升学生的劳动素养。

（二）项目选择从易到难

设计制作具有项目式学习的特质，最终呈现的劳动或信息技术作品无论是何种形态，都可以说是项目。但是项目的选用必须考虑学生的生活经验、精细动作和粗动作的发展情况、认知能力和知识水平，因此理应指导不同年龄阶段的学生选择适合他们的项目。在这个过程中，有些项目具有比较清晰的年龄差异，尤其是某些信息技术项目，但是也有一些项目可以在不同年龄阶段同时展开，只不过深度和广度有所差异，所以教育者不应过于绝对地划分项目在各年级的分布。

（三）技能发展循序渐进

在设计制作中，无论是劳动技能还是设计技能的发展，都应遵循循序渐进的原则，遵循螺旋形上升的态势。前一阶段学生的技能水平可以为后一阶段的技能水平奠定基础，而后一阶段的技能水平则是在前一阶段基础上的升华、深化、发展和提升。技能水平有整体的阶段性趋势，但是阶段性的划分又不是绝对的，主要须看自己所带学生的生活经验与实际的能力水平，基于学情才能提出更适宜的技能性目标，且城乡之间、学校之间等必然呈现出一定的差异，比如农村的孩子对于农业劳动相对比较熟悉，可以较早地开展与农业相关的项目，而城市中的儿童对于计算机应用的技能更加了解，可以率先开展与计算机相关的项目。

（四）问题解决贯穿始终

问题的发现与解决，也是设计制作始终关注的。项目本身既是作品，也是问题。从创意设计开始，一直到作品的展示、反思和改进，学生都会面临各种问题与挑战，所以教师应持续鼓励孩子们及时发现问题、识别和解释问题、提出假设、验证假设，并最终找到解决问题的方案。这种问题解决的能力尽管在不同年龄阶段有不同的表现，但都应当在目标设计中重点强调。

（五）技术兴趣指向终身

学生时期习得的技术知识与技术能力，虽然此刻能够直接作用于自己的项目，但在未来未必直接可用于工作与生产，所以培养技术兴趣（即热爱技术，但不盲从于技术；愿意用技术解决问题；能从技术中发现乐趣及个人的意义；等等）和技术思维（尤其是如何选择技术、如何应用技术、什么情境下选用什么技术、如何识别技术的局限性等思维能力）才是设计制作目标制定时应考虑的关键，并贯穿始终，以便能较好地迁移到其他学科的学习以及实际生活之中。

下编　设计制作

第七章

创意设计

创意设计是设计制作的启动性环节，对于整个实践活动的开展至关重要。首先，学生需要提出和明确设计制作的主题。这是整个设计制作的关键起点，学生须通过构思、小组分享和点评等过程来确立主题并精致化，《指导纲要》所提供的设计制作主题具有生活性、梯度性、多样性等特点，可以为学生的实践活动提供必要的参考。主题确立之后，学生需要自主构思个性化的设计理念，并通过思维工具、小组合作、教师解读等多种方式来打开自己的设计思路，而后通过记录性草图和研究性草图的形式合理呈现自己的思路。最后则是在小组、教师和专业技术人员的协助下，逐步形成和确立可行的设计方案。

第一节　主题的提出与精致化

“展示厅”是由我和学校的电教老师一起制作的一段录像短片——《走进菊展》。短短15分钟的录像，搜集了盆景菊、大丽菊、塔菊、悬崖菊、案头菊等学生平时不常见的菊花品种和造型，其中大部分内容是我从专业书刊中搜寻或平时观看菊展时积累的资料，还有部分是从网上直接下载的。活动开展的第一阶段，我特意安排时间组织学生“参观”展示厅。说实话，我们的学生对菊花并不陌生，上海的街心花园、绿地常常种有雏菊，上海人家中也常常爱在花瓶中插上些白色或黄色的菊花。展示厅中如此婀娜多姿、绚烂多彩、形态各异的菊花，很多学生还是第一次看见。观赏中，学生不时地发出“啊”“呀”的惊叹声。在学生感叹、惊讶之际，我将录像中涉及的一些菊花种类和特点做了简单的介绍和说明，并特别交代，案头菊看似单调，其实造型变化大，生长周期短，而且也是众多菊花中最容易养护的一种。听着这些，一些学生跃跃欲试，我就势布置第一项学习任务：搜集有关案头菊种类、造型、养护等资料，三天之后互相交流。(《菊花栽培造型系列活动》——上海市铜川中学傅金林)[1]

一、设计制作类主题的特点

如考察探究一样，设计制作的起始点也在于真实的问题或主题。如果没有真实的问题或主题，学生只是就拿到的材料、面对的信息技术或某个劳动类型，直接进入到现场开展种种设计制作或劳动，这样是缺乏实际意义的。但是在传统的综合实践活动课程实施过程中，常常存在以

[1] 郭元祥：《综合实践活动课程的设计与实施》，首都师范大学出版社，2001，第232–237页。

某个作品的制作、掌握某个信息技术或开展某种劳动为唯一目的，以掌握方法或技术本身为最终归宿的实践活动，这种活动在本质上混淆了设计制作类综合实践活动课程的手段与目的。

设计制作类的主题与考察探究既有相同之处，也有不同的地方。首先，设计制作类主题必须是有助于学生参与到动手操作、数字设计、劳动等活动过程之中去的，而不是那种通过文献查找或现场调查就可以解决的，如在信息技术方面，常见的主题包括“我是电脑小画家”“网络信息辨真伪”“信息交流与安全”“我的电子报刊”“镜头下的美丽世界”“程序世界中的多彩花园”“我是平面设计师”“体验物联网”“开源机器人初体验”等；在劳动技术方面，常见的主题包括“我有一双小巧手”“创意木艺坊”“生活中的工具”“多彩布艺世界”“我是服装设计师”“智能大脑——走进单片机的世界”“创客空间”“生活中的仿生设计”等。这些主题都需要学生通过实际的操作，掌握并运用信息技术或劳动技术的相关技能，来制作相应的作品。而考察探究则通常并不要求或规定学生通过这类活动去完成探究课题。

其次，设计制作类主题必须是能引导孩子通过上述活动过程进行探究从而发展实践创新、问题解决等核心素养的，虽然它包含有设计制作的环节，但是这些环节都包含有浓厚的探究元素，比如要构想方案、克服困难、创意想象等，而不是对某个既定模型的简单模仿、重复试验或单调地从事某项劳动。以“数字声音与生活”这个主题为例，学生一方面固然要了解声音文件的基本格式，录制、保存、连接、混合及剪切声音等的技巧，但是更重要的则是体验数字化声频为人们生活与学习所带来的便利，学会利用数字声音来解决生活中的相关问题，加深对知识产权保护的意识与理解，增强对信息社会的责任感。

设计制作类的主题当然也要尽可能来自学生及学生的生活，是不同年龄阶段学生所能理解和思考的。但是由于设计制作类主题需要教师事先做好大量细致的准备工作，具备必要的信息技术或劳动技术的技能，所以通常建议教师可以创设一定的问题场景或情境，使学生对某种技术产生兴趣，萌发出对相关主题进行探究的意愿。如上述案例所示，教师通过前期的资料准备，创设了一个菊花展示厅，然后把学生领进到这个展示厅，对其进行简要介绍，从而激发了学生对菊花栽培的兴趣，教师顺势就可以提出以该主题来作为整个活动的中心。但是在这个过程中，教师也容易走向极端，因为所创设的情境在主题引导上过于明显，相当于就是在给学生“命题作文”，学生能轻松地猜到教师的意图，也就不会去主动思考提出自己感兴趣的问题了。解决的办法是，教师所创设的场景须留给学生相对自由的思考空间，教师可以提供问题解决的工具，展示工具的奇妙之处，或陈列借助某种工具（如照相机）所完成的作品等，这些都可以作为刺激物来引发学生提出设计制作的问题。

二、设计制作类主题的确立过程

依循综合实践活动课程的自主性特点，学生须在教师协助和同伴互助的情况下，寻找并拟定设计制作类活动的基本主题，这是和考察探究相类似的地方，因而在主题确立的程序方面也遵循着相似的过程。只不过在相互交流与讨论的过程中，师生须结合已经掌握或可以掌握的劳动技术或信息技术的知识及技能，来判定某个主题是否可以推行及实施的具体难度、可以达到的阶段等，以使其切实符合学生身体及认知发展的水平。然而与考察探究所不同的是，有关设计制作类主题如何确立的讨论，在当前的教育研究和实践领域还相对比较缺乏，这为确立设计制作类主题的程序化过程提出了挑战。戴振锵曾将设计制作的主题视同于“项目”，指出教师可以采用“一看二究三定”的策略来确定项目：“一看”是指从生活中的问题或社会中的疏漏去发现项目；“二究”则是指研究分析某项目的实用价值与可行性；“三定”则是指确立设计制作的项目、使用的工具以及选择的材料等。[1] 由于设计制作类综合实践活动的主题常会面临被教师或学校指定的误区，我们认为这类主题的确定也应尽可能遵循以学生为主体的原则，因此推荐采用以下三个阶段来逐步确立设计制作类活动的主题。

（一）设计制作主题的构思

虽然设计制作类活动的主题总体上由学生提出，但是教师依然可以为主题的提出创设必要的情境（比如教师可以提出某种劳动或信息技术的应用情况或展示其简要的制作过程），毕竟这类主题不同于考察探究，因为它需要一定的知识或技能储备，且这类知识或技能存在一定的梯度性，学生若尚未掌握某类知识或技能，或者某主题在操作上所需的知识或技能远远超过了学生身体或认知的接受程度，则势必难以在课堂内外真正实施。在此基础上，学生在教师提供某个问题场景之后，自由构思究竟要探索什么主题，为什么要探索这个主题，打算通过哪些劳动技术或信息技术手段来研究这个主题。

（二）设计制作主题的分享与点评

在班额适宜的情况下，可以让全班同学逐一来分享自己的设计主题、设计理念及初步的制作计划，然后集体对其作出评论，提出可能的意见，这些意见包括对其设计理念的思考、对其制作难度的考察、对其所需劳动或信息技术知识及技能的了解以及具体制作过程的建议等。班级内部交流得越充分，则大家对主题的理解就会越深入。当然，如果班额较大，也可以临时组建小组，以 5—6 人为单位，先在组内进行分享和交流，而后每组选择最适宜开展设计制作活动的主题及计划，在班级中进行分享，而后其他小组进行点评。

（三）设计制作主题的选择与精致化

在师生和生生进行充分交流的基础上，每个学生或小组，需要对自

[1] 戴振锵：《综合实践活动“设计制作”的导学设计与实施策略》，《教学月刊》（小学版）2018 年第 9 期。

己所开展的主题、理念及制作过程等进行重新思考，排除那些难度过大的、脱离生活的、设计太过超前的主题，或转化主题活动的视角、调低其难度等，从而使最终确立的主题更适于及便于开展。

三、推荐设计制作类主题的分析

综合实践活动课程在设计制作领域的推荐主题被划分为两个相对独立的领域，这是由于这两个领域在内容和制作技能上的要求不同所致，也有不少地区将劳动技术和信息技术单独分列，使其与综合实践活动课程并列，这种做法显然不符合《指导纲要》的基本精神，但是从侧面也能反映出这两个领域的不同。推荐主题将这两类分别罗列的做法，可能是受了教育实践的影响，但是从“综合性”或“整体性”的要求来说，学生在产生某个设计理念之后，完全可以将信息技术和劳动技术整合起来实施，从而产生多样化的更有创意的作品。就教育部所推荐的已有主题而言，我们发现其具有如下三个方面的特点，这些特点可以为每个学校、每个班级、每个学生开发出适合自己的设计制作类主题提供重要启示。

（一）生活性

无论是劳动技术还是信息技术类主题，大体都遵循了从生活中来、到生活中去的原则。劳动技术类的主题涉及学生生活中最常见的劳动工具，其所制作的内容或作品也为学生在生活中所熟悉。如 1—2 年级的劳动技术所用技术为手工纸艺、陶艺，所要求完成的作品为不倒翁、降落伞、陀螺等；3—6 年级除继续使用陶艺外，还增加了木艺、布艺、编织、刺绣、珠艺、插花艺术、建筑模型、废旧物品等技术或工具，完成的作品则为家常餐、绳结、玩具、小车、书包、垃圾箱等。信息技术类主题略为专业和学科化一些，但所推荐主题多数为学生在应用信息技术时所常见，如 3—6 年级的打字、画图、演示文稿、电子报刊、网络信息辨真伪、电脑文件的有效管理等；7—9 年级的组装计算机、组建家庭局域网、平面设计师、动画片制作等。运用这些技术来进行设计并制作，均能使学生更好地适应社会生活。

（二）多样性

推荐主题在选用工具及材料、制作或了解的作品（产品或技术）等方面都具有明显的多样化特征。比如信息技术类的设计制作主题即包括五种类型：第一种类型是硬件基础与系统管理类主题，包括我是信息社会的“原住民”“打字小能手”挑战赛、电脑文件的有效管理、组装我的计算机等；第二种类型是网络与信息交流主题，包括网络信息辨真伪、信息交流与安全、组建家庭局域网、体验物联网等；第三种类型是信息加工与表达类主题，如我是电脑小画家、演示文稿展成果、我的电子报刊、镜头下的美丽世界、数字声音与生活、我是平面设计师等；第四种类型是数据与程序设计类主题，如趣味编程入门、程序世界中的多彩花园、简易互动媒体作品设计、数据的分析与处理、走进程序世界等；最后一类主题具有 STEAM 教育性质，如手工制作与数字加工、开源机器人初体验等。劳动技术类的设计制作主题大体也可以包括四种类型：第一种类型是常见手工技艺及应用，如手工纸艺、陶艺、布艺、编织、刺绣、珠艺、插花艺术、编织、废旧物品利用等；第二种类型是电子器材的了解与应用，如“设计制作个性化电子作品”“智能大脑——走进单片机的世界”“摄影技术与电子相册制作”“3D 设计与打印技术的初步应用”等；第三种类型是模型金属类设备的了解与设计，如了解“三模”（航模、海模、车模）、常见的具有动力源的机械、激光切割与雕刻及进行金属材料作品的制作等；第四种类型为其他生活工具或活动的设计与制作，如“学做简单的家常餐”，灯具、清洁工具、学具、教具、灶具等各类生活工具的了解与改进等。

（三）梯度性

教育部推荐的劳动技术和信息技术主题主要针对小学和初中段学生，这些主题在内容、类型及所使用的工具方面呈现出鲜明的梯度性，这种梯度性反映出《指导纲要》对不同年龄阶段学生在设计制作方面的不同要求。以信息技术为例，小学阶段的主题在于通过动手实践与动脑思考相结合的方式，体验使用信息技术的乐趣；学习信息技术的基础知识，初步掌握信息技术应用的基本技能，结合社会生活与学习实际认识信息技术的重要性；丰富对信息技术应用的感性经验，逐渐形成应用信息技术的良好行为和习惯；通过学习程序设计的方法，树立积极利用信息技术解决日常生活与学习问题的意识和信心。而初中阶段的信息技术主题则在于进一步让学生理解信息技术基础知识，提高信息技术应用能力，继续探究程序设计的方法与过程；在利用信息技术解决问题的过程中培养综合实践能力；形成主动应用信息技术的意识，领悟有关的思想方法和基本过程；具有较强的个人信息安全、信息道德和相关法律法规意识。劳动技术也是如此，在小学阶段要求学生了解身边常见手工技艺及其应用的基本方法，熟悉常见加工材料的性质与用途，能初步使用一些手工工具，并能初步构建并表达自己的设计理念，以及在此基础上选择适当的材料将自己的理念转化为实际的作品，养成初步的劳动意识与精神；中学阶段则要求学生拓展生活中的技术学习，掌握更多现代社会生活及生产所需的劳动技术知识与技能，进一步发展劳动精神及技术学习的兴趣，及养成运用技术解决现实生活问题的态度与能力。

第二节　设计理念的表达与呈现

一、设计理念的内涵与成型

凡设计须先有一定的想法或理念，方能进行具体制作，因此在设计主题确定之后，学生需要对设计本身进行思考，注入自己的想法，最好具有一定的创意，而后才能将其转化实践中的真实作品。因此这里所讲的设计理念，实际上就是指学生对设计本身的想法或创意。设计制作这类活动不只是让学生练习或掌握某种劳动技术或信息技术，技术只是学生实现或实践其理念的手段、工具或途径，学生自己的想法才是整个活动的出发点。在《指导纲要》中，关于这一点在多个地方有明确表述，比如在设计制作的活动方式中，《指导纲要》提到设计制作的关键在于“将自己的创意、方案付诸现实，转化为物品或作品的过程”。在谈到设计制作于各个阶段的目标时，也反复提及这一点，如小学阶段的目标中包括“设计并制作有一定创意的数字作品”，初中阶段的目标为“将一定的想法或创意付诸实践”，在高中阶段则为“增强创意设计、动手操作、技术应用和物化能力”。这些地方都反复提到学生要有自己的创意、方案或想法，设计制作的过程就是将学生的这些想法转化为可见物品、产品或作品的过程。

设计制作要求学生用“设计思维”来开展活动，也就是让学生能像设计师那样提出设计理念并按照自己的理念来开展一系列设计活动。设计思维要求个体在解决问题时，从人的实际需求出发，多角度地寻找创新型的解决方案，并创造多种可能性，它包含一个分析和创造的过程以及一系列促进创新生成的技能。[1]有研究表明，设计思维专注于培养及发展学生的创新自信力，[2]此外还能发展学生的同理心、创意表达、元认知等能力。设计思维之所以能发展学生的多方面能力，正在于其所具有的独特心智模式，正如德威克（Dweck）所指出的，设计思维的心智模式是要使学生摆脱“固定型思维模式”（fixed mindset），而形成“成长型思维模式”（growth mindset）。所谓成长型思维模式，即是指个体相信自己的智力、才能可以通过努力而不断增长，为此他们不怕困难和失败，乐于接受新观念与新挑战，他们将这些困难、失败、新想法等视为自己成长

[1] 崔勇、吕村：《设计思维》，中原农民出版社，2006，第27–37页。
[2] 汤姆·凯利、戴维·凯利：《创新自信力》，赖丽薇译，中信出版社，2014，第18–19页。

的新契机。[1]

设计思维的运用一般包含五个基本步骤，即 EDIPT。[2] 第一步是同理心（Empathy），收集服务对象的真实需求。第二步是定义（Define），即从真实需求中去发现问题，并准确定义该问题，也就是要确定设计制作的主题。第三步是头脑风暴（Ideate），即学生须尽可能地将头脑中闪现的想法记录下来并进行整合，而为了能够激发更多的想法，则需要呈现和提供多种刺激性的材料，这个阶段实际上就是设计理念的形成阶段，这对设计制作的启示在于教师为了能够让学生真正形成自己的设计理念，而不是照搬教科书、教师或其他材料上的理念，就必须提供尽可能多元的材料，使他们在掌握必要背景知识与技能的情况下有更广阔的视野。第四步是原型制作（Phototype），就是要将头脑中的想法转化为现实的模型、产品或作品，也就是相当于设计制作所言的“创意物化”。虽然这不是本章要讨论的问题，但是学生在构建自己的设计理念时，也要设想一下最后呈现的原型大概会是什么样子，甚至可以画一些草图，以便于更清楚地判断自己的想法转化为实际作品的可能性。最后一步是测试（Test），即检视产品、作品在真实生活中的有效性，相当于设计制作关键要素中的反思和改进环节。很显然，学生设计理念的成型，需要从同理心的角度出发思考理念本身对个体生活及社会生活的价值，需要围绕清楚界定的主题或问题来进行思考，需要结合有关材料或知识开展头脑风暴的活动，以便于产生尽可能多的想法，而后糅合成为具有一定创意且符合团队实际能力的设计理念。

由于学生经验的相似性及生活的局限性，学生的设计理念很容易重复、差异较小、缺乏创新，为此就需要采取“开源”的办法来拓宽学生的思路，帮助学生诞生出更有创意且各具特色的设计理念，这方面的路

[1] Carol S. Dweck, *Mindset: The new psychology of success* (New York:Random House Incorporated, 2006), p.48.

[2] 项臻宇：《探究生活问题，培养设计思维》，《上海课程教学研究》2019 年第 6 期。

径有以下三条值得推荐。其一是借助思维引导工具来发展学生的思维感知能力，避免认知的狭隘及陷入经验主义的误区，如采用“5why 分析法”（即五问法），即对同一个主题连续以五个方向（也可以更多方向）来提出问题，也就是要“打破砂锅璺（问）到底”；SWOT 分析法，就是将与设计想法相关的优势、劣势、机会、挑战等都尽可能罗列出来，依照矩阵形式排列，然后用系统分析的方法，把各种因素相互匹配起来加以分析，从而判断某个想法是否可以实施及发现其他可能的想法。其二是借助小组合作的力量，运用集体智慧来相互激荡，从而生发出更多新的想法。其三是教师收集和分析学生围绕某个主题可能有的一些想法，进行合理解读，从学生的角度出发帮他们量身定制一些打开思路的练习或问题。

二、设计理念的表达与呈现

设计理念需要通过一定的载体或媒介进行表达或呈现，才能够为接下来的实际操作奠定有效的基础，如果设计理念只是停留在脑海中，既不利于小组成员开展实质性的合作，也不利于将设计理念转化为视觉化的实物。而在表达和呈现设计理念的方式上，草图可能是其中最常见也最实用的一种方式，可适合于不同年龄阶段的学生。由于设计理念的表达很难用语言来表述清楚，所以借助类似草图的形象化图形可以更加清晰地展现“小小设计师”的设计理念。草图其实就是利用观察、感知、分析和想象的方式，借助图形及其他各种可能的符号，将设计理念和想法表达出来的一种重要方式，有时也被称之为“图解”。草图还有一个重要特点是它的不完整性、模糊性或不准确性。草图是学生最初想法或原始想法的表现，草图能否完全转化为实际的作品，取决于制作过程中所遇到的困难、所产生的其他想法等种种现实因素。

草图的制作过程中需要用到各种抽象的符号，学生既可以用约定成俗的一些符号，也可以发展出适合自己的符号，从而形成各具特色的草图。对于“设计师”来说，最主要的是灵感，他们需要不断丰富自身的感官认识及感性想法，对于主题相关的各种事物都尽可能产生自己的想法，才会激发出更具创造性的设计灵感，并用特定的符号记录下灵感。在这个意义上，草图即可划分为两种类型。其一是记录性草图，它的特点是快速灵活、手法多变，旨在及时记录学生所产生的设计灵感或想法。此类草图在多数情况下是学生自己初始构思阶段的“图示笔记”，不受表现手段的制约，可以是某种符号，也可以是某个概略的局部形象。因它带有潦草、随性、涂抹、反复等特点，所以其中的图形、色彩、线条或其他符号等都可以各种不同的组合方式来记录学生转瞬即逝的想法，而这恰恰可以充分节约时间，确保学生能及时迅速地把自己的想法和灵感记录下来。其二是研究性草图，包含学生构思设计的整个过程，以及整个小组所有可能的设计理念，因而是一种图形的组合，旨在使小组学生从宏观和整体上了解设计的理念，以及在此理念基础上可以制作完成的作品雏形。研究性草图可以说是记录性草图整合、修改和拼接之后所形成的“二代”草图，也同时是更接近于最终作品本身的草图。构建草图所用的工具或其表现手法可以非常多样，对于学生而言，这类工具包括铅笔、毛笔、钢笔、水彩笔、马克笔等等。因此草图的呈现形式可以是其中一种或多种工具所绘制之线条或图形的综合体。

草图（特别是研究性草图）的快速构建需要掌握一定的技巧，这种技巧体现在线条、色彩、图形及其他元素上，实际上草图恰恰主要就是由这些元素所构成，因此学生如何能巧妙利用这些元素，从而更准确地传达自己的想法，则是发挥草图之框架性作用的关键所在，而这种能力并非天生所有，需要教师进行辅助性的训练或提示。通常来说，草图的训练可以包括基础技能的训练与应用技能的训练。前者包括单线条、直线、曲线、线的衔接转折、直曲过渡等多种线条训练方法，普通铅笔、马克笔、水彩笔等色彩训练方法，以及不同表现工具和材料的运用等综合表现训练方法。后者则包括草图表现的平面布局，如构图方式、图画的视觉平衡感、完整性等，以及作品的图形特征，如形态特征、结构方式、色彩质感、比例尺度、组合方式、个性风格等。此外还需要注意其他元素对草图效果的影响，如各种符号指示、文字说明、标题设置等。这些技能的训练可以在学生设计制作的过程中逐步进行和强化，也可以构成学生探究的一部分，请他们探索以何种方式绘制草图最能表现自己的理念与想法。

第三节 设计方案的形成与确立

设计方案是在设计制作的主题确定之后，对设计制作的各项活动所做的整体规划与安排。设计方案是如何进行设计制作的具体设想，也可以说是实施设计制作活动的规划图和路线图，主要回答设计制作什么和怎么进行设计或制作等问题。制订设计制作方案的目的是进一步明确设计制作的方向和范围，确定设计制作的目标、内容、方法，规划设计制作的步骤和程序，预设设计制作可能取得的成果等。设计制作方案是否合理完善，是否周密详细，是否具有可操作性，不仅直接影响到整个设计制作活动的过程，也会影响到设计制作的结果。

一、方案要素是前提

一份完整的设计制作方案一般包括六大基本要素，即设计制作的主题、设计制作的材料或工具、设计制作的时间安排、设计制作的步骤或过程、成员分工、交流展示的作品或物品等。我们可以根据这六大要素制订出如下表格，供各年级学生在制订设计方案时参考。

表 7–3–1　设计方案

学校＿＿＿＿＿＿ 班级＿＿＿ 小组＿＿＿

参与人员	
设计制作的主题	
设计制作的材料或工具	
设计制作的时间安排	
设计制作的步骤或过程	
成员分工	
交流展示的作品或物品	

①设计制作的主题：从主题自身的意义和已有材料或工具出发，结合生活实际和小组可用的资源，确定合适的设计制作主题。

②设计制作的材料或工具：设计制作依赖于特定的材料或工具，通常教师会事先展示核心的材料、技术或工具，学生需要将其写入表格之中，但同时也可增加别的材料、工具或技术，进行综合性的设计与制作。

③设计制作的时间安排：具体写清设计制作活动的开始时间、计划制作时间、活动实施时间、展示时间和结束时间等。

④设计制作的步骤或过程：思考怎么展开设计制作的活动，通常先进行设计，后实施，接着再优化设计，改善设计或制作过程，最后呈现特定作品，需要将这个经历大体说明一番。

⑤成员分工：根据学生的兴趣与意愿成立设计制作小组。由设计制作小组成员民主选出组长，并共同协商各自在设计制作活动中所应扮演的角色及完成的任务。

⑥交流展示的作品或物品：通过设计制作，预想向同学们交流展示的作品或物品。

学会制订设计方案是整个设计制作过程非常重要的一环。它能帮助学生理清设计制作的思路，减少和防止设计制作过程中的随意性、盲目性，保证设计制作活动能规范、有序、有效地展开。

二、自主制订是核心

综合实践活动课程本身强调自主性原则，因此在整个设计方案的制订方面，原则上要求由学生所在的小组自主完成，包括计划的讨论、文本的撰写、组内成员的分工、工具的选用或制作等等。但是在学生（尤其是小学低段的学生）尚不具备制订完善的设计方案，抑或不了解设计方案应包括哪些要素的情况下，教师的指导和规范化引领是必不可少的。在开始制订方案前，教师可结合具体的设计方案，讲清方案所应包括的基本要素以及各要素填写的注意事项，也可以举一些具体的真实的例子来做更清楚的说明，使学生能够了解设计方案的结构。当然，在学生分组制订方案的过程中，仍然会面临更具体的问题，这就要求教师能随时关注各小组的制订过程，针对学生所提出的问题、所遭遇的困难，进行及时的帮助和指引。但教师应注意这种指引并不是指完全地、毫无保留地告诉学生答案，而是使他们能了解解决问题的方向和可能思路，然后通过自己的努力去找出最终的解决方案。

三、优化调整是关键

在制订设计方案的任务完成之后，还需要在班级里进行交流与讨论，获得教师和同学更多的反馈，以找出方案存在的问题及不足，并妥善协调成员的分工与合作，解决实施过程中的可能问题，形成更完善的设计方案。以下将介绍四类常见的优化调整策略。

（一）自我提问

这里的“我”指的是实施设计方案的个人或临时小组。在全班交流前，各个同学或临时小组可用提问的方式对本组的设计方案进行反思、调整和优化。常见的问题如：

① 这个方案中的主题明确吗？

② 这个方案的实施能有效利用教师所介绍的工具吗？

③ 这个方案中的实施方法具体吗？可操作、可实现吗？

⑤ 完成这个主题的设计制作依靠自己的力量够了吗？还需要其他哪些人的帮助？

……

这些问题都是制订合理可行的方案所必须要考虑的。如果学生不能自己提出这些问题，教师就需要进行引导，举例说明设计方案规划中可能出现的问题，让同学们进行深入思考，然后修改、完善已有设计方案。

（二）同伴互助

人本主义教育理论强调“以学生为中心”的教育原则，认为真正的学习是意义学习，提倡对知识的灵活理解，而不是消极接受。意义学习的目的就是培育学生的独立性、创造性，鼓励学生自由探索，促进学生自由学习。[1] 同伴间的建议当然也符合学生自主学习和以学生为本的精神，此时教师重在组织引导学生小组之间的交流学习，挖掘学生互相学习互相发展的潜力。活动中可以派学生代表上台展示自己组的方案，在展示时其他各组做好相应的记录，并提出可能的修改建议；展示后根据建议讨论、修改方案。从同伴的视角出发更能设身处地地发现方案中存在的问题，这样不仅提高了学生的质疑和反思能力，也增强了他们的表达与交流能力。

---

[1] 何志武：《人本主义教育理论的主要观点及其应用》，《重庆科技学院学报》（社会科学版）2010 年第 11 期。

（三）教师辅导

人本主义教育理论较为现代地诠释了师生关系，符合综合实践活动课程的基本精神。它认为教师是学生学习的协助者和学习伙伴，学生是学习的主导者。[1] 教师作为学习的促进者、协作者或者说是学生的伙伴、朋友，一方面可以对每一份方案仔细批阅，对仍然存在的问题进行批注或提出可能的修改意见，另一方面可以通过情境创设、设问和交流引导等各种手段，激发他们思考设计方案存在的不足之处，启发他们进行修改、补充和完善。[2] 如在校园空间方案的设计活动中，“下课后同学们都到哪儿活动？”“活动时你最想参与的项目是什么？”“如何建造适合进行跳跳球、踢毽子等活动的场所？这样的活动场所是否需要开辟不同的区域？”“用什么工具？”“这个组的方案是否能做出他们想要的校园活动角？”等等。教师可借助这些追问以及对话让学生思考如何更好地去完善自己所设计的方案。

（四）专业人员指导

学生的创意设计中，可能会涉及一些有一定专业技术含量的内容，教师及其他学生小组可能无法给出比较实用的建议，此时则可以求助相关的专业技术人员，请他们提供可能的专业指导与协助。如在校园模型设计时学生提出学校现有的地面活动空间有限，需要向地下扩展，但如何建造地下活动场所则需要考虑很多技术性的难题，如水流倒灌、光线引入等，这时就可以向有这方面专业技术的家长、亲朋或有关部门的工作人员进行请教，从而使方案设计更科学实用，更真实地解决问题。在四年级学生的校园模型制作中，有部分小组就是在具有专长的家长指导下，利用桐木的切割和粘贴技术、3D 打印技术做了高规格的校园模型，最后效果显著。

---

[1] 何志武：《人本主义教育理论的主要观点及其应用》，《重庆科技学院学报》（社会科学版）2010 年第 11 期。

[2] 王丽华：《与学生同行：综合实践活动课程的教师指导策略》，《中小学管理》2017 年第 12 期。

当然，学生在制作活动的过程中可能会遭遇一些挑战，使得原有的设计方案难以继续实施。这时，教师应指导学生根据实际情况对本组设计方案做出适时的修改或调整，以便于指导后续的设计制作活动。制订设计方案是学生开展设计制作活动的前提和基本步骤。规划设计方案的过程也是学生自身各个方面不断发展的过程。只有重视设计方案本身的制订，并持续修改和完善，设计制作活动才能以更加有效的方式进行下去，并取得更有意义的成果。

第八章

选择活动材料与工具

在正式开展动手制作和劳动之前，需要做好一系列的准备工作。首先是学生基于组内异质、组间同质、利于相互交流、动态平衡等原则组建设计制作的小组，确定好组长、记录员、汇报员等基本角色。教师则需要基于学情指导学生科学分组、加强反馈，根据情况及时干预、动态调整。其次是认识、甄别和选用设计制作相关的材料与工具，在此过程中应注意考虑学生人身安全、发挥地方资源优势、渗透低碳环保理念，还要考虑给予学生试错的机会、提供充足的时间和空间并增设材料探索的环节。

第一节 小组的创建与分工

在桥梁搭建的作品展示评价阶段，有些作品特别有创意，而且造型也很漂亮，有的组的作品还没有成型。当老师让每个小组把作品拿到展示台上时，作品没成型的这个组的学生磨磨蹭蹭，不肯交作品。老师走过去了解情况时，有学生一脸委屈地说：“老师，这样分组本来就很不公平！你看，他们有的组，几个组员动手能力特别强，又都有艺术细胞，搭建出来的作品当然漂亮而且有创意。可我们组的组员，一看就没有什么艺术细胞，而且动手能力都很差。”另一个组员补充：“还有一个问题，我们组简单的事情大家抢着干，像设计草图这样难点儿的没人干，组长也没让我们一起讨论一下，就按他自己意思搭建了，我们又不知道要搭成什么样的桥，只好都做吃瓜群众啦。”隔壁组有同学听了，立马附和说：“就是啊，我们个个动手能力强也没用啊，有组长一个人就够了！”最后一组男生看老师注意他们的作品，也忍不住提出疑问：“老师，我们组都是男生，作品比女生粗糙点儿也算正常吧？”

在设计制作活动中，由于分组不合理，分工不科学，都会导致上述情况的出现。如果任由这种分组的情况继续下去，久而久之，就会造成学生之间差异的拉大及矛盾的强化，使动手操作能力较弱的学生失去实践的兴趣，从而使设计制作活动难以发挥对学生发展的真实作用。

一、小组的创建、分工及管理

设计制作提倡基于小组的合作学习。小组合作是以“教师引导，学生自主合作”为基础，以促进不同能力水平和经验的学生相互协作共同发展为目的，以“小组总成绩”为主要评价依据的学习方式。小组合作学习是在个体型学习和竞争型学习的基础上进行的模式创新，让原本的个体竞争变成小组竞争，个体学习变为小组学习，能够激发学生的学习动力，提高他们对学习的认知水平和对知识的理解水平。[1] 通过小组合作，学生可共同探讨、相互启发，实现优势互补，解决个体无法解决的设计、制作、劳动、技术等方面的疑难问题。通过小组合作，教师可不断缩小学生之间的能力差距，让不同程度的学生都能发挥自身优势，从而提升学生自我认同感和集体归属感，使优秀学生更加优秀，使能力处于中下游水平的学生也能不断进步与提高。

（一）小组的创建

1. “组内异质，组间同质”原则

在设计制作活动中的合作小组，应当以“组内异质，组间同质”[2] 为基本原则。所谓“组内异质”，就是说合作小组成员在动手能力、设计水平、学习经验等方面有着合理的差异，小组内每一个人的共同之处应该尽可能少些。每个小组保持学生之间的差异，把具有不同长处的学生集中在一起，使每个小组成为全班的缩影，目的在于形成“优势互补”的格局。所谓“组间同质”的含义是班级内每个小组之间的差异应该尽可能地小些，组间的能力水平和知识基础应尽量接近。小组之间保持这种一致性，目的是让所有小组尽量都站在同一起跑线上，为组间的相互评价打下基础。

在设计制作活动中，常常会出现其他类型的小组，比如同质小组、任意组合的小组、按座位安排的小组、学生自由组合的小组等等，但这些小组难免都存在一些弊端——如组内多个组员能力都强，谁也不服谁，各自为政；组内多数组员都太弱，谁都没想法，不愿承担责任；组内组员在某一方面都缺乏经验，无法开展设计制作活动；还有可能某些组员的思维过于单一，导致设计制作缺乏创意等。唯有采纳“组内异质，组间同质”的原则，才能更全面地发挥组内成员的优势，推动设计制作实

---

[1] 周静、傅佳锐：《小组合作学习的弊端与解决策略研究》，《大学教育》2018 年第 3 期。
[2] 同上。

践活动的进行。

2. 利于相互交流原则

合作学习的成效还受组内成员交流是否顺畅的影响。一般而言，人数太多不利于学生之间的交流和个人才能的充分展示，即每个人的参与程度就会降低，这样很容易出现责任扩散现象；而人数太少，缺乏不同类型学生的相互补充，也不利于学生间的交流互助。除了小组规模会影响小组交流之外，小组成员的性格也不能小觑。如果一个小组六位组员，一个个都很内向害羞，谁也不敢说出自己的想法，就很难产生思想上的碰撞，要做出创新的作品就会很不容易；反过来，如果六个人，个个能说会道，思维过度亢奋和活跃，那他们的设计制作活动估计会在争吵中开始和结束，难以达成统一的意见。所以，为了更有利于交流，在考虑小组人数的同时，还要考虑学生的性格搭配、男女比例等因素。

3. 动态平衡原则

合作学习运行一段时间之后，应对各小组的表现及成就进行阶段性总结，然后对其中出现的不合理因素进行修正和完善，如建议调整小组内的成员，使各组之间实力均衡；调换小组内的角色，改变学生在小组中形成的固化地位，即有的学生长期处于控制和指挥他人的地位，而有的学生则总是处于从属的地位，应给每个学生提供多元发展的机会。教师可以根据需要适时更换小组长，或者当有新的同学符合条件时，就更换原有的组长；也可以实行组长竞选机制，培养每一个学生的组织能力和领导能力，产生多位组织者“共同执政”的局面，以提高学生的团体协作能力、问题解决能力和交流沟通能力。

总的来说，在遵循以上分组的基础上，教师可允许班集体以不同的方式分组，但无论是哪种分组方式，都需要教师进行必要的协调。特别是针对找不到组织的个别学生，教师须根据学生的动手能力、设计水平、性格特点等多种因素，在征询小组意见的基础上，将学生吸纳为某一组的成员，避免出现个别学生“无处安身”的情况。

（二）小组成员的分工

合作学习是指学生在小组内为了完成共同的任务，有明确的责任分工的互助性学习。合作学习的代表人物约翰逊兄弟曾指出："简单地将学生安排在小组中并让他们一起学习，这本身并不能提高学生的成绩和产生较大的效力。小组活动在许多情况下，是不会产生效益的。"他们强调合作学习的两个重要因素，即"个人责任"和"积极互助"。[1] 所以，合作学习小组的分工，一定要科学合理，明确职责，应坚持"事事有人做，人人有事做，人人为我，我为人人"的原则，既让学生有独立思考的时间和空间，充分发挥每一个成员的积极性、主动性和创造性，又能调动整体的优势，实现互助和互补，如此才能使小组合作发挥应有的作用。

1. 选组长

小组内的分工，最重要的角色就是组长，他（她）是教师的小助手和代言人，是小组合作的引领者和组织者。所以，小组创建之后，教师首先要指导学生如何选出组长。教师一般不直接指定组长，但可以指导学生从哪些方面来推荐组长和选举组长。一般要求组长候选人要具有一定领导、分工、协调及组织能力，还要有团结、互助、积极向上的心态，有较强的管理能力和钻研解疑能力，能引领每个小组成员以积极的态度参与到学习交流、探究实践中，高效地完成设计制作任务。所以全体组员要特别留意组内有没有这样的人选，如果没有，就需要集体商议共同推荐；如果有，就需要让候选人自己陈述相关的能力及未来可能的工作计划。

选好组长后，组长应负责统筹安排小组各项活动，以推动设计制作的进行，比如动员全组人员有序地开展创意与设计方案的讨论交流活动、动手劳动或制作、相互评价等。组长还要根据不同的学习任务，对本组成员进行合理的分工，做到人人有机会，人人有任务，使每个成员都感觉到"我很重要"，都愿意为小组建设贡献力量。教师协助小组长根据不同活动的需要进行角色的调换，并要求小组成员既要积极承担个人责任，又

[1] 柳晓丹：《科学分组与分工提高小组合作学习的实效性》，《教书育人》2010 年第 4 期。

要相互支持、密切配合，发挥团队精神，一起完成小组的设计制作任务。

2. 选记录员

设计制作的记录员主要负责在小组活动过程中，及时记录各个成员创意的想法、不同的意见、合理的建议、制作过程中无法解决的问题与困难、讨论结果等等。记录员对于整个设计项目的完成至关重要，最终问题的解决、产品的制作与展示、感想的反馈等，都需要依据具体的记录信息来进行说明，如果缺乏这样具体的信息，小组过程中的那些重要内容及体验将无法得到完整真实的呈现。记录员需要选择那些文字功底较好、动作较快、工作认真负责的学生来担任。记录员一般需要多个，以便能起到互相补充的作用。

3. 选汇报员

汇报员主要负责在班集体展示和汇报设计制作的主要成果，阐明本组作品的独特性与意义，陈述设计制作过程中所遭遇的挑战及克服的方法。汇报员还需要在其他组员的协助下，共同制作所展示的作品及演示文稿等。由于汇报员起着宣传本组作品、传播本组设计理念等的作用，因此要选择那些口头表达能力强、思维相对活跃、性格外向活泼的学生来担任为宜。

其他组员的分工，组长可根据设计制作的具体情况来确定，比如批判思维能力相对较强的，可以负责提出不同意见、看法和其他可能性；艺术天赋好的，可以负责设计草图，将想法用艺术的方式呈现出来；动手能力强的或技术娴熟的，可以负责制作、操作或劳动的主要部分等。

（三）小组的日常管理

1. 加强培训

小组建立之后，教师首先需要对小组成员如何开展合作进行必要的培训，让他们意识到小组合作对个人成长的意义与作用，以提高他们进行小组合作的积极性，激发他们做好各自工作的内驱力。其次是介绍小组合作时可能存在的问题，为推进小组合作奠定初步基础，比如创设合作小组的组名、形成学习小组的组规、制定小组设计制作的目标、树立团队意识、培养良好的组织纪律性等。

2. 建立规范

没有规矩，不成方圆。为了让设计制作实践活动顺利进行，小组内部的交流、协作与运作需要有一个相对有效的机制。比如每个组到底包含哪些角色，每个角色所应承担的责任是什么，各个角色之间又应该如何配合等，都需要教师事先与学生小组商议，有一个大致统一的标准，而后各小组根据自己的实际情况进行适当调整。小组在开展实践活动过程中如果遇到问题，组内成员应如何进行讨论，也须制定一个议事的规则与机制，比如组长主持或某个直接反映问题的学生主持，其他同学自由发表意见，在此过程中主持人把大家讨论的要点总结出来，得出一些可能的共识与分歧等。

3. 重视评价

在设计制作的小组活动中，教师应随时组织学生开展评价工作。评价的目的是促使小组成员对本组的合作学习活动进行必要的反思，使本小组成员能更有效地开展协作，提升实践活动的效率。教师要把握好评价的不同方式方法，积极实施多元评价，建构多样化、立体型的评价体系，以充分发现和挖掘学生的生长潜能。比如，教师可以引导合作学习小组开展组内自评、相互评价，有利于充分调动组内成员的学习积极性，启发成员更进一步认识自我、发现自我的潜力。教师也要引导学生进行组间互评，帮助各小组学会用欣赏的眼光看待其他小组，从其他小组的优点中汲取经验，从而做到扬长避短，共同进步和提高。

二、小组创建与合理分工的指导策略

为避免小组创建与分工过程中出现的种种问题，教师在具体指导学生时，应注意采取以下常见策略。

（一）基于学情，科学分组

在设计制作活动开始之前，教师应该充分了解学生，根据学生的设计能力、动手能力、兴趣爱好、性格特点等情况进行合理的搭配。以六人小组为例，一个组的优等生、中等生、基础生比例最好为2∶3∶1，即两名优等生带动三名中等生，再与三名中等生一起关心帮助一位基础生。根据班级的实际情况，注重男女比例搭配。尽量让每一个小组有班级的缩影，而不是有的组个个是优等生，有的组全是普通的学生或能力较弱的学生。

（二）加强反馈，及时干预

在小组合作的过程中，教师的反馈要及时、有效，以帮助学生在小组中保持密切的合作，化解合作过程中可能出现的问题，以免使合作学习流于形式。比如，发现小组成员热热闹闹地在发言，但完全脱离设计制作的项目主体，也就是说表面上看，讨论气氛热烈异常，但不能解决实际问题，这时教师应该出面干预并提醒学生。也有的小组，讨论时只有组长或比较活跃的学生在发言，其他学生要么静静地在一旁听着，要么纯粹不参与交流，甚至动手制作时，也是置身于小组之外。这时，教师也需要介入并向其他组员提问："你们认为这个想法怎么样？""其他同学的想法是什么？"通过这样的提问，引导其他组员也参与进来，等他们提出自己的想法时，再给出鼓励性的反馈。

（三）根据情况，动态调整

合作小组的成员在一段时间内相对稳定，有利于学生之间的相互熟识，从而降低交流成本，提高问题解决的效率。但是各小组在合作学习一段时间之后，有可能会出现新的不平衡，如有人抱怨分工不合理，有学生无所事事，有组长大包干等等，这个时候就需要教师基于对小组的日常观察，对小组人员或组内分工及时进行调整，使每个人更好地发挥各自的优势，进一步增强团队合作的凝聚力。

小组合作的成功不是一朝一夕能够实现的。对于学生而言，合作本身就是一种需要发展和培育的能力，因此教师需要借助小组创建与分工的契机，及时帮助学生发展这方面的能力，为设计制作活动的顺利展开提供坚实的组织保障。

第二节　常用活动材料与工具

设计制作的一个重要任务是让学生认识劳动与技术材料的特性，了解种种工具的使用方法和技巧，进而学会根据创意方案的需要，选用合适的材料和工具，将创意物化为相应的产品或劳动作品。

一、认识、甄别和选用材料与工具

学生不仅要尽早认识相关材料与工具，还要根据创意设计本身的性质、自身的能力与经验等甄别、选择合适的材料和工具进行制作。但由于年龄阶段、知识经验、设计与动手能力的差异，不同的学生建议选用不同的材料与工具。比如年龄相对较小的学生建议选用易于成型、便于操作或摆弄的材料与工具，年龄稍大的学生可以选用一些需要通过一定加工或重组的材料与工具等。这一点在《指导纲要》的主题推荐中也有鲜明的体现。

（一）认识材料与工具

常用的材料有纸类、布类、陶泥类、积木类、编织绳子类、羊毛毡、木作类、竹编类、皮革类、金属材料类等制作材料。

工具可以包括剪刀、美工刀、刻刀、镊子、锯子、钳子、锥子、电钻、锉刀、划针、各种仪器、饮具、笔、电加工等传统工具，以及编程工具、数据库、可视化工具、概念图、超媒体等思维工具，激光切割机、3D 打印机、摄影摄像机、机器人等数字化、智能化工具。[1]

教师可以根据本学期的综合实践活动课程计划，带领学生提前熟悉设计制作活动所需要用到的材料与工具，也可以每节课预留一定时间当堂认

[1] 钱旭鸯：《综合实践活动课程之“设计制作”：内涵、价值与实施》，《基础教育课程》2017 年第 23 期。

识设计制作活动所要用的材料与工具。但不管采用什么形式，都需要学生通过各种感官（尤其是触觉）和操作去直接体验和认识，而不宜采取讲授的方式直接将相关名称告知于他们，这样他们才能有深刻的感知与认识。

（二）了解材料、工具的特性及使用方法

初步认识材料与工具之后，学生须进一步了解它们的特性、正确使用的方法，才能使其准确地应用于设计制作活动之中。例如，设计制作最常用的纸，有旧报纸、广告纸、各色彩纸、卡纸、蜡光纸、瓦楞纸、纸板等，学生需要了解它们各自的特性，适合制作什么类型的劳动或技术作品。比如旧报纸，因为印有文字图案，便不适合用来制作装饰性作品；又因为旧报纸纸张薄、硬度一般，不适合在上面刻或者画，但它可以揉、折、剪、卷等等。建议学生可以将旧报纸揉成一定形状，拌上胶水，等胶水干了涂上颜料做成纸浆盆景；将旧报纸折成很实用的小垃圾纸盒；或者将旧报纸按一定尺寸剪好后，卷上纸绳制成纸编笔筒、花篮等，这些都是利用材料性能进行设计制作的典型案例。

（三）选用合适的材料与工具物化设计方案

在认识了材料与工具，了解了它们的特性之后，就可以考虑怎样选用合适的材料与工具，使自己创意设计的方案变成现实。不过在设计制作过程中，也会遇到一些临时的变化，比如因为客观条件限制，找不到最佳的表现设计的材料与工具，便只能用替代的材料或工具；在制作过程中突然需要用到一些其他材料或工具但没有提前准备；或者在实施过程中发现有更好的材料或工具可以使用等等，学生都要灵活变通，而不能拘泥于原先的设想，即便事先对材料或工具已经有了一些感性认识。比如在《陶艺泥板成型——建筑》课中，屋顶的材料用泥板会比较重，学生想做大一点房子的难度更大，此时，教师可以引导学生用轻便且效果更好的其他材料，比如稻草、竹子、木材等，即可更好地完成设计制作的任务。

在某些设计制作活动中，较难区别各种材料的优缺点，如果不能合理妥当地选择材料、加工材料，很有可能会增加操作难度甚至导致作品制作的失败。因此，在材料及工具的数量和种类上，教师尽可能多准备一些，以便于学生进行对比分析和在现场临机应用。

表 8–2–1 主要材料工具分类参考表

类别	主要材料	常用工具	建议主题	适合学段
纸类	旧报纸、广告纸、各色彩纸、卡纸	剪刀、胶水	我有一双小巧手	1–6
	彩纸、蜡光纸、彩宣纸、卡纸、拷贝纸、瓦楞纸	剪刀、美工刀、刻刀、刻盘、胶水	多彩纸艺世界	7–9
	旧报纸、纸板、广告纸、纸浆	剪刀、美工刀、刻刀、刻盘、胶水	纸的立体加工	10–12
布类	各色无纺布、布的边角料	剪刀、胶水、镊子	剪贴画	1–6
	各色无纺布、布的边角料、PP 棉、包装盒垫布	针、线、剪刀、胶水、镊子、热熔胶枪	生活中的布艺	7–9
	各色无纺布、布的边角料、包装盒垫布	针、线、剪刀、胶水、镊子	我是服装设计师	10–12
陶泥、软陶类	软陶、黏土	软陶专用工具、黏土专用工具、垫板	童话世界	1–6
	软陶、黏土、陶泥	软陶专用工具、黏土专用工具、垫板、转盘、帆布、竹刀、竹拍子、划子、刻针	快乐节日	7–9
	陶泥	转盘、帆布、竹刀、竹拍子、划子、刻针	多彩的陶艺	10–12
积木类	各种材质的积木		模仿搭建	1–6
			主题搭建	7–9
			创意搭建	10–12
废旧材料类	牛奶盒、塑料瓶、茶叶罐	剪刀、胶水	收纳盒	1–6
	玻璃瓶、塑料瓶、茶叶罐、旧水管、废旧螺丝、旧轮胎、铁丝	剪刀、美工刀、尖嘴钳、胶水、胶枪	笔筒	7–9
			自制花盆	10–12
编织绳类	各色线绳	夹子、剪刀、胶水	奇妙的绳结	1–6
	各色线绳、装饰用的珠子	夹子、剪刀、尖嘴钳、美工刀、胶水	手链挂饰	7–9
				10–12
羊毛毡	羊毛毡	针、工作垫、剪刀、尖嘴钳、胶水	戳戳乐	1–6
			创意小动物	7–9
			创意装饰画	10–12

续表

类别	主要材料	常用工具	建议主题	适合学段
木作类	木条、木棍、牙签	剪刀、砂纸、白胶	我是小木匠	1–6
	三合板、木条、木棍、牙签	手工锯、曲线锯、剪刀、美工刀、木工刨、八字钳、锤子、砂纸、白胶	CD 架的设计与制作	7–9
	三合板、木条、木棍、牙签	智能机床、手工锯、曲线锯、剪刀、美工刀、木工刨、八字钳、锤子、砂纸、白胶	小木屋	10–12
竹编类	竹条、拷贝纸	剪刀、双面胶、棉线	风筝	1–6
	竹条、竹竿	美工刀、剪刀、双面胶、棉线	小竹篮	7–9
			小动物	10–12
建筑模型类	纸板、KT 板、陶泥等	剪刀、双面胶	家乡的小桥	1–6
	木板、纸板、KT 板、陶泥等	美工刀、剪刀、双面胶	美丽校园	7–9
			智能家居	10–12
金属材料类	铝板、铜片、铁丝、其他金属材料	剪刀、尖嘴钳	动物世界	1–6
		台虎钳、台钻、铣床、锯弓、划针、划规	古代兵器模型制作	7–9
			金属工具	10–12
雕刻类	胡萝卜、西红柿、黄瓜	普通刻刀	果蔬雕刻	1–6
	橡皮	笔刀、刻刀、美工刀、印台、描图纸	橡皮雕刻	7–9
	印石	刻刀、印泥、印床、砂纸、拷贝纸	印章雕刻	10–12
刺绣类	面料、绣线	针、剪刀	十字绣	1–6
		绣绷、针、剪刀	刺绣入门	7–9
			国色天香	10–12
烘焙	面粉、鸡蛋、白糖、色拉油、蛋挞皮	烤箱、烤盘、打蛋器	我是小蛋挞	1–6
	面粉、鸡蛋、白糖、色拉油、植物奶油、泡打粉等	烤箱、烤盘、打蛋器、模具等	生日蛋糕	7–9
	面粉、鸡蛋、白糖、泡打粉等			10–12
园艺	水养花卉	玻璃容器、砾石	花卉水培	1–6
	兰花苗、泥炭土、珍珠岩	兰花盆、花铲、花剪	体验兰花盆栽	7–9
	营养土、花卉小苗、花卉种子	陶盆、纱网、小铁耙、小铁锹、枝剪、竹签、蛭石、喷壶	花卉繁殖与养护	10–12

续表

类别	主要材料	常用工具	建议主题	适合学段
插花	花材、配草、树枝	剪刀、铁丝、胶带、花器	小小花仙子	1–6
			插花艺术	7–9
			创意插花	10–12
茶艺与茶文化	茶、水	茶具	识茶与品茶	1–6
			茶艺与茶文化	7–9
			茶艺与茶席设计	10–12
衍纸艺术	纸板、衍纸纸条	衍纸笔、衍纸尺、白胶、锥子、镊子、剪刀	花仙子	1–6
			大自然	7–9
			我爱我的祖国	10–12
烹饪类	面粉、馅料、水	面板刮、擀面杖、馅料签	饺子的制作	1–6
	糯米、肉、粽叶、精盐、味精、料酒、酱油、芝麻油	高压锅、棉线	端午粽子	7–9
	家常食材、常用调料、香料	砧板、菜刀、炒锅、手勺、盘子	美食与营养	10–12

二、材料与工具选用的课堂教学指导策略

设计制作不是简单地模仿制作，而是“动脑”与“动手”相结合的创意制作，学生需要开动脑筋，将自己创造性的想法转化为可实施的方案，而后通过选用适宜的材料和工具将其物化为实际的作品，以解决现实生活世界中的可能问题。这个过程中，材料与工具的选用无疑扮演着桥梁性的作用，如果选用不当，就会直接影响最终的效果，以至于无法达成目标。所谓“工欲善其事，必先利其器”，在设计制作中，这里的“器”就是各种各样的劳动或技术材料、工具，因此教师的指导至关重要。

（一）给予学生试错的机会[1]

急功近利、贪多求快是当今社会许多人的心态，学生也不例外。因此教师需要让学生意识到设计制作的过程最好要脚踏实地一步一步来，

[1] 彼得·圣吉：《给予学生试错的机会》，《中小学德育》2016 年第 9 期。

中间免不了要出错、会遇到困难，即便是事先提供了专门的材料或工具，也不见得就是制作出一个比较理想的作品。所以教师应当在设计制作活动中给予学生试错的机会，让他们自己去尝试使用各种材料与工具，不要总是直接告诉学生“用这个材料制作某个作品”，而要为他们创造多尝试、不怕犯错、不怕困难的环境，从而帮助他们自我生长。毕竟学生新知的掌握以及各种问题解决技能的提升，如果都能通过学生的试错而达到，其效果必比教师演绎式的灌输要好得多。

（二）提供充足的时间和空间

为了更好地完成设计制作的任务，教师应给予学生充足的时间和空间，以便让他们全面了解和熟悉所需材料的特性，以及正确、科学使用的方法。有些教师总担心上课时间不够，认识材料与工具也只是简单介绍一下名称，描述或者示范一下怎么使用，就让学生立即开始设计制作作品。其实，这样做的结果往往是事倍功半。例如，陶艺工具里面有个竹拍子，可以用来拍打造型，但课堂上，教师会发现学生在用竹拍子时，看起来动作都差不多，但有的学生拍得很轻松，成型很快；可有的学生拍起来很吃力，总是使不上劲，而且成型也很慢，因为他们的竹拍子两头拿反了。像这种情况，如果教师先让他们试着拍拍看，再交流一下为什么有的同学拍起来一点不费力、想拍成什么造型就什么造型，而有的同学总也拍不好，那么遇到困难的学生就会自己识别和发现问题所在，并通过相互观察和交流来主动发现解决问题的方法，从而发展自己的材料使用能力。

（三）增设材料探索的环节

在活动中，教师可以不指定任何特定的材料和工具，而是提供一些备选材料工具，组织学生探究各种材料的特点、了解不同材料的优点及适用范围、不同材料的加工方法等，指导学生结合自己的实际情况，自主选择合适的材料与工具来物化设计。比如在《桥》的设计制作活动中，因为教师不指定任何材料，所以不同学生小组选择了不同的材料来进行制作。动手能力一般的学生，选择了积木搭建桥；雕刻功底深厚的学生，选择了雕刻肥皂桥；有一定信息技术基础的学生，选择了 3D 材料，通过 3D 打印的形式表现设计。通过类似的材料探索活动，不仅能让学生更主动地认识材料、利用材料，而且还能开拓视野和思路，丰富作品的表现方式和样态。

材料和工具的选用不是一成不变、千篇一律的，教师完全可以根据年龄、动手能力等实际情况帮助学生一起作出相应的调整。以纸类及工具应用为例，小学基本以折纸和剪纸为主，所以会用到旧报纸、各色彩纸、卡纸，工具应用主要考虑安全因素，建议用剪刀；初中以剪纸、纸的立体加工为主，材料可以用旧报纸、各色彩纸、卡纸、瓦楞纸等，工具选择当然也要考虑安全方面，但还需要考虑是否合适和科学，所以除了剪刀，可以用美工刀、刻刀，甚至手术刀片等；高中以纸的立体加工及科学应用为主，材料除卡纸、旧报纸、纸板外，还可以考虑其他类型的纸张，工具范围也可以自主选择。而同样的旧报纸，小学可以拿来折简易垃圾盒、纸飞机、纸船、防尘帽、纸玫瑰花等；初中可以用来编织笔筒、花篮、收纳盒、做风筝面等；高中可以用来做承重的纸桥、纸制婴儿床、漂亮的纸房子、富有设计感的衣服等。

第三节　选择材料与工具的依据

一、选择材料与工具的基本依据

（一）考虑学生人身安全

设计制作活动要在确保学生人身安全的情况下才能开展，所以，教师首先要注意材料的安全性，比如选用积木材料、颜料、空气黏土等时，一定要保证材料本身的无毒无害。教师还要考虑学生座位设置和专业教室环境布置的安全性，要特别强调工具使用的安全性，比如教会学生科学使用工具、正确放置工具、妥善及时保养工具等。另外，不同年级学生对劳动或信息技术材料与工具的熟悉程度不同，运用能力也不同，所以在安全性方面应当提出不同的要求，比如低年级学生自我控制和协调能力略差，不能有效识别某些材料或工具的危险性，所以过于危险或可能产生危险的东西则不宜让他们使用；高年级学生的自控力和动手操作能力略强，所以可以选择难度大一些的工具，但也要监督学生在使用过程中是否会存在困难，以便消除可能的安全隐患。因为不少材料如果不能得到科学合理的使用，就会存在一定的危险性，即便是像剪刀这样的工具，使用不当也会伤到手指，更不用说类似刻刀这样锋利的工具了，所以教师务必要提醒学生注意安全，强化科学合理使用的规则，千万不能麻痹大意，伤害自己或者伤害别人。当然，我们也不能因为过于考虑安全的因素，而完全无视设计制作本身的要求。为了确保整个实践任务的完成，有些工具和材料是必需的，即便可能存在一定的风险。教师所要做的就是要确保学生能科学使用，而不是以安全为由完全不让学生使用，否则多数设计制作活动势必将难以高效完成。

（二）发挥地方资源优势

在设计制作材料和工具的选择上，要尽可能挖掘地方资源或身边资源的优势并充分加以利用，才能更好地达成设计制作的任务。一方面，这些资源便于取用，甚至数量不限，可以为设计制作提供充分的材料保障；另一方面，以地方资源为主要材料和工具，可以更好地凸显出设计制作的地方优势，形成具有创造性的项目作品。以“竹乡安吉”为例，安吉景色宜人，秀竹连绵，各类竹种 300 余种，被誉为“世界一流的竹种园”。当地教师完全可以以竹子作为设计制作的主要材料，小学低段可利用竹叶开展竹叶贴画的实践活动；小学高段可以利用竹条学做风筝；初中可以用竹编工艺进行竹器加工，还可以学习竹笋制品的加工、包装等；高中则可以考虑竹炭制品的设计制作；等等。当然，发挥地方资源的优势也有一定的限度，因为如果每一届学生都是用地方资源作为设计制作的主要材料，可能会出现重复严重的现象，也可能会导致教师控制和预设的强化，阻碍学生创造设计与制作的实现，所以最终还是要尽可能服务及服从于学生自己的实践项目。

（三）渗透低碳环保理念

在选择设计制作的材料和工具时，低碳环保也是非常重要的依据和原则。所谓低碳（Low Carbon），就是指较低的温室气体（二氧化碳为主）排放，而低碳环保材料则是指在确保使用性能不变或不受损的情况下降低不可再生自然原材料的使用率，制造过程低能耗、低污染、低排放，使用寿命更长，使用过程中不会产生较多有害物质，并可以回收再生产的材料。作为教师，理应担负起环境保护和环境教育的责任，一方面在选用材料和工具时尽可能选择那些低碳环保的常见材料和工具；另一方面则积极鼓励学生参与到废物利用、变废为宝的活动之中，增强学生的环保意识，感受低碳生活的乐趣。常见的可以充分利用的废旧材料包括旧报纸、牛奶盒、饮料瓶、易拉罐、废旧水管、塑料袋、铁丝、螺母、废旧木板等，这些都可作为设计制作的原材料；还有一些材料可以反复利用，如空气黏土、陶泥等，也同样可以应用在设计制作活动中。

二、课堂中的指导策略

（一）以作品为载体，选择合适的材料与工具

顺应不同年龄段学生的生理和心理特征，以作品为载体，选择合适的材料与工具。小学生以形象思维为主，动手操作能力还不发达，可以让他们多模仿，设计可感的、形象的、操作难度不大的作品，根据这些作品制作的需要来选择相应的材料与工具；中学生逻辑思维和动手操作能力更强，可以设计难度稍大、对制作或操作要求更高的作品，引导学生通过设计与制作，进一步提升材料加工、工具运用等方面的能力，在必要的时候，甚至可以鼓励他们进行材料的自我创作与加工，以服务于

创意作品的完成。

（二）以技术为主线，选择合适的材料与工具

设计制作对学生的技术或劳动技能有一定的要求，所以教师在面对学生所提出的设计项目时，应帮助学生判断自己是否能够胜任设计的任务。如果设计的项目超出了自己的能力，则应当考虑降低难度；如果项目对本小组来说轻而易举就能实现，则要考虑适当提高项目设计的难度，或者选择别的、难度更大的材料来完成同样的设计制作任务。通常对于技术水平一般的学生，教师应更多考虑那些可反复使用的材料，比如纸、布、线、绳、黏土、彩陶等，相应的工具也需要易于使用才行。而对于技术水平相对较高的学生，则教师可推荐他们多选用木作、钳工、3D 技术、编程、动漫制作等需要一定技术知识与能力的材料，以便设计出更高端、更精细或更有创意的作品。

（三）以生活为出发点，选择合适的材料与工具

材料与工具的选择，应跟学生的生活实际密切相连并以之为主要出发点。一则学生的材料及工具应是学生生活中而来的，如果超出了学生生活的实际，则学生必然不便取用，也就会阻碍设计制作活动的推进；二则学生的设计与制作之目的乃在于支持和发展学生的生活经验，服务于学生自己的生活，如果只是为了追求美观或创意，而完全不顾及生活的适用，就会远离综合实践活动课程的宗旨。所以，在具体的设计制作活动过程中，教师应引导学生主动联系自己的生活实际，选择合适的材料与工具，以此来设计和制作作品，并最终服务于自己的生活。以利用废旧材料为例，教师鼓励学生选择的废旧材料，应该是学生身边常见的、环保的、不需要花太多心思就能得到的、最好不需要花钱购买的材料，比如旧报纸、牛奶盒、废旧塑料制品、旧木板等。

第九章

动手制作

动手制作是设计制作实践活动的中心环节，也是学生投入时间最多的环节。教师需要通过自身的模拟示范以及学生之间的相互示范，为学生的动手制作导引合理的方向。教师辅导可以采取课前基于学生自主探索的辅导、课中基于学生手把手示范的指导、课后基于学生反复练习的辅导等步骤进行。在制作过程中，学生则可按照常规制作法（即以演绎的思路按照劳动或技术制作的常规顺序进行制作）和拆解制作法（即通过拆装成品来了解作品的基本结构、熟悉可能的制作方法，然后依靠已有的材料进行设计并制作新的成品的过程）的方式开展小组合作式的制作活动。

第一节 动手制作的模拟示范

动手制作，是综合实践活动中“设计制作”的关键要素之一。动手制作的目标是创意物化，意味着学生需要基于设计方案，进行现场的劳动或信息技术的操作，以便将创意物化为人工制品。[1] 动手制作经历模仿、制作、创新等过程，这些过程都离不开活动起始的模拟示范，可以说模拟示范是整个动手制作环节的开端和基础。所谓模拟示范是指主体有目的地把设计制作过程中所需要掌握的技能，用事先示范的方式，引发学生的观察学习，以便让各个制作小组都能在实际开展活动之前对相关技能有一定的了解和操作，奠定必要的基础，尽可能减少制作过程中的阻力。模拟示范时学生从认知技能要求开始到模拟练习（掌握部分技能到熟练整个技能），最后达到自主运用的阶段（即不需复杂思考就能熟练完成整个技能步骤），这个过程是需要一定的时间及方法的。

一、模拟示范的种类和方法

（一）模拟示范的种类

设计制作活动中的模拟示范可根据指导主体的不同而分为以下三类：

第一类，指导主体是教师，包含教师的演示和教师手把手的现场指导。教师正确的示范和精炼的讲解能使复杂的制作感性化，从而使每个制作小组都能明晓所需要操作的劳动或信息技术。

第二类，指导主体是学生，是在制作中先走一步、已经熟悉相关技能或已具备相应能力的学生或制作小组，他们可以被称为综合实践活动课堂的小助手。综合实践活动是师生共同参与的活动，教师若能选出部

---

[1] 钱旭鸯：《综合实践活动课程之“设计制作”：内涵、价值与实施》，《基础教育课程》2017 年第 23 期。

分优秀的学生来进行示范，则更能带动学生的学习积极性，也更能起到指导学生的效果。

第三类，则是教学视频，可以是教师拍摄制作的微课，也可以是从网上下载的与设计制作有关的指导视频。视频制作时要求动作清晰、步骤简单明了，符合设计制作的实际情况。示范时要包含一些关键元素，使模拟示范能真正发挥作用。

《吉祥结制作》的示范

《吉祥结制作》中以问题导入引出古老的中国结图案，请学生思考这些结是如何利用绳子编织完成的，结合课前学生的综合实践活动，请各小组展示调查中国结的学习成果。

成果展示活动结束后，教师补充讲解中国结的材料及吉祥结的制作步骤，从讲解图片的口诀（分逆时针穿压、顺时针穿压和调整“耳朵”三步走）开始，边示范边讲解：

1. 将绳子对折用大头针固定。

2. 取中心点左右拉成四个耳朵。

3. 逆时针穿压。

4. 顺时针穿压。

5. 用左手捏紧中间的田字形，右手将内耳拉出调整好（调整“耳朵”）。

在上述案例中，模拟示范时教师制作一步学生则跟着做一步，不过此处所示范的只是最初级的中国结制作方法。由于中国结的制作程序整体较为复杂，学生初次接触这类作品的制作，难以一次性领会和掌握，因此应一步一步来，方为稳妥。为避免出现“学一步忘一步”的现象，教师可在投影上循环播放事先制作好的指导视频，同时请课堂小助手一起协助指导，可以更有效地帮助各个制作小组掌握其中的方法。案例所示吉祥结的编织技能是这堂课学生须重点掌握的一个制作技能，教师通过投影示范和“三步走”的要领总结，借助语言、视觉、动作等信息的传递方式，让学生在清楚每一步制作要点的基础上马上就能模仿操作。同时教师在实践过程中循环播放制作视频，以加深学生的印象，更有利于学生巩固技巧。

（二）模拟示范的方法与环节

第一种是正向指导法。正向指导法遵循循序渐进的原则，将制作步骤按顺序一步一步进行分解，学生随着步骤一步一步跟进。这种方法既直接又容易掌握，适用于简单和一般复杂的制作方法。如前面文章提及的“吉祥结的制作”正是采用正向指导法进行示范的。

第二种是逆向指导法。逆向指导法遵循化整为零和由零到整的原则，首先让学生自己将完整的作品拆分后再进行拼装，然后在教师对关键步骤的点拨下制作新的作品。这种方法适合初次制作作品或者是参与简单的作品制作，等学生掌握一定的技能之后，再升级至复杂作品的制作。比如一些简单的卡纸插接作品、电子组装作品都可以采用此种指导方法。

模拟示范在不同的环节中参与指导的侧重点有所不同，但大体可包括以下三个环节：

1. 课前辅导，以引导为主，学生自主探索是关键

教师在课前以提示引导为主，譬如以提问的方式引发学生去思考如何制作某件作品、需要什么材料、事先掌握什么技能、制作的重难点是什么、可能会遇到哪些挑战、应该怎么克服等。在这些问题的思考过程中，学生通过查找资料、相互研讨、动手实践等途径初步了解与制作相关的知识、技能与方法。

2. 课中辅导，以示范引领，对学生辅以手把手指导

课堂中教师的示范直接而关键，教师须以精心提炼的步骤清晰地示范，利用视频或上台展示等手段进行展示，使学生能够明晓制作的基本步骤，而后再提供机会和材料，让学生自主练习和操作。制作过程中，教师和课堂小助手可以巡视不同小组，发现有不懂的学生可以提供及时反馈和指导，为他们克服困难提供必要的帮助。

3. 课后辅导，以示范帮助学生巩固，学生反复练习是根本

学生在课前探究、课中模拟练习的基础上，已经对制作过程及方法有比较清晰的认识了。为了巩固制作的技能，课后教师可将制作好的微视频分享给学生，让学生在练习的过程中反复观看，也可以提供更多的材料，让他们去反复地练习，以达到精熟的目的。

二、模拟示范的实施策略

（一）教师示范三步走

示范演示能激励学生动手去实践与设计方案相关的技能。其中第一步是教师演示，教师演示有助于学生观察相应制作的每个细节。实物投影仪的使用能协助教师较好地完成这一步。第二步是视频演示，对于不是很清楚细节的学生仍会出现难以掌握的情况，可以采用循环视频播放的手段，让不同的学生能随时了解制作的要领，通过自我感悟与理解及时解决遇到的困难。第三步是教师巡回指导，辅以手把手难点点拨，以便在学生遇到难题时，及时进行方法上的指导。经过这三个示范步骤，学生对相关的制作技能已经能够达到基本的理解，并通过在课堂上视频及教师的动态指点，能及时排除可能遭遇的现场挑战，从而能比较顺利地掌握动手制作的技能。

在《中国结——吉祥结制作》中，教师在讲解完吉祥结的基本制作方法后，在实物投影仪的辅助下，用泡沫板和丝带进行一步一步的示范、讲解，总体效果理想。吉祥结的制作分为两大步骤：顺时针穿压法和逆时针穿压法，当学生顺利完成第一步后，容易遗忘第二步的示范步骤，此时将视频在屏幕上滚动播放则可以起到再次示范的作用，让学生回忆起前面提到过的示范讲解，从而明晓整个动手操作的流程。

（二）学生手把手示范

学生小助手是教师为充分发扬学生自主学习的精神，调动学生的学习积极性和主动性，借助同伴互助的力量所开展的一种指导活动。同伴互助主要体现为手把手的示范和协助，对于那些对制作本身了解不多、遇到操作困难的小组或同学，这种方式能比教师发挥更有效的作用。学生自己往往更能相互了解彼此到底会遇到什么困难，以及如何才能克服困难，也能充分站在同伴的立场上予以情感和精神上的支持，因此同伴互助能够让其他同学都能主动地投入到动手制作的过程之中。在具体实施时，教师应密切注意各个制作小组的情况，对每个学生的能力发展程度要有比较明确的了解，及时发现那些动手能力相对较强、悟性比较高的学生，如果这其中有些学生已经具备设计制作所需的相关技能，则可直接聘为设计制作的小助手；如果尚不具备，则可以选择这些学生进行提前培训和指导，使之熟练掌握。小助手的数量不必太多，通常可根据分组的情况，做到每组有一个助手即可。因此也可以考虑在各组内选拔一个代表来作为小助手，于教师巡回指导过程中，协助教师一起指导本小组的其他同学，这样其实更便于各小组完成自己的制作任务。

第二节　作品的制作

作品的制作无疑是设计制作环节中另一个极为重要的环节。作品的制作一方面要考虑学生实用的劳动与信息技术能力的发展，另一方面则尤其需要培养学生的创新精神与实践能力，养成热爱劳动、善用技术的意识，力求实现技能掌握、态度养成、价值发展的有机统一。作品制作一般有以下两种方法：

一、常规制作法

运用常规制作法制作时，学生需理清劳动或技术制作的常规顺序，教师按序引导学生开展制作活动，这是按照演绎的思路所进行的制作。采用常规制作法时学生首先要有制作的初步想法和方案，而后在制作过程中进行调整和改进。制作时需要进一步理清思路，运用学过的技能和身边的材料进行动手制作。教师在引导时可以在活动过程中添加一些制作技能学习的片段，避免学生无序操作。在下列案例的校园模型设计时，学生会用到卡纸的折切、插接、粘贴等技能，用橡皮泥、超轻黏土的小组需要掌握揉、搓、粘贴等技能。如果将这些技能的学习放在活动过程中，以一件小作品为引子让学生学会掌握和应用这种技能，从而围绕模型中的某一部位进行制作，就能达到比较理想的效果。如掌握作品的卡接技能，学生就能熟练地制作校园中的绿化带的树和其他植物模型。

校园模型制作

《美丽校园模型设计》活动中首先是提出问题。让学生针对现在的校园提出最想解决的问题，如“教室的窗帘太高，小学生必须爬上凳子才能够碰着，我想设计一个遥控窗帘！”“校园二层以上的楼道玩耍的地方太小，我想把楼道扩建，添上小喷泉，增加图书角、运动角等。”……

其次是设计方案。针对需要解决的问题提出设计方案，设计前要考虑用什么材料做——卡纸、橡皮泥、积木……将方案画在纸上，注意标明制作尺寸。

再次是动手制作。对应自己的或小组的方案表，用相应材料制作完成作品。如果是小组合作，请学生根据分工完成各自承担的任务。

最后是修改完善作品。作品完成后在组内通过讨论、试验等方法对作品进行测试，最后修改完善直至组内成员满意为止。

二、拆解制作法

所谓拆解制作法是指学生通过拆装成品来了解作品的基本结构、熟悉可能的制作方法，然后依靠已有的材料进行设计并制作新的成品的过程，这是按照归纳的思路所进行的制作活动。其一般顺序如下：

成品 → 拆分成零件 → 组装原成品 → 设计新方案 → 设计新成品

智能寻轨器的制作现场

学生进入教室后发现每个人的座位上都有一个完整的智能寻轨器，同学们兴奋地东摸摸西调调，迫不及待地提出了很多问题：

"这个是什么？"

"它是怎么做的？"

"有什么功能？"

"我们能做吗？"

……

在叽叽喳喳声平息后传来了教师的声音："同学们，座位上的作品叫'智能寻轨器'，今天我们要自己一探究竟，看它是怎么组装的。大家可以用桌上的螺丝刀把作品拆开来看看，拆解的时候注意观察每部分的位置，因为拆完后我们要把它组装起来！花 15—20 分钟试试吧！"

拆装是制作拆解的起步阶段，能较好地激发学生的制作兴趣，也能培养学生的观察力和动手能力。

制作的第二步则是在拆装的基础上，结合手中已有的材料和工具，进行新方案的设计与制作，并形成与成品既相似又有不同的新作品。如六角亭的设计制作就是一个典型的例证。

六角亭制作

图 9–2–1　六角亭的制作

六角亭的制作会涉及卡纸或其他材料的插接技巧，学生在学习时首先是带着问题将完整的六角亭（图 9–2–1）拆分：

1. 插片和亭片分别是什么形状？

2. 插接口有哪些特征？（从长度、宽度上考虑。）

3. 亭子角的数量和插片的关系如何？（提示：可以联系数学中内接几何形的画法。）

4. 亭子的高度和宽度是否有关系？

带着问题拆分，容易引发学生思考。拆分后学生回答问题，尤其是第 2 个和第 3 个问题同下一步设计紧密相关，需要重点讨论。

在进行拆分的基础上，学生得知插接口的宽度和卡纸厚度相等；上下两个插片可以利用圆内接正六边形（六角亭有六个角，需要六个插口，八角亭需要八个插口，依此类推）的画法进行；而六边形的边长和圆的半径相等并且小于或等于亭子宽度的一半……如此一来学生就破解了核心的制作技巧，为制作其他形状的作品奠定了坚实基础。学生设计的新作品有从亭片形状出发的，也有从角的层数出发的（见图 9–2–2），亦有从内部结构出发的，与原先教师的设计（图 9–2–3）相比更有创意。

图 9-2-2　学生的设计图

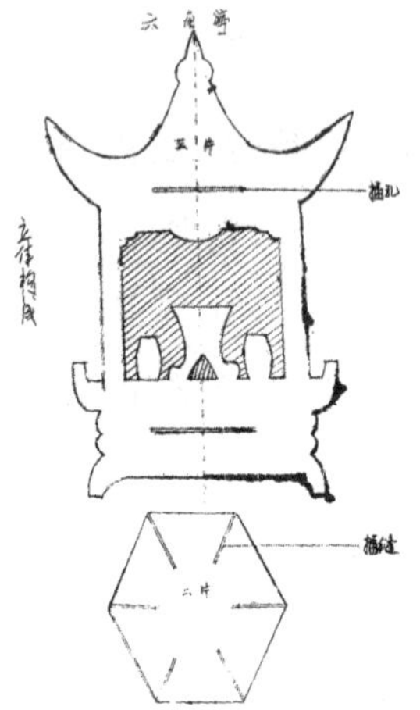

图 9-2-3　教师提供的设计稿

由此可见，通过拆装过程中的仔细观察和探究，并综合利用各个学科（如数学、科学）的方法，结合自身生活经验和已有的制作技巧，学生能更好地将设计方案进行创意物化。当然要补充一点的是，学生在制作过程中既可以是单独完成，也可以是集体合作完成。对于非常细小的作品或为掌握单个技能而设的作品，也可以在组内由单人各自完成，如十字绣（刺绣和设计技能）、剪纸（剪刻、粘贴等技能）、篆刻作品（雕刻设计技能）等。而对于比较复杂的作品，如建筑模型设计制作、餐巾纸盒立体毛线绣等，则可以分解成几部分，由集体共同制作完成。

第十章

展示与反思

展示评价和反思改进是设计制作实践互动的最后环节，在这个环节中作为“创客”的学生该做些什么，才能真正体验到自身的潜力，发展自己的能力，为“成为一个人”（Learning to be a human）而奠基呢？无疑，最后一个环节如果能够圆满完成，将会促使学生发现设计制作对自身发展的力量，建立起更强的自信，为下一次的设计制作活动埋下伏笔。学生首先需要通过作品展览会、项目汇报或答辩会等途径交流展示自己的作品，克服在此过程中重成果轻体验、重数量轻质量、重展示轻交流等误区。在评价时除了对作品进行评价之外，还应对学生的劳动素养和技术素养、学生的实践历程进行评价，并遵循主体多元和形式多元的评价原则及策略。此后学生须围绕作品、自我的成长以及实践历程进行深入反思，并提出未来改进的意见与建议，同时将作品应用于日常生活之中。

第一节　设计制作的展示与交流

在传统的综合实践活动展示课中，教师往往扮演的是类似主持人的角色，也就是由学生分组展示交流，而教师只是成为穿插其中的串词衔接者，没有真正体现指导点拨的引导作用，虽然将课堂的主动权还给了学生，但是也推卸了指导的责任和义务。所以，我们应该正视展示交流课的真正内涵与外延，在尊重学生学习过程及最终成果的基础上同时发挥教师指导、援助、参与和提供支架的实际作用。

一、展示与交流的常见方式

（一）作品展览会

小型作品展览会可以说是设计制作展示交流的最常见环节，因为设计制作的核心就是作品。学校可以以小组、班或年级为单位进行统一展出，也可以定期在学校内的档案馆、博物馆或展览馆里进行分批分级展出，所展示的作品不一定是非常“完美”的最终成品，也可以是学生尚未完成的作品。在展览过程中，设计小组可以在台签或卡片上简要写明自己的创意设想，使其他小组明白自己的设计意图，同时也可用多种方式如照片、记录表、循环播放视频等展示整个制作过程，以了解作品的由来。以上这些实践成果既可以用静态的方式呈现，也可以用动态的方式呈现。所谓静态的方式，就是指利用学校的橱窗或宣传窗、社区社会的展板、教室的黑板或区角、微信、抖音、微博等，将上述成果汇编汇总后以小组的名义进行呈现。所谓动态的方式，是指组织专门的展览活动，各小组除了展现上述现成的作品之外，还可以在现场进行解释、表演或示范制作，与其他小组的成员进行对话交流互动等，从而使其他小组的同学有更深入的了解。不过无论采用哪种方式进行展览，各小组最好都能提供一些其他小组反馈的小卡片或建议表等，使其他同学在参观时都能表达他们的想法，以便为后期的评价、反思与改进奠定基础。

（二）项目汇报或答辩会

项目汇报或答辩会是指教师专门创设的、由各个小组分别汇报（展示）自己的设计制作历程及最终作品、其他小组作为评委参与讨论的活动形式。这种形式与展览会不同，它主要依赖于学生的语言表达与解释说明，辅以其他不同成果的展示。在汇报之前，教师可以指导学生做好准备。比如让学生注意进一步提炼和整理设计制作的所有相关成果，精选汇报的内容，并注意汇报时将过程与结果结合起来说明。在汇报的过程中，教师可以指导各小组做好明确的分工，汇报组须以多种方式呈现自己的实践成果，而其他组作为评委也要耐心倾听，如果有什么疑问或建议也要及时记录下来。汇报组针对评委提出的问题要及时准确地进行回答。教师可以训练学生如何扮演好评委的角色，提出哪些关键性的问题，一般包括设计的方案、制作的过程、团队合作情况、最终作品的质量等方面。汇报完成之后，各小组要做好总结工作，为下一步的评价、反思和改进打下坚实的基础。要注意的是，以汇报或答辩方式进行的过程中，教师往往会将展示与评价整合起来实施，也就是说同时布置下评价的任务，评委不仅倾听汇报、与汇报组交流，同时也进行相互之间的评价。

二、交流展示的常见误区及指导策略

（一）重最终成果，轻过程体验

综合实践活动课程的展示与交流最容易演变成为最终作品的展示与交流，尤其是对设计制作而言。设计制作所围绕的中心是某个或某些劳动或信息技术的作品，所以作品就自然而然成为展示交流阶段的核心，甚至是唯一的材料。这一方面会使设计制作的展示交流活动在形式上陷入单一的局面（如只是以作品展览为唯一形式），而且也会忽视整个设计制作过程中所积累的其他能反映学生真实体验与成长状态的实物或记录，如视频、照片、各式记录表等。如果只是以最终作品作为展示交流的唯一内容，甚至会使后面的评价陷入以结果评价为唯一评价形式的尴尬局面之中。所以教师应提醒学生要从对自己的意义之角度来思考到底展示哪些内容，务必要使他们将过程与结果性的材料都能以适当的方式呈现出来，才能更全面地反映他们的成长状态。

（二）重数量，轻质量

设计制作的展示与交流环节中，首先面临的误区就是以展示包括作品在内的各式成果的数量为主要内容，而轻视各成果的内涵与质量。学生在设计制作的过程中，不仅仅会形成自己的最终作品（这最终作品可能也不只有一个，如果加上过程中失败的半成品，可能数量更多），而且也可能包括过程中的许多其他反映自己变化发展的材料，如照片、视频、记录单等等。因此在展示交流的环节，他们可能会将这些成果都展现出来。小组往往会以成果（主要是最终成果）的多寡来衡量自己设计制作的成效，比如制作完成了各式各样的书签、学会维修了不同的家用电器等，教师也会倾向于以作品多寡来评判学生。但是成果的质量在这个阶段常得不到特别强调，学生也缺乏筛选、提炼的能力，所以很容易被忽略。为此教师须提醒学生要严格根据设计制作最初制定的目标或想要解决的问题来筛选作品，而且要尽可能选择其中相对质量较高的部分来展示，同时向集体说明自己所展示的作品对自己是有成长意义的，对他人也有借鉴和启示作用，这样才能使整个现场的展示活动产生最大的价值。

（三）重展示，轻交流

设计制作的展示和交流是两个不可分割的环节，展示的目的一方面是为了显现自己在设计制作过程中的所言所行所感所悟以及最终的作品，但另一方面也是以上述材料为刺激物，激发其他学生的思考，促成学生之间的对话。所以如果展示不能和交流相互匹配，则展示很容易演变成各个小组的“舞台秀”，而其他不在“舞台上”的小组就成了不动脑只动眼的“看客”。为了让这个环节更好地发挥促进学生发展的作用，也为了让后面的评价、反思、改进等环节顺利展开，教师有必要鼓励各个小组之间进行必要的互动与交流。也就是说在某个小组汇报的时候或结束之后，其他小组在仔细倾听的基础上，应尽可能提出相关的问题来帮助明晓该小组的观点及解释，同时也可发表自己的听后感等，也唯有布置这样的“任务”，其他非展示或汇报小组才会真正“在场”倾听和思考，从而抓住自我发展的契机。

第二节　设计制作的评价

一、评价的内容维度

（一）作品的评价

作品评价是设计制作评价内容中最主要的维度，也是综合实践活动过程中教师和学生最常关注的（有的时候甚至是唯一关注的）方面。通常，对作品的评价是和前面的展示交流混合在一起进行，教师、组内同伴和其他小组在听取汇报或参观展示的过程中，就会同时给出自己的评价。关于作品的评价，须注意以下几点：其一，不同作品的评价标准可能会有所差异，因为它对所运用的知识、借助的经验、操作的技能、材料的使用等都有不同的要求，至少围绕劳动作品和信息技术作品两大类别，教师应制定出不同的评价标准。其二，评价时应尽可能做到客观全面，也就是说不能因为作品的某个方面（特别是外表方面）突出，就对其做出过高的评价，因为作品的质量包含多个方面，如思想性、科学性、艺术性、技术性、创造性等，评价者应同时加以考虑，才能做出较为中肯的判断；有些维度如思想性的评价相对比较复杂一些，需要评价者深入到作品内部，对作品进行深度欣赏以及与制作者进行多次交流才能领悟。学生不能因为这个过程的困难，而采取放弃或简单从事的态度。其三，评价时既要估计作品的通用评价标准，也要考虑作品本身的个性化特质，如设计思路与设计风格，对同一劳动或技术问题采用的不同解决方案、不同制作方法、不同材料等等，都应加以尊重、欣赏、肯定与鼓励，只有这样才能保持学生设计制作的兴趣，提高他们实践的积极性。

（二）劳动素养和技术素养的评价

设计制作的目标之一就是要培养和提升学生的劳动素养，因此评价的内容体系中必然要包含劳动素养的部分。根据 2019 年 11 月发布的《关于全面加强新时代中小学劳动教育的意见》，劳动教育的总目标，是使学生能够正确认识和理解劳动创造人、创造财富、创造世界、创造美好生活的思想，懂得劳动最光荣、最崇高、最伟大、最美丽的道理；养成尊重劳动的情感，具有勤俭、奋斗、创新、奉献的劳动精神；具备满足生成发展所需要的基本劳动能力，形成良好劳动习惯。并提出劳动教育在不同年龄段应采取不同的方式，实现不同的育人目标。小学低年级要注重围绕劳动意识的启蒙，让学生学习日常生活自理，感知劳动乐趣，知道人人都要劳动。小学中高年级要注重围绕卫生、劳动习惯养成，让学生做好个人清洁卫生，主动分担家务，适当参加校内外公益劳动，学会与他人合作劳动，体会到劳动光荣。初中要注重围绕增加劳动知识、技能，加强家政学习，开展社区服务，适当参加生产劳动，使学生初步养成认真负责、吃苦耐劳的品质和职业意识。普通高中要注重围绕丰富职业体验，开展服务性劳动、参加生产劳动，使学生熟练掌握一定劳动技能，理解劳动创造价值，具有劳动自立意识和主动服务他人、服务社会的情怀。很显然，对学生劳动素养的评价应主要考虑不同的实践小组有没有围绕上述目标来进行有针对性的活动，从而制定出适合不同年龄层次和区域条件的科学合理的评价标准。在此过程中，教师应注重收集来自家庭、社会、劳动单位等多方面的信息，尽可能全面地反映学生的劳动经历、态度和收获。

就技术素养而言，前文已经提到它在内涵上应包括技术知识、技术思维与方法、技术能力三大方面，当然也可以参考《基础教育信息技术课程标准》来进一步梳理不同年段学生更为具体的技术素养要求。比如在小学阶段，学生应形成运用计算机处理信息的基本能力；梳理与终身学习和现代社会生活相适应的信息意识，形成积极的信息技术学习态度，养成健康负责的信息技术使用习惯；学会利用信息技术工具搜集和处理信息，以支持学习、探究和解决日常生活问题；学会使用常用信息处理工具和软件，展开写作、绘画等活动，制作计算机作品；学会使用多媒体制作软件，运用文字、图片、声音等多种方式，灵活地表达想法、创意和探究结果；学会运用常用通信工具进行合作学习，开展健康的社会交往等。在初中阶段，学生应体验和分析信息技术对学习和生活所带来的影响，树立良好的信息意识与信息技术使用习惯；初步了解计算机结构和工作原理；有能力使用因特网获取信息并解决实际问题；学会制作动画作品，直观表达动态信息或描述过程；学会使用电子表格软件进行简单的数据处理；能使用常用信息处理工具，综合运用写作绘画表格动画等多种方式进行设计与制作等等。因此对学生技术素养的评价也应参考上述基本目标，制定出科学合理的评价指标。

（三）实践历程的评价

设计制作的评价还应特别关注学生在整个实践历程中的表现，一方面应该将学生在过程中所产生的设计草图或模型、操作记录、半成品、视频音频、照片等都作为过程评价的根据；另一方面应努力将评价的焦点从最终的作品转向学生的学习、设计与创造，问题解决能力，项目实施能力，合作交流能力，关爱意识与能力等核心素养方面的具体表现及发展情况。且设计制作不应仅聚焦于“是什么”的事实性评价，更应思考“应该是什么”的规范性评价和“为什么”的本源性评价，才可以更好地引领学生重构设计制作的对象，重建与作品的关系及与同伴的关系，提升道德敏感度，进而反思自己的学习方式与行为习惯等。在聚焦学生对设计制作本身的理解与看法，特别是过程中所形成的精彩观念之外，教师也应同时鼓励学生关注实践过程中的多种体验。特别地，“评价如果不能触动学生的情感体验，不能引起学生的情感共鸣，不能反映学生的主观世界与内在素质，就不会产生意义”[1]。

二、评价的方法维度

设计制作采取多元评价的方法，这里的“多元”，不仅仅是主体的多元，也包括形式的多元，是从多个方法维度所展开的系统评价。指导教师须基于学生实际情况不断改进传统的评价体系，坚持学生评价与教师评价相结合，定性评价与定量评价相结合，动态评价与静态评价相结合，引导学生从评价中进行“意义学习”，通过评价来提升自己的综合素质。

（一）评价主体的多元

由于不同群体均可以从不同角度对同样的内容提出相互补充的意见，因此设计制作尤其强调评价主体的多元性。尤其是传统的评价主要以教师评价为主，忽视学生的主体性及其力量，也忽视评价作为学习的可能意义，因此设计制作特别强调要给予学生进行自评和互评的权利，并发挥评价的学习功能，从而进一步提升学生的综合素质。除了学生和教师之外，这里的主体还可能涉及家长和特定的专业人士。家长由于熟悉学生在家庭中的表现，甚至可能部分参与到实践历程之中，因而也能从他们自己的角度对孩子进行局部的评价。而劳动与信息技术方面的专业人员，也可以通过对作品专业程度的评估，从而给出较为科学合理的结论。在实施多元主体评价的过程中，教师应理顺各种评价之间的比例关系，尽可能以学生的互评与自评为主要评价方式，而以教师评、家长评、专业人士评为辅助评价方式。

主体评价的过程中最容易出现的误区就是为了多元而多元，比如在

[1] 李树培：《珍视不可测量之物——兼论综合实践活动课程的学生评价》，《教育科学研究》2006 年第 10 期。

完全不了解某个小组实践活动的情况下，就邀请其家长或其他小组的人进行评价，这样的评价即便真能实现，也无法形成中肯的客观的意见，而设计制作所倡导的评价是评价者在了解被评价者的基础上所做出的自觉主动且充满感情的评价。此外，不同主体的评价能力也有所不同，特别是学生评价方面，因此对不同主体设计的评价方式应有所不同，不能过分执着于评价的字数、内容及质量等，即便是评价标准，在表述上也要发生一定的调整和变化，以便让评价者能更好地理解。当然，并非所有的评价内容都适合采用多元主体的评价，否则很容易费时费力、流于形式，教师应明确各主体评价时的优势及主要针对的内容。比如针对家长，只能基于其孩子在家中实践的情况或作为志愿者参与到实践过程中对学生的了解情况等来进行评价，如果家长没有真正参与到实践活动之中，贸然让他们进行评价，只会浪费人力，对学生也不会产生实质性帮助。对于技术人员，也只能就作品本身来进行评价，至于其他的方面，他们却无能为力，也不应进行评价。当然，在邀请不同主体进行评价时，总的原则是让他们更多地发现每个实践小组的优势、发现与收获，应该是带着欣赏的、发展的眼光来评价，从而更便于推进学生的学习，而不能将评价简单地理解为提出批评意见、打分论高低等等。

（二）评价形式的多元

1. 定性评价与定量评价相结合

设计制作的评价可以采取定性与定量相结合的方式。所谓定性，就是指对那些应文字表述的、以实物呈现的、无法量化的成果及过程进行分析与综合、比较与分类、归纳与演绎等思维加工的评价。定性评价不采纳数学统计或模型化的方法，而是根据被评价者在设计制作过程中的表现、所积累的文献资料以及最终的作品等进行观察和分析，进而做出“质”的价值判断，比如评出等级、撰写评语、描述感受等。定性评价强调观察、文字描述、分析与归纳，它能比较方便地为学生所掌握，并且能呈现出评价者更加真实且丰满的体会，这种体会即构成了评价者与被评价之间的对话。而定量评价则是指搜集数据资料，并以数学的方式进行量化处理，得出图形、图表或模型等，从而对被评价对象做出量的价值判断。定量评价强调以数的方式进行处理和呈现，因而具有客观化、标准化、简单化、清晰化的鲜明特征，它对于各个被评价对象的情况能够以非常简洁明了的方式呈现发展的情况，便于进行客观公正的选拔与甄别。纸笔测验可能是其中最常见的定量评价方式，比如为要掌握学生创造思考能力的发展水平，可在设计制作的起始阶段即进行创造思考力测验，而后在结束阶段再进行检测，从而得到关于创造思考力的量化判断。定量评价对评价者的能力要求较高，特别是测验法的运用，需要提前进行培训，且越是复杂的测验打分和解释系统就越复杂，对学生而言未必直接适用。《指导纲要》强调多采用质性评价方式，避免将评价简化为分数或等级，因此定性的评价应该成为设计制作评价的主体，并以相对简单实用的统计、图表等定量评价手段进行辅助。

2. 过程评价与结果评价相结合

过程评价又称形成性评价，其过程是相对于“结果”而言，它不是单纯地呈现学生的最终作品，相反，它更加关注学生在设计制作过程中各方面发展的情况，如设计的创意水平、团队的合作状态、问题解决的能力等。过程评价的功能主要不是体现在对学生进行等级划分或撰写最终评语上，也不是要区分和比较学生之间的能力、知识与行为。过程评价通常属于个体内差异评价，即把每个被评价者的过去与现在进行比较，或者将学生不同侧面情况进行相互比较，从而得出一定的价值判断。这种评价主要在于及时反映学生在设计制作中的情况，促使学生对整个实践过程进行积极地反思和总结，而不是给学生下一个最终结论。过程评价具有关注学习过程、重视多样学习结果、肯定非预期结果、强调非正式学习等特点。而结果评价又称终结性评价，是过去评价系统中最为常见及主要的评价手段，如期末考试等，它是在设计制作活动结束后为判断学生的整体发展水平而进行的评价。从时间上来看，过程评价侧重于过程之中进行的评价，是对过程之物的评价，而结果评价是在制作结束之后的评价，主要是对作品及交流展示情况的评价。这两种评价在设计制作中有各自的优势，因而都可以结合使用，但过程评价应发挥更具主导的作用，让评价贯穿到整个设计制作过程之中，而不仅仅是最后环节才发生的活动。就此而言，目前多数设计制作活动可能还达不到基本要求，因而在课型设计上评价课往往就是放在最后进行的。

3. 在线评价和线下评价相结合

设计制作本身涉及信息技术的应用，但信息技术不应当只应用于制作过程之中，而可同时应用于评价的环节之中。其中基于演示文稿的评价可能是最为常见的。通常小组在展示汇报的阶段就已经开始使用演示文稿，但是评价阶段使用演示文稿也未尝不可，比如学生将自己的评价结果以演示文稿的形式反馈给被评价小组等。此外，其他网络平台及软件也可以利用到评价之中，如 QQ、微信、钉钉、微博、百度网盘等等。学生可以将自己在设计制作过程中积累的照片、视频、记录表乃至电子作品等都存在一定的网络空间之中，而后评价者皆可以通过共享的网络空间进行网上评阅。特别是在新冠病毒疫情期间，学生之间无法面对面开展评价活动，即可更充分地利用这些形式。还有一些学校除了用实体的档案袋之外，也尝试在网络中构建电子档案袋，可以发挥过程评价的功能。

当然，理想的状态是将线上和线下的评价活动结合起来，发挥各自的优势。线上的评价依托于个人自主进行，因时间充沛，呈现的成果相对比较全面；线下的评价则可促成面对面的交流，能更好地激发共鸣和思考。

第三节　设计制作的反思与改进

反思和改进是设计制作不可分割的一部分，但是在现实中许多学校所进行的设计制作活动，大都是以作品展示交流以及相互评价作为结尾的，并没有特别开展反思与改进的活动，导致学生不能更充分地意识到设计制作对自己发展的意义与价值，也不能对作品本身存在的问题、对生活的意义以及未来前行的方向有明确的认知，从而无法将几次设计制作的活动、设计制作与其他类型的综合实践活动、设计制作与学生的生活世界等进行有效的串联。

一、设计制作的反思

反思在时间节点上，处于整个设计制作活动的最后一个阶段，在内容上则是基于整个设计制作实践活动的全面总结、判断与分析。因此，反思以作品及过程中的具体表现为基础，指向促进学生综合素质发展的各个维度，如知识、能力、情感、价值观等等。换句话说，设计制作的反思主要通过交流讨论来实现，除了各组自己在内部进行集体反思之外，最好能邀请别的小组交流自己的疑惑与看法，相互帮助，共同提高。这里的反思主要涉及作品的反思、自我的反思和活动的反思三大维度。

（一）作品反思

设计制作的作品在功能（能否承担起应有的功能以及在生活中的其他用途）、造型（美观程度）及创意上如何，是否有效解决设计制作项目起始提出的问题等，都是设计制作小组及其他小组都要协同反思的议题。前期的交流和评价过程中，各个小组已经对彼此的作品有了一定的了解，这个阶段，各组可以围绕自己的疑惑，提出批判性的意见，以便为作品的后期改进奠定基础。对作品的反思无疑是整个反思环节中最为重要的部分。如四年级《纸珠子的世界》设计制作小组展示了自己的作品之后，其他小组围绕珠子胖瘦程度、插接小树的变形（如图 10-3-1）等议题进行了讨论与交流，有的通过自己的实践指出无卡口是小树变形的真正原因，从而为前述小组进行作品的反思与改进提供了极好的建议。在这个过程中，需要注意的是，指导教师及各小组往往会从美观的角度来反思作品的优劣，但实用性应该放在更重要的位置上。

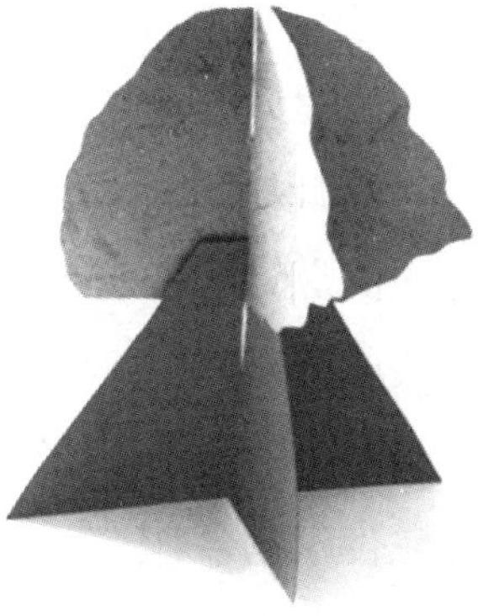
图 10-3-1

（二）自我反思

自我反思则是指向自己在整个设计制作过程中的具体表现以及综合素质的发展情况。教师可以通过设计可能的反思表格或问题清单，帮助每个学生进行自我反思；也可以通过小组交流的形式，在组内进行相互反思。在反思的过程中，学生需要特别注意自己及所在小组的团队合作情况如何，有否发生相互交流不顺畅、分工不合理的情形，有没有发挥每个成员的优势，整体合作效率及效果如何；注意自己的批判思维、创造思维、动手实践及问题解决能力有否运用及发展情况如何，比如自己提出了什么创意，有没有体现在作品之中等；还要注意相关学科知识与技能的应用情况，如在设计制作中，运用了哪些学科知识，运用了劳动与信息技术的哪些技能，又从过程中吸收、发展和创造了哪些新的知识与经验等。只有将作品反思和自我反思结合起来，才能将设计制作建构为一种操作性学习，而不仅仅是简单的动手操作、掌握技能。

（三）活动反思

对活动的反思则主要指向整个设计制作过程本身的思考，比如原先的设计有没有纰漏，在实践的过程中有没有进行改进，有没有在应用的过程中遇到难以物化的情况；制作时有没有遇到什么具体的困难，又是如何自主克服的，或者有没有求助教师、其他小组或专业技术人员等；

展示和评价过程中有没有遇到什么挑战，汇报者是否将作品的亮点全部准确地呈现出来，对自己和其他小组的评价中有什么特别的发现等。通过对设计制作每个环节进行深入反思，有助于学生进一步明确过程中存在的问题以及自己当时的处理方法，以便为未来开展设计制作活动提供实践的经验与启示。当然，学生还需要反思自己的设计制作活动是否与考察探究、职业体验和服务学习等建立起必要的联系，将操作性学习、研究性学习、服务学习和体验式学习进行整合，从而更有效及全面地开展综合实践活动。

二、设计制作的改进与应用

（一）设计制作的改进

在明确设计制作过程中存在的问题、自己的发展情况以及作品本身的质量之基础上，教师可以指导学生对自己的作品和其他小组作品提供具体的改进建议，或明确改进的方向，或指出未来可以设计制作的其他同类作品；也可以对自己或整个小组在设计制作过程中的综合表现以及能力、知识、情感等的发展情况提出改进建议。为此，设计制作环节的改进可以包含三个部分，即作品改进、自我改进及活动过程的改进。教师可以为学生设计改进的表格，帮助他们明确改进的思路和框架，也可以在提供适当指引的基础上让各个小组自行设计相关的改进表。当然，教师还可以将改进和反思整合起来实施，即置于同一个表格之中，因为两者往往是紧密联系在一起的。值得注意的是，虽然反思指出来的问题通常是改进直接指明的方向，但是两者并不是简单的对应关系，因为有的时候，尽管其他小组提出了关键性的问题，但是限于能力、经验和客观条件，可能在后期的改进计划中无法包含，因此提出改进的建议必须得考虑主客观的条件及可行性。

1. 作品的改进

作品的改进是整个设计制作改进的首要环节，因为衡量一次设计制作过程的质量往往是以作品为主要依据，且作品本身就是设计制作开展实践活动所主要针对的项目。各小组在之前的展示交流和评价环节中，已经对各自的作品有了一定程度的了解，再经过反思环节的深度接触，已能提出有针对性的改进建议。因此，各小组应该要秉持谦虚、包容、开放的态度，积极吸取其他小组所给出的意见建议，并将其融入未来的设计制作活动之中。不过作品的改进往往跟反思紧密结合在一起，反思往往侧重于批判性地指出作品所存在的不足，而改进则侧重于用创造性的意见来提出弥补不足的方向，两者相辅相成，反思是改进的基础，而改进则是反思的拓展与延伸。

2. 自我改进

针对前一阶段对自我的反思，学生需要对自己及自己所在小组未来的发展提出明确可行的建议，当然也可以在不同小组之间开展相互改进的工作。改进的内容一方面是围绕技术素养、劳动素养、团队合作能力、交流沟通能力、批判与创造能力、动手操作能力等方面展开，这是自我改进的主要方面。比如在未来可以如何提高自己与组内其他成员交流的能力，作为组长还可以提出如何在未来的团队中扮演好组织者和协调者的角色。另一方面可以就相关学科知识的应用、经验的吸收与改造等提出改进的建议，比如未来可以结合哪些学科来拓展设计制作的广度和深度，可以结合生活中的哪些经验，等等。

3. 活动过程的改进

整个设计制作过程的改进也至关重要，将直接影响到作品本身的质量及自我发展的程度。这里的改进应该要包含设计制作的各个环节，如目标设定、创意设计、小组创建和分工、材料和工具选择及使用、动手制作、展示评价等等。一方面，学生在设计制作过程中，肯定会存在过程和方法上的优化空间，抑或存在一些显性的问题与困难没有得到及时解决，也可能存在一些自己没有意识到但是其他小组或指导教师指出来的隐性问题，这些都可以为后期的完善提供改进的方向。另一方面，设计制作过程中那些无法直接回应的问题、因各种各样的原因没有得到有效解决的问题，抑或因为时间人员等关系没有进一步拓展，或者制作过程中还想到了别的设计或制作方法，但是没有办法展开和尝试等，这些遗憾或未尽之处，也可以成为下一步行动的方向。

（二）设计制作的延伸与应用

“从生活中来，到生活中去”，这是设计制作的初衷。因此将在设计制作的活动中所完成的作品、所发展的知识与技能、所习得的过程化经验等延伸与应用到生活中非常重要。如其他综合实践活动课程的学习方式一样，设计制作也强调自己的实践过程要紧密联系生活实际，倡导将所习得的知识技能和经验广泛应用到学生的生活世界之中，避免陷入学科主义的泥淖，将综合实践活动扭曲为学科学习活动。由此才能更鲜明地突出作品本身或设计制作的实用性。为此，教师不妨鼓励学生在以下三个生活领域中来思考设计制作延伸与应用的可能性：

1. 校园生活领域

学生的作品大多基于学校生活而产生，因此设计制作的最终作品可以首先在校园生活中发挥其价值。除了进行以评价为导向的作品展示之外，有些优秀的学生作品，还可以搜集起来作为学校常规活动（比如审美教育）的一部分。有些学校会有意建立一个展览室，将每次设计制作所搜集到的优秀作品陈列起来，这就为学校开展长期的特色展览活动提供了可能，我们也可以将这样的展览室称为学生作品博物馆。有些学生作品放在教室或学校其他空间中，还可以起到美化环境、装饰环境的作用，如利用剪纸作品装饰黑板报和教室的窗户、利用灯笼装饰教室的门柜等。每一届学生所完成的作品还可以留存下来为下一届的学生进行拆装练习、观察模仿等提供方便。此外，学生的作品还可以作为礼物送给同学、教师或学校其他工作人员，以增进校园内各个群体与个体之间的友好关系。此外，学生在设计制作过程中所习得的知识、技能与经验也可以在学校其他科目（如科学、数学、美术等）的学习中发挥重要作用。

2. 家庭生活领域

人的生命具有丰富性，教师需要将课堂的载体作用充分发挥出来，赋予劳动和技术作品以生命，同时促进学生生命的发展。因此，除了要将最终作品在校园内发挥其生命价值之外，还应促使其在家庭生活中也发挥其生命价值。多数技术与劳动的作品在家庭生活中都可以得到很好的应用，比如“学做简单的家常餐”“安全使用与维护家用电器”“生活中的工具”“探究营养与烹饪”“生活中工具的变化与创新”“组建家庭局域网”等主题下的作品都能较直接地服务于家庭生活。学生还可以将习得的劳动与信息技术的技能创造性地应用于家庭生活之中，比如爸爸的手机套坏了，帮忙维修或制作一个；妈妈的花盆要挂起来，可以做一个可以悬挂的环保洗衣液花盆；剪纸作品塑封后可以给爸爸妈妈做书签；纸珠子做成项链在母亲节送给妈妈来表达自己的一份心意；将编织好的中国结挂在房间钥匙上；等等。总之，学生的创意设计与制作可以为增进家庭关系和谐、方便居家生活、提升生活质量等发挥重要的作用。

3. 社会生活领域

设计制作的目的是让教育回归学生的生活世界，回到“人”本身。回归生活世界，就是要打破学科知识与现实生活之间的隔阂，打破学校与社会之间的樊篱，为学科知识的综合运用寻求意义生成的源泉。因此，学生在设计制作过程中所完成的作品及获得的能力，也可以广泛地应用于社区及其他社会生活之中。比如可以和其他伙伴一起组织社区义卖活动，手工剪纸作品、雕刻作品塑封后，装上挂绳摆在义卖摊上或可收获粉丝无数。 纸珠子挂串、中国结、十字绣、洗衣液花盆、盆栽等一般来说也受人欢迎。宁波某学校大胆为学生租了一个店面，专门让学生出售自己制作的作品，每年的收入不菲。学校将这些收入再次投入到学习活动中，从而让作品的生命力源源不断地得到生长。当然，如果要让学生的作品产生比较强的社会生命力，可能需要进一步提升作品的装饰性、实用性、美观性和牢固性等方面的特性，才能赢得社会人士的关注。

参考文献

一、中文著作类

[1] 卢梭 . 爱弥儿 [M]. 李平沤，译 . 北京：人民教育出版社，2001.

[2] 皮亚杰 . 结构主义 [M]. 倪连生，王琳，译 . 北京：商务印书馆，1986.

[3] 福禄培尔 . 人的教育 [M]. 孙祖复，译 . 北京：人民教育出版社，1991.

[4] 马克斯・范梅南 . 教学机智——教育智慧的意蕴 [M]. 李树英，译 . 北京：教育科学出版社，2002.

[5] 杜威 . 民主主义与教育 [M]. 王承绪，译 . 北京：人民教育出版社，2001.

[6] 梅休，爱德华兹 . 杜威学校 [M]. 王承绪，赵祥麟，赵端英，等，译 . 上海：华东师范大学出版社，1991.

[7] 德莱顿，沃斯 . 学习的革命：通向 21 世纪的个人护照 [M]. 顾瑞荣，陈标，许静，译 . 上海：三联书店，1998.

[8] 凯利 T，凯利 D. 创新自信力 [M]. 赖丽薇，译 . 北京：中信出版社，2014.

[9] 雷林 . 实践性学习——学习型组织的实现途径 [M]. 贺广勋，姚冀，张维红，译 . 北京：电子工业出版社，2002.

[10] 韦伯 . 怎样评价学生才有效：促进学习的多元化评价策略 [M]. 陶志琼，译 . 北京：中国轻工业出版社，2017.

[11] 斯腾伯格，格里戈连科 . 成功智力教学 提高学生学习效能与成绩：第 2 版 [M]. 丁旭，盛群力，译 . 宁波：宁波出版社，2017.

[12] 安德森 . 布鲁姆教育目标分类学：修订版 [M]. 蒋小平，张琴美，罗晶晶，译 . 北京：外语教学与研究出版社，2009.

[13] 格朗伦德，布鲁克哈特 . 设计与编写教学目标：第 8 版 [M]. 盛群力，郑淑贞，冯丽婷，译 . 北京：中国轻工业出版社，2017.

[14] 雅各布斯，利奈达雅，帕瓦 . 简明生本学习策略 [M]. 徐丽雯，周婷，译 . 宁波：宁波出版社，2017.

[15] 张华 . 经验课程论 [M]. 上海：上海教育出版社，2001.

[16] 张华 . 综合实践活动课程研究 [M]. 上海：上海科技教育出版社，2009.

[17] 郭元祥 . 综合实践活动课程的设计与实施 [M]. 北京：首都师范大学出版社，

2001.

[18] 郭元祥、沈旎．综合实践活动教师指导用书（3—4 年级）[M]. 太原：山西科学技术出版社，2011.

[19] 郭元祥，沈旎．综合实践活动教师指导用书（5—6 年级）[M]. 太原：山西科学技术出版社，2011.

[20] 孟宪承．教育概论 [M]. 上海：商务印书馆，1947.

[21] 王允庆，孙宏安．课堂教学目标研究 [M]. 北京：人民教育出版社，2015.

[22] 高觉敷，叶浩生．西方教育心理学发展史 [M]. 福州：福建教育出版社，1996.

[23] 杨韶刚．人本主义心理学与教育 [M]. 哈尔滨：黑龙江教育出版社，2003.

[24] 管锡基．和谐高效思维对话——新课堂教学的理论研究 [M]. 北京：教育科学出版社，2009.

[25] 郑金洲．对话教学 [M]. 福州：福建教育出版社，2005.

[26] 崔勇，吕村．设计思维 [M]. 郑州：中原农民出版社，2006.

[27] 沈旎．小学综合实践活动课程能力表现目标序列及教学设计 [M]. 北京：高等教育出版社，2013

[28] 黄捷，曹忠．生活探究课程的浦东设计和实例 [M]. 上海：上海教育出版社，2017.

[29] 裴娣娜．教育研究方法导论 [M]. 合肥：安徽教育出版社，2004.

[30] 刘颖，苏巧玲．医学心理学 [M]. 北京：中国华侨出版社，1997.

[31] 戴炜栋．新编简明英语语言学教程 [M]．上海：上海外语教育出版社，2010.

[32] 赵宗预，周法均．设计教学法之实际 [M]. 上海：商务印书馆，1924.

[33] 赵宗预．设计教学法 [M]. 上海：商务印书馆，1931.

[34] 康绍言，薛鸿志．设计教学法辑要 [M]. 北京：北京高等师范出版社，1922.

[35] 芮佳瑞．实验设计教学法 [M]. 上海：商务印书馆，1923.

[36] 熊明安，周洪宇．中国近现代教育实验史 [M]. 济南：山东教育出版社，2001.

[37] 董远骞，施毓英．俞子夷教育论著选 [M]. 北京：人民教育出版社，1991.

[38] 刘建明．宣传舆论学大辞典 [M]. 北京：经济日报出版社，1993.

二、中文论文类

[1] 钟启泉．研究性学习：“课程文化”的革命 [J]. 教育研究，2003（5）：71-76.

[2] 钟启泉．建构主义“学习观”与“档案袋评价”[J]. 课程・教材・教法，2004（10）：20-24.

[3] 张华 . 杜威研究性学习的思想与实践（上）[J]. 当代教育科学，2005（22）：9–13.

[4] 张华 . 杜威研究性学习的思想与实践（下）[J]. 当代教育科学，2005（24）：7–10.

[5] 张华 . 迈向素养本位教育评价观 [J]. 教育发展研究，2019（6）：3.

[6] 张华 . 论“设计本位学习”[J]. 教育发展研究，2006（23）：1–7，13.

[7] 高文 . 基于建构主义的理论创新与实践创新 [J]. 教育参考，2001（7）：9–13.

[8] 高振宇 . 综合实践活动课程之“考察探究”：内涵、价值与实施 [J]. 基础教育课程，2017（23）：11–15.

[9] 高振宇 . 孔子对话教学视野下儿童哲学探究团体的重构与创新 [J]. 教育发展研究，2018（15–16）：65–73.

[10] 钱旭鸯 . 综合实践活动课程之“设计制作”：内涵、价值与实施 [J]. 基础教育课程，2017（23）：21–25.

[11] 崔允漷，安桂清 . 试论普通高中研究性学习的课程框架 [J]. 教育发展研究，2003（6）：24–29.

[12] 安桂清 . 实施综合实践活动课程的评价构想 [J]. 教师教育论坛，2018（4）：4–5.

[13] 安桂清 . 多元智能理论关照下的研究性学习 [J]. 外国教育研究，2004（10）：13–16.

[14] 王丽华 . 与学生同行：综合实践活动课程的教师指导策略 [J]. 中小学管理，2017（12）：10–12.

[15] 王清思 . 论杜威学说与儿童哲学的关系 [J]. 哲学与文化，2018，45（6）：81–100.

[16] 石中英 . 试论研究性学习的性质 [J]. 课程·教材·教法，2002（8）：14–17.

[17] 李平秋 . 怎样实施设计教学 [J]. 江苏教育，1940（2）：29–33.

[18] 何克抗 . 建构主义——革新传统教学的理论基础（二）[J]. 学科教育，1998（4）：17–20.

[19] 何克抗 . 建构主义的教学模式、教学方法与教学设计 [J]. 北京师范大学学报（社会科学版），1997（5）：74–81.

[20] 何志武 . 人本主义教育理论的主要观点及其应用 [J]. 重庆科技学院学报（社会科学版），2010（11）：181–182，187.

[21] 李新堂 . 罗杰斯人本主义教育思想对“两课”教学的启示 [J]. 现代企业教育，2007（18）：158–159.

[22] 向海英 . 罗杰斯人本主义学习论及对当前我国教育改革的启示 [J]. 山东教育科研，2000（Z1）：69–71.

[23] 包新中 . 综合实践活动评价项目的设计与操作策略 [J]. 中国考试 .2019（7）：72–

77.

[24] 刘庆昌 . 对话教学初论 [J]. 教育研究，2001（11）：68–69.

[25] 孙传文 . 阅读教学中“提问”要注意的几个问题——基于对话教学的理念 [J]. 当代教育科学，2010（8）：35–37.

[26] 叶澜 . 重建课堂教学价值观 [J]. 教育研究，2002（5）：3–7，16.

[27] 宗彪 . 基于高级思维能力发展的深度对话教学 [J]. 教学与管理 . 2014（36）：105–107.

[28] 李宝敏 . 中小学综合实践活动课程的目标指向：核心素养的发展 [J]. 中小学管理 . 2017（12）：8–10.

[29] 周静，傅佳锐 . 小组合作学习的弊端与解决策略研究 [J]. 大学教育，2018（03）：168–170.

[30] 柳晓丹 . 科学分组与分工——提高小组合作学习的实效性 [J]. 教书育人，2010（4）：58–59.

[31] 圣吉 . 给予学生试错的机会 [J]. 中小学德育，2016（9）：77.

[32] 侯占飞 . 给学生创新的时间和空间 [J]. 中华少年，2018（27）：260.

[33] 王洪贵 . 劳技实践室安全管理的现状与措施 [J]. 中国教育技术装备，2009（1）：109–110.

[34] 滕艳 . 废旧资源的利用与中学生设计制作教学 [J]. 新课程（教育学术版），2009（9）：189.

[35] 戴振锵 . 综合实践活动“设计制作”的导学设计与实施策略 [J]. 教学月刊（小学版），2018（9）：50–52.

[36] 林琳，沈书生 . 设计思维的概念内涵与培养策略 [J]. 现代远程教育研究，2016（6）：18–25.

[37] 项臻宇 . 探究生活问题，培养设计思维 [J]. 上海课程教学研究，2019（6）：17–19.

[38] 张应强，赵军 . 后现代主义与我国的教育研究 [J]. 教育研究，2006（6）：41–46.

[39] 张松灵 . 综合实践活动成果总结交流要落实三点 [J]. 教学与管理，2013（29）：24–25.

[40] 杨九诠 . 三对关系中把握核心素养 [N]. 中国教育报，2016–07–13（9）.

[41] 包新中，李超 . 小学综合实践活动评价的内容与表现 [J]. 教学与管理，2018（11）：20–22.

[42] 俞丽萍，等 . 综合实践活动教学指导目标定位与教学设计 [R]. 浙江省教研课题研究成果报告，2014.

[43] 马涛 . 小学综合实践活动课程中的学生评价研究 [D]. 南京：南京师范大学，2005.

[44] 赵翔 . 考察探究：性质、价值与实施 [J]. 当代教育评论（第 7 辑），2018（6）：139–143.

[45] 张增田，靳玉乐 . 马丁・布伯的对话哲学及其对现代教育的启示 [J]. 高等教育研究，2004（2）：24–28.

[46] 陈百花 . 小学语文课堂自主性学习习惯研究 [J]. 作文成功之路（中），2017（11）.

[47] 谭启玲 . 自然、社会、自我——论马克思人的解放思想的三重意蕴 [J]. 青年文学家，2019（15）：172–173，175.

[48] 娄娜 . 团体辅导对小学高年级学生自我意识和心理健康的影响 [D]. 石家庄：河北师范大学，2017.

[49] 核心素养研究课题组 . 中国学生发展核心素养 [J]. 中国教育学刊，2016（10）：1–3.

[50] 张肇丰 . 研究性学习的社会学意义 [J]. 教育研究，2004（2）：48–51.

[51] 张人红 ."研究性学习"在美国 [J]. 教育发展研究，2001（8）：47–48.

[52] 方成章 . 研究：怎样应用设计教学的过程 [J]. 金山县教育月刊，1924，1（5）.

[53] 黄增祥 . 设计教学与河南之实验教育 [J]. 河南大学周刊，1932（8）：4.

[54] 李平秋 . 怎样实施设计教学 [J]. 江苏教育，1940（2）：32.

[55] 盛朗西 . 小学教学方法的新趋势 [J]. 教育杂志，1924，16（7）.

[56] 万竹小学教员 . 实验：手工中心之教授谈 [J]. 中华教育界，1917，6（3）.

[57] 沈百英 . 设计教学的种类和方法 [J]. 教育杂志，1927，19（5）.

[58] 沈百英（演讲），盛朗西（笔述）. 设计教学法 [J]. 青浦县教育月刊，1922（1）.

[59] 凌冰 . 克伯屈与设计教学法 [J]. 新教育评论，1926，2（22）.

[60] 顾养元，范树珊 . 单级小学实行设计教学的实际 [J]. 江苏教育，1932，2（7、8）.

[61] 霍益萍 ."研究性学习"在法国 [J]. 教育发展研究，2000（10）：21–23.

[62] 张运霞 . 孔子与苏格拉底启发式教学方法比较 [J]. 理论月刊，2005（7）：71–73.

[63] 曹长德 . 对研究性学习的再认识 [J]. 课程・教材・教法，2007（12）：9–12.

[64] 林苗 . 研究性学习的发展性评价建构 [D]. 扬州：扬州大学，2016.

[65] 艾兴 . 建构主义课程研究 [D]. 重庆：西南大学，2007.

三、英文论著类

[1] DWECK C S. Mindset:The new psychology of success[M]. New York:Random House

Incorporated,2006.

[2] KAIN D L. Problem-based learning for teachers, grade K-8[M]. Boston: Allyn and Bacon, 2003

[3] WENGER E.Communities of Practice:Learning,Meaning,and Identity[M]. Cambridge:Cambridge University Press,1998.

[4] DOCHY F,SEGERS M,BOSSCHE P V,et al. Effects of problem-based learning: a meta-analysis[J]. Learning and instruction. 2003,13 (5):533-568.

[5] LAVE J,WENGER E. Situated Learning.Legitimate peripheral participation[M]. Cambridge:Cambridge University Press,1991.

[6] BOALER J.Mathematics for the moment,or the millennium?[J].Education Week,1999.

[7]RETALLICK J,COCKLIN B,COOMBE K.Learning Communities in Education:Issues,Strategies and contextsts[M]. London;New York:Routledge,1999.

[8] DEWEY J. The school and society [M]//Boydston J A,et al. John Dewey' s middle works:Vol.1,1976.

[9] KRAJCIK J S, BLUMENFELD P C,MARX R W,et al. A collaborative model for helping middle grade science teachers learn project-based instruction[J]. The Elementary School Journal,1994,94(5):483-497.

[10] BRUNER J S.The act of discovery[J].Harvard Educational Review.1961,31(1)：21-32.

[11] JACKSON SCHWAB J.The teaching as enquiry: The teaching of science[M]. Cambridge:Harvard University Press,1962.

[12] SCHNEIDER R M,KRAJCIK J,MARX R W,et al. Performance of students in project-based science classrooms on a national measure of achievement[J].Journal of Research in Science Teaching,2002,39(5):410-422.

[13] DELISLE R.How to use problem-based learning in the classroom[M]. Alexandria:Association for Supervision & Curriculum Development,1997.

[14] HANKS W. Foreword[M]//Jean Lave,Etienne Wenger.Communities of practice: Creating learning environments for educators.Cambridge:Cambridge University Press,1991.

[15] DU Y W.Consideration on Evolutive Evaluation for Students[C].Proceedings of 2012 2nd International Conference on Applied Social Science,2012(4):468-471[2012-02-10].

后　记

综合实践活动课程在中国已经走过将近二十年的历程，它早已成为深化和推动我国基础教育课程改革的重要旗帜，在国际上也得到各国教育同行的广泛认可。但是作为课程体系中最具有鲜明改革特色或素质教育特色的课程，综合实践活动课程在全国推广及实施的过程中面临诸多困境，如师资不足、指导材料缺乏、开发难度大、课时难以保障等等。《中小学综合实践活动课程指导纲要》(以下简称《指导纲要》)的颁布，有助于进一步确立综合实践活动课程在中小学课程体系中的“必修”地位，并推动各地明确和加强对综合实践活动课程的管理与落实。然而《指导纲要》本身并不能直接指引一线学校和教师具体地开展综合实践活动课程，唯有结合其基本精神和要求，基于已有学校的本地化实践经验，提出更详细且切实可行的实施策略，才有助于综合实践活动课程在全国不同地区学校中的落地。为此，自 2018 年 8 月以来，参加由河北教育出版社组织，由成尚荣、柳夕浪、张华等专家牵头的“综合实践活动课程的新时代建构”系列，并专门负责考察探究和设计制作两类活动指导材料的撰写，不仅对本书全体作者自身发展的意义重大，且希望此书能够对全国各地开展综合实践活动课程的教育界同仁提供有价值的启示与借鉴。

本书作者之一的高振宇自博士阶段起就受导师张华教授的指导，长期扎根于上海浦东新区、浙江省和江苏省的中小学，开展校本综合实践活动课程的研究与实践推动工作。这其中多数学校并非本地最优秀的学校，但是从领导层到参与实践的教师及学生，都能充满热情地投入到这场有助于变革师生关系、变革课堂教学方式的教育活动之中。当然，这其中的困难与挑战不可避免地会存在，甚至常常受到局外教师和家长的质疑与反对，但是每次看到孩子们凝聚成一个团体，在教室内、在校园角落里、在柳树枣树下、在城市街头、在野外、在社区、在博物馆等等，共同围绕自己感兴趣的问题进行深入调查与对话，最后产生令人刮目相看的真知灼见与美妙作品，就会不断增强对开展综合实践活动课程的信心及推动的决心，并深信在所有已知科目中，唯有综合实践活动课程最能提升和促进学生跨学科综合素质之发展，因而也最值得所有负责任的教育工作者投入精力与资源进行开发。

现如今，高振宇虽然学术及实践精力已主要转向于以儿童哲学为基点的新儿童研究运动，但是仍然保持对综合实践活动课程的热情，除了曾经参与《指导纲要》的编制工作之外，还主动参与到蒲公英教育智库、杭州市西湖区以及上海、重庆、成都、无锡、泉州等地相关机构和学校的综合实践活动课程研发与推广活动之中。令人深思的是，尽管综合实践活动课程已经成为国家规定的必修课程，但是在走访全国各地的过程中，仍然发现有不少学校的课表中并没有特别标注这门课程。另外，民间有大批公益机构、社会工作者及独立研究者等对“项目式学习”（PBL）和“设计学习”（DBL）情有独钟，开发出了不少有实践操作价值的工具体系，也积极致力于教师的工作坊式培训，吸引了无数的中小学校长及教师参与其中。从理论上来说，这对于综合实践活动课程的校本化实施具有极好的促进作用。但遗憾的是，这其中许多学校并没有将PBL、DBL与综合实践活动课程进行很好的嫁接，且在开展活动的过程中仍然存在形式化、表面化、碎片化等误区——虽然基于不同学科设计了多种学习活动，但是学生的深度思维能力并没有得到有效发展。所以在未来，必须倡导体制内的教育改革力量与体制外的推动者们进行深度合作，形成紧密的专业学习共同体，彼此加强共同研究与交流，才能更有效地保障综合实践活动课程在各地中小学的实施。

本书的另一位作者包新中老师则长期担任杭州市西湖区的综合实践活动教研员，积极鼓励和推动该区内各中小学开展综合实践活动课程的研究与实践，逐渐培育起一批专门从事综合实践活动课程教学与研究的教师队伍，从而为推动该地区的基础教育课程改革，同时也为本书的撰写奠定了坚实的基础。包老师还通过推荐综合实践活动课程领域的前沿文献，定期开展区域内的教研活动，带领教师积极参与杭州市及至整个浙江省的综合实践活动课堂展示、论文评比、课程资源开发、区域交流等活动，促进教师与高校科研工作者的长期互动和对话等，为构建以综合实践活动课程为绩点的教师专业共同体发挥了重要作用。包老师本人对教育学领域的前沿研究成果（如现象学、叙事研究等）深感兴趣，并能将这些成果合理地运用到自己的工作及研究过程之中，发表了与综合实践活动课程相关的一系列论文。

基于此，本书力图借助集体智慧的力量，充分发挥高校学者、教研员和一线教师各自的优势，一方面尊重《指导纲要》对综合实践活动课程的基本要求与规定，并根据前沿研究进行具体解读；另一方面结合一线学校的实践经验及活动案例，指明考察探究与设计制作的实际操作路径及策略，以便为全国各地开展综合实践活动课程的教师提供政策引领、理论启发与实践指南。全书的具体分工如下，最后由高振宇、包新中审阅统校：

第一章：高振宇著；

第二章：金园、赵丽燕著，高振宇、包新中修订；

第三章：洪杰、李超著，高振宇、包新中修订；

第四章：方瑶、匡艳著，高振宇、包新中修订；

第五章：包新中著，高振宇修订；

第六章：袁玲芳著，高振宇、包新中修订；

第七章：王玉翔著，高振宇、包新中修订；

第八章：潘蓓蓉著，高振宇、包新中修订；

第九章：沈萍萍著，高振宇、包新中修订；

第十章：金颖、高振宇著。

由于时间和经验的限制，本书写作过程中难免存在理解不深刻、表达不到位或信息疏漏的地方，敬请广大读者批评指正。最后要特别感谢河北教育出版社何春雅主任和武丹丹编辑一贯以来的支持与谅解，我们为与河北教育出版社以及整个丛书的编辑团队合作而深感荣幸。

高振宇、包新中

2020 年 8 月 18 日